兒童行為觀察

黃意舒 著

作者簡介

黃 意 舒

■學歷：

- 國立臺灣師範大學教育心理學系學士
- 國立臺灣師範大學家政教育研究所碩士
- 國立政治大學教育研究所博士
- 美國肯達基大學訪問學者

■經歷：

- 臺北市立教育大學幼兒教育學系教授
- 臺北市立教育大學兒童發展研究所教授兼所長
- 臺灣教師專業發展學會理事長
- 慈濟大學兒童發展與家庭教育學系教授兼系主任
- 中臺科技大學幼兒保育系教授
- 弘光科技大學師資培育中心教授兼主任
- 稻江科技管理學院幼兒教育系教授兼系主任
- 正修科技大學幼兒保育系所教授

■現職：

- 臺灣教師專業發展學會名譽理事長
- 高教及科大評鑑委員

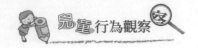

■主要著作：

- 黃意舒（2000）。幼兒教育師資課程實驗研究：「技術理性」對「省思與深思」的影響。臺北：五南。
- 黃意舒（2002）。幼兒教育課程發展：教師的省思及深思。臺北：五南。
- 黃意舒（2003）。幼兒科學學習的基本能力。動物園生物多樣性：幼教教學手冊（頁 16-18）。臺北：行政院農業委員會。
- 黃意舒（2003）。教師的思考：觀察與省思。臺北：臺北市立師範學院兒童發展研究中心。
- 黃意舒（2003）。幼稚園課程與幼兒基本學習能力。臺北：臺北市立師範學院兒童發展研究中心。
- 黃意舒（2004）。兒童行為觀察法與應用。臺北：心理。
- 黃意舒（2006）。教師的專業思考。臺北：華騰。
- 黃意舒（2007）。幼兒自然科學。臺北：華騰。
- 黃意舒等（2012）。教育職場的專業倫理。臺北：華騰。
- 黃意舒（2014）。幼兒科學課程活動設計。臺北：華騰。

序

　　教育的理想產生許多教育諺語，諸如「鷹架孩子的學習」、「啟發多元智能」、「補救基本能力」、「帶好每一個孩子」、「發生的課程」、「啟發式教學」等等，然而，若缺乏教師對孩子的敏銳瞭解，這些都很難實現。教育工作者必須判斷孩子的興趣及想法，才能鷹架孩子的發展及學習。

　　尊重孩子自然本能是教育潮流，這使行為觀察在教育的地位愈來愈重要。教育工作需要進行觀察，觀察由許多形式呈現，例如：聯絡單、自評表、評量單、學習檔案、學習評量、軼事記錄等等。觀察也儼然成為教育研究蒐集資料的重要方法，例如質的觀察、深度訪談、行為檢核表、行為評量表等。

　　十多年間，教育改革使教學現場有了很大的變遷。教師擁有自主權之外，家長也擁有教育權，兒童擁有學習權，然而教育職場的多樣化及個別化更為明顯。「權」的發揮使教育現象像萬花筒，摩擦協商也層出不窮，然而當摩擦發生的時候，每一角色都會習慣以自己擁有的權來看待，卻忽視最重要的人物——兒童，最重要的過程——學習。問題出在每一個角色只站在自己的角度來尋找自以為是的支持去判斷一些所謂的「道理」，其實終究是在維護自己擁有的「權」，卻未正視關鍵重點。

　　每一種角色都以自己的立場來觀察，觀察可以滿足自以為是的「判斷」。觀察中，主觀是無法避免的，然而，自以為是的主觀在社會文化脈絡中是否有其價值？是否導向教育效果？是否有學習效果之事實支持？在解釋判斷時是否引用恰當詞彙？這些問題就是行為觀察的關鍵。

　　觀察時，主觀是有必要的，就是因為有了主觀才能將一些訊息的意義解釋出來。如果沒有主觀來賦予意義，許多現象是零散破碎的。然而，主觀中的情緒作用、個人偏見很可能會歪曲事實，而主觀中的理性批判及創造思考，才可以賦予符合邏輯的推理假設，所解釋出來的結果非但有其道理，也較能吻合事

實真相。

本書第一篇是行為觀察的文化脈絡。教育是在文化環境脈絡中的互動過程，引導學生在文化脈絡中自我表現發展能力，因此教師在解釋兒童的行為時，也不能脫離文化脈絡的意涵。兒童行為的意義也在社會文化互動現象中被詮釋出來，形成故事脈絡，或情節脈絡，由脈絡中體會意義。

本書第二篇是觀察方法的解析。專業的行為觀察要達到真實合理，是以研究及探究的精神來蒐集行為訊息，加以假設分析解釋以理解。以研究及探究來看行為觀察，需要做許多由事實現象推理及假設驗證的工作，尤其需要推理到個人的心理意念或團體互動的深層意涵。然而行為觀察的結果只能提供現象的理解或個案的說明，若要像科學探究往普遍知識進展，還需延續不斷由不同個案作推理假設及驗證。

本書的第三篇是實作篇，由計畫、記錄、分析而解釋的過程。本篇分為質性的觀察及量化的觀察，兩者是截然不同的研究範典。質性觀察是以觀察者的知覺、判斷為工具，以文字或語言來陳述、分析解釋行為觀察的歷程；量化觀察則是將觀察者理性的想法轉化為以符號記錄的表格，記錄現實行為的現象，以統計方法來作比較分析及解釋行為的異同、關係或因果等。

人天生就會將知覺接收的訊息賦予意義，觀察者由知覺接收的訊息中來賦予意義。觀察訊息有不同的形式，諸如現場實景、影片、照片、錄音等，也有些訊息已經資訊化，如文字描述、圖像說明等，然而觀察者卻可以主觀的選擇接收訊息或解釋資訊，再賦予意義，這就是觀察。但是專業的觀察力需要練習才能得到，觀察力在於專業領域的含義之判斷合理，例如：觀察動機的自省、追求可靠資訊、主觀與客觀的相互為用、恰當詞彙摘要意義、觀察表的製作與使用、解釋時會正反兩面具陳等。

觀察者的先入為主之觀念或知識，往往影響觀察訊息的接收與判斷。以本書每一章後的照片來說，都是來自作者熟悉的現象，因此對作者而言，判斷自在心中；對陌生的觀察者而言，也能接收照片的訊息而得到判斷，卻往往很容易看出中間夾雜許多個人先入為主的想法，先入為主的想法愈多，觀察結果也

就愈離譜,容易犯了觀察的偏見或武斷之失;但是,若完全忠於訊息,恐怕會落入資訊不足而難以判斷。如何在有限資訊之下,大膽判斷(假設)卻不離譜,也是本書強調的觀察力。

更進一步說,觀察者本身具備的教育知識,是專業觀察必備的,懂教育才知教育真正需注意的是哪些訊息,才能判斷到教育的意義。例如,在附贈影片光碟之第一部分:班級團體氣氛觀察,就需有第二章之班級文化行為觀察先備基礎知識,才能觀察到班級的團體互動的文化;針對影片中班級氣氛提出主觀想法和客觀現象描述,經由練習,達到主客觀互相支持驗證的效果;光碟第二部分的基礎知識則需以第六、七章質的觀察知識為主,針對主題個案做詳實記錄,如果沒看清楚或漏掉,可以多看幾次,由記錄中體會行為的連續意義,再作摘要重點分析,最後整理出正反兩面的解釋;光碟第三部分的基礎知識需以第六、八章量的觀察知識為主,第一次觀看,列出所看到的行為指標架構,製作成觀察表,再做第二次觀看,以訂定之符號系統來記錄,最後統計出每一個指標行為出現的次數,解釋行為的傾向或比較差異。

黃意舒　謹誌

目 錄

光碟內容目錄

班級團體氣氛觀察

1. 綜合討論老師的問題分析
2. 分組活動的互動形態 1
3. 分組活動的互動形態 2
4. 活動中有哪些互動行為
5. 同儕小組討論行為
6. 師生小組討論氣氛
7. 師生互動中學生的行為

質的觀察

1. 她有什麼能力
2. 她獨自一人的感覺
3. 玩出什麼社會行為
4. 午餐進食行為
5. 遊戲互動～自由遊戲中的同儕互動
6. 遊戲互動～掌權行為
7. 遊戲互動～遊戲規則

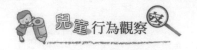

量的觀察

第一篇

[行為觀察的
文化脈絡]

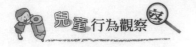

Chapter 1

行為的文化心理學

1. 行為的個人脈絡是心理學，文化脈絡是人際溝通網、社會團隊、風俗習慣等。

2. 現代多元文化社會允許個人的自由表達，使溝通時行為脈絡複雜，觀察時因不易有共識或默契而感困難。

3. 教育是透過人與人互動來執行，溝通非常重要，觀察更是必備能力。

4. 觀察主題或觀點（perspective）界定清楚，就會使觀察容易得到清楚且聚焦的解釋。

5. 研究個人行為的科學是心理學，心理學關心的不是「外在表現」，而是「內在意識」。

6. 心理學的研究，不同的學派解釋的層面就不同，「行為學派」解釋被制約形成的習慣行為，「心理分析學派」解釋內在動機或驅力行為，「認知學派」解釋思索行為，「人本心理學」解釋潛能發揮行為。

7. 行為表現有其連續性、統整性、程序性，以及共同特質，所以可以透過觀察解釋出被觀察者個別特質的意義脈絡。

8. 心理學對行為的解釋：人的行為是有所為而為，情緒對行為有影響，行為會關聯成整體脈絡意義，行為會受環境脈絡影響。

9. 以故事結構的方法整理行為觀察的解釋，促使觀察者會去連結事實現象，將行為的來龍去脈以故事敘說，這種方法可以突顯本土文化中的兒童行為特質。

10. 以故事結構來思考行為觀察結果，再根據事實可能發生的情節，就可以創作許多本土兒童特質的故事。

第一節　行為的文化脈絡

壹、人類行為的脈絡意義

行為（behavior）是一連串自主的行動。活著的生物自己會行會動，行動多是個體可以自我控制的、是有所為而為的表現，並不像玩偶、機械被別人牽動或控制。而個體的個人意識、意圖、想法並非一個動作就能完成，必須靠一連串的行動表示出來，並沒有指揮者、控制者，或說基本上是沒有劇本或導演可依循或示範，個人是依循自己的感覺或意念來行動。這一連串的個體自主的行動就是「行為」。

文化心理學指出，「行為」就是環境現象下的「在情境中行動」（situated action）（宋文里譯，2001）。人類很少與世隔絕，行為大多表現在環境脈絡中，人是社會的動物，孤立的山野之士畢竟少數，一連串的行動表現在一個環境中，而環境也會對其行動有反應，環境的反應又會刺激個體另外的行動。這一連串行動都是個體自己決定的，即使環境因素有影響，但是不容否認的，是個體與環境互動下的自主表達。

人在環境中許多時候都需要行為觀察，這是人和人之間很自然的情境。環境中行為互動就是人際互動，行為觀察就是從表現的行為中判斷出意義。一連串的舉手投足、笑貌表情、姿態手語以及語言聲勢，個體的動靜之間不論無意或故意，都有其脈絡意義。觀察別人行為的意義，有時候也會忖度自己行為想表達的意義是否能讓別人真正瞭解；在行為互動之中，意義脈絡在彼此之間常常是不言而喻的心領神會，但是也常常會因為誤會而引起衝突。

行為在人際互動之下，不僅表達個人脈絡，同時也會和別人的脈絡交織成溝通網。人和人之間要由行為傳遞訊息，所以相互的觀察是必須的，如果行為並不傳遞訊息，就沒有行為觀察的必要。行為意義之間的交流會形成溝通的網

絡，進一步說，相同或有關係的溝通網絡就形成默契，許多人之間的默契就形成文化脈絡。人際的行為互動中，構成溝通網、共識、默契以及文化脈絡常常發生，這便造就了「團體」、「社會」、「倫理」、「風俗」，或統稱「文化」。

貳、多元文化中的複雜脈絡

文化源流久遠的社會中，人和人之間的關係較能穩定而持續，這是因為人與人之間容易有默契。這樣的社會，大多數的人都會覺得生活軌道清晰，也因為這樣，人群的凝聚力就強，離鄉背井的人會思鄉，家鄉中的人際間互相瞭解，行為互動進退有據，這就是因為人和人之間對行為的瞭解是很雷同的，所以在任何互動之下，都很容易彼此心領神會，進而彼此瞭解。所謂儒家思想，君臣、父子、夫妻、兄弟、朋友之間的倫理關係都非常清楚，所以中華文化淵遠流長。實際上，由歷史研究許多延續久遠的古文明中，人類行為的特徵意義（或稱主流意義，或稱文化）都是清楚可見的。

然而，文明發展到某種程度，背離自然的天性常常發生。行為的主流特徵意義愈來愈背離自然的本能，人本的善良、群居共生等意義變得模糊不重要，行為觀察就倍感困難。每個人都要求個人發展，傳統的行為意義脈絡不被重視，而允許標新立異、推銷自己、另類思考、個性創意，甚至視人際間的衝突混亂為理所當然。人類發展的目的變質，重視生活的舒適便利、滿足感官刺激、追求短暫效益，處處背離自然卻不自知，社會資訊的快速、效率、豐富和物欲，使很多人不願意再為適應環境而調適自己，而只是學習如何在豐富的社會中自取所需。五光十色、媒體多元新聞、似是而非的訊息、八卦傳聞等，滿足一時的快感，卻喪失脈絡意義、不知所云，人很容易產生不安全感。人的講求短暫效果，追求投機利益，反而讓自己擔心的事情變多，思維差異就變大。人就很容易產生「否定、懷疑、怨恨」的心態，這些心態蒙蔽了人對人性自然反應的本能，價值不定、人際疏離，行為觀察時就會充滿了模糊、未定的因素。在多

元的社會中，價值也都多元甚至混淆，很難心領神會，也很難達到彼此觀點的聚焦。

在多元複雜的社會中，行為意義的脈絡很容易在不同觀點差異中瓦解到支離破碎，這是因為個體在環境中，要能心領神會不太容易，造成多數人心不安。日常生活隨興的觀察，多數人都會以自己的觀點來解釋別人的行為，甚至說「人同此心、心同此理」，自以為是的替別人解釋許多行為的意義。也許在相同背景經驗的同儕、朋友、平輩之間的互動，彼此會微調自己的意義以適應對方，還不至於產生很大的差距；但是多元複雜的社會中，背景經驗差距很大的個體間互動，彼此的瞭解可能差距就會很遠，如果不透過相當的行為觀察工作，相互的誤解可能就形成衝突、解不開的結。例如年齡、輩分、角色都會使觀點不同，就會對行為有不同的期望或解釋判斷，對行為的解析就會形成不同的結果。一般人都會堅持自己的判斷，要求別人要瞭解自己，當別人不瞭解時，就很本能的會說更多、做更多，企圖強迫別人瞭解，因此是非與衝突就愈來愈多。

在現代的社會中，觀察變成每個人需要學習的技巧。由於行為的主流意識模糊，人際互動就會變得複雜，不能再以「個人不變」來應付「情境萬變」了。不同的情境、不同的角色互動，就會有不同的行為意義脈絡，「溝通」、「共識」、「協商」變成在不同的情境都需要一一學習的技巧，以及處理事情的過程，例如家庭之中、班級互動之中、工作團隊之中、朋友之中等等，都會有不同的行為脈絡意義。如果個體在情境中不能體會行為意義脈絡，就很難與別人互動，產生共識，最多只是在社會團體中是個冥頑不靈的孤立者。

原本是很單純的一連串行動，會被解讀成許多不同的意義。要如何去看待及解釋，就會有不同的觀點，觀點不同，差距就很大。例如：由個體感情來看，或由個體責任來看，同樣的行為就有不同的解讀；或由家庭倫理來看，或由職業發展來看，對行為表現也會有不同的釋義；有時個人福祉與團體合作有衝突，或者個人創意與組織共識相互牴觸，究竟應該為遷就個體而模糊團體發展，還是應該為發展團體而要求個體。解決這些問題的關鍵，應該先辨明「觀點」（perspective），不同觀點看待行為的意義自然就不同。

參、行為解析的教育觀點

行為觀察時行為解析的觀點必須被正視，否則行為意義的解釋會混淆。醫生有醫學生理健康的觀點、律師有法律的觀點、教育工作者有教育理念的觀點，當這些觀點沒有區辨出來時，對行為的釋義常常就會互相矛盾，公說公有理、婆說婆有理，流於自以為是、各說各話。本書是要以「教育」的觀點來看行為觀察的詮釋。

簡單地說，教育是人類文化得以傳承（延續溝通）的主要途徑。教育是承襲前人智慧，從中獲得啟發；教育是對人傳授知識、培養才能、塑造人格的一種社會活動。然而教育的意義並不僅是在於傳授文化知識，更在於一種心靈方面的培育。教育是修養自己的德行，從自我改變到淨化社會人心風氣；教育是讓人增加知識，發展心理智慧；教育是增加生活常識，體認世界文化。無論如何解釋教育，很明顯的，教育就是人改變的歷程，要教人往好的方向改變所做的努力，而這些努力也是從溝通脈絡中來介入，以發揮教育的效能。

教育常常是透過人際關係來進行，所以觀察是非常必要的。簡單的說，教育的觀察就是要瞭解個人的行為網絡是否配合文化的行為網絡，以增進個人在社會中生存的福祉。由於當前的文化脈絡是如此複雜，多元文化存在各種個人行為脈絡，如果觀察工作不能在這兩者之間找到互通的解釋，教育工作就會倍感困難。

如果將行為觀察區分為不同的角度，例如：體能健康、生活習慣、情緒社會、氣質個性、認知學習等不同層面的理解，由不同的層面來看行為現象，就可能會有較清楚的解釋。大體而言，可以區分為以個體本身的角度，以及社會文化或倫理道德的角度。「個體」的角度係以被觀察者本身的反應、意念、情緒、起心動念（動機）來解釋其發展及學習的過程的含義；「社會文化或倫理道德」的角度係以大環境的標準來衡量個體行為的適應性及建設性之含義。

教育工作者常常以個別兒童的成長來觀察兒童，以個體本身行為的目的或

動機來解析行為，重視個別兒童的發展與成長，將個別兒童看成一顆種子，只要種子順利長大就心滿意足。教育觀察可以找到下列幾項重點：

1. **由本能來看生理健康**：以生物學來看人的行為，重視人的行為中本能（instinct）的成分，飢餓、疲倦、性的驅力（drive）、自我保護、自我防衛、刺激與情緒之關係等，身心健康兒童的本能表現是清楚直接的，否則就會遲滯模糊。革命心理學（evolutionary psychology）（Cosmides & Tooby, 1998）採用進化論觀點來解釋人類行為，人類行為和動物無異，人類也是因本能而行動，並非理智、智慧來影響行為，只是人類的本能多過於動物。

2. **由潛能表現來看心智能力**：Howard Gardner 建議不該用獨一的方式來對待兒童，因為每個人的潛能所表現出來的心智能力是不同的。八種人類的心智能力：語文、邏輯數學、視覺空間、肢體動覺、音樂、人際、內省、自然觀察，小閒稱「多元智能」，每人都同時具備上述的八種智能，只是程度上有所分別。每個兒童在不同智力上各有所長，兒童的優勢智能獲得自我肯定與他人尊重之後，對其成長及生涯助益很大。Howard Gardner 深信家長及教師能夠協助兒童發展其優勢智能。

3. **由行為反應來看個人氣質**：氣質（temperament）是每個人人格的生物屬性，是心靈活動的表現強度、速度、穩定性、靈活度、動力性質的心理特徵。氣質是個體行為反應方式，是指行為的如何呈現，不是指行為是什麼或是為什麼。包括活動量、規律性、適應性、趨進性、情緒本質、反應強度、注意力分散度、堅持度、反應閾，由這九個向度來瞭解兒童的氣質，也就可以推論個體在環境中的判斷、態度及行為。

4. **由學習歷程來看認知型態**：學習是行為改變的過程，學習是人的自然反應，行為中自然會含有學習的成分，例如：好奇、探索、觀看、查詢、閱讀而獲得知識；模仿、練習、增強而獲得技能；專心、參與、表現、欣賞而獲得情意。在這過程中依據過去經驗吸收新經驗，統整為新的能

力，然而每一個人的認知型態並不相同，如果個人能在符合其認知型態的環境中進行學習，效果會很好。

以「社會文化或倫理道德」的角度來解析行為，其目的在引導個別兒童去適應社會文化，在這方面雖然教育工作者都會承認是非常重要，但是中國人的教育似乎比較重視個人的成就表現，較忽視社會的團隊及適應。下列幾種社會文化觀點對兒童的發展也是重要的因素：

1. **由親情生活來看倫理行為**：家人關係、依附行為、親情與親密的關係常是影響兒童人際關係的重要因素，透過觀察可以瞭解兒童的行為習慣或問題行為之原因。

2. **由休閒態度來看紓壓行為**：現代人的休閒活動變成生活中不可缺少的紓解壓力的活動。在環境中的休閒活動會逐漸形成個人的嗜好、興趣，例如：看電視、玩電動、聽音樂、聊天、閱讀等。休閒是輕鬆紓壓的過程，而不是沉溺上癮的結果。

3. **由消費態度來看經濟行為**：金錢的使用是社會人必備的能力，在眾多消費品中，如何選擇自己所需、所愛，物慾的需求如何獲得適當的滿足，以及金錢的儲存及生息，這都是教育工作者必須教導兒童的。

4. **由人際互動來看社會行為**：家庭、學校、鄰里是人和人聚集且互動頻繁的地方，每天見面的人之間的互動是否可以形成一定的模式，這種互動其實就是兒童社會行為形成的重要環境，教育工作者不能漠視之。

5. **由典禮儀式來看文化行為**：文化人並不見得是喜歡唸書、會考試、讀好學校，最重要的是培養兒童參與文化活動的態度，由這些活動中，也教導兒童每一個人各司其職，每個人的角色職責不同，但是都是在某一個文化氣氛之下互相合作，分享共同的成果。

第二節　行為的心理學

壹、行為表現及內在意識

　　研究行為的科學是心理學，心理學想要瞭解的是透過行為來解釋心理層面。心理學者在研究行為時，所根據的客觀事實就是可以被觀察到的行為表現，而心理學者卻期望對這些行為表現解釋其「意義」。心理學者所關心的「行為意義」往往是行為背後之內在動機、意念等屬於內在意識的心理部分。行為觀察的最主要目的在於瞭解被觀察者的內在意識，因為唯有從他的內在意識來瞭解，才能真正解釋這個人的思考、價值或個性，在教育工作上才具有實質意義。這也就是說，心理學之行為觀察是由「行為表現」來推測「內在意識」。觀察者必須在行為現場蒐集被觀察者的具體行為表現，也就是若要瞭解行為的意義必須依據客觀的行為來推測。

　　人和人互動的時候，對方所表達的行為現象是內在意識的表徵。由表面的行為推測內在意識，需要心領神會才能掌握其意義，以做出適當的回應。所謂「心領神會」是說心靈上的領略、精神上的體會，是不必言傳的，如果做到心領神會，在人與人的互動中就會自然形成意義脈絡，在互動的意義脈絡中，人才會有心靈的溝通。

　　有時候，行為的脈絡意義是要說出來或寫出來，表達對行為解讀的看法以便增進溝通。人和人之間的互動也有許多時候是有溝但是卻不通的，因為內在意識不被看到，或不被尊重。這也就是彼此行為所傳遞的意義，雙方解讀不同，或有一方並不願解讀，彼此的脈絡意義就會互相矛盾、衝突，或說找不到彼此相通的道理。

　　人的心理是很微妙的，真正能從其行為就判斷得到其心理嗎？如有時候人會表現出表裡不一致、口是心非、老謀深算等狀況。人的大腦好比暗箱，常常

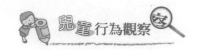

在暗計著如何扮演自己的行為，如果觀察者以其行為來解釋其心理，不見得能真確。又何況觀察的時候，觀察者本身的行為意義並不見得與被觀察者完全一致。

有許多人在探討「內在意識」時，由於不易直接覺察，而情願參考一些間接資料來作為瞭解行為內在意義的依據，這都是有危險的。因為間接資料是否有誤差尚需加以探討或驗證，怎能正式用在解釋行為真正意義的資料？例如：親人友伴對被觀察者的看法或有關他的文字紀錄資料（考試成績、個別談話資料、導師評語等等）都是間接資料。由於不知間接資料的可靠性，所以只能作參考，如果想由間接資料下評斷（假設），必須回到被觀察者之具體行為表現上來求證，這是一種科學的求真態度。

行為觀察中所談的「行為」，必須是直接的行為事實，這些行為事實必須作成紀錄以免疏漏遺忘，並將之整理、分析出脈絡，才能提出觀察者的判斷，用來解釋被觀察者行為的個人意義。

談行為觀察之前，應針對觀察的主體——「行為」作一探討。一般教育研究工作為了研究之變項容易操作，大多將「行為」定義為：一個人的一言一行、一舉一動，可被觀察、被描述、被記錄的外在表現。可被觀察、描述、記錄的行為，其實只能代表被觀察者個人的一小部分，並非全部，然而這部分是觀察者可以接收到的事實，而其他不能由觀察者之知覺直接接收到的是：被觀察者之情緒、思考、意願、意志力、個性等等部分，必須由行為事實之資料來猜想、假設、評估或推測。

如圖 1-1 所示，行為表現及內在意識之間的界限就像海平面，海平面表示觀察者可以憑其知覺覺察的界限，在其上表示可以被知覺得到，在其下表示不易被知覺到，行為表現可以被知覺覺察，而內在意識不易被知覺覺察。海平面之上可以被知覺覺察的部分只是整體冰山之一角，諸如習慣、氣質是可以透過經常表現的表情、動作、語言等被覺察到，而表情、動作及語言可以被直接的知覺覺察，這部分有的是個人思索、作決定之外顯表現。漂浮在海平面的則是一個人的思索及作決定，有時可由觀察者看到他的語言動作之表達，有時也會

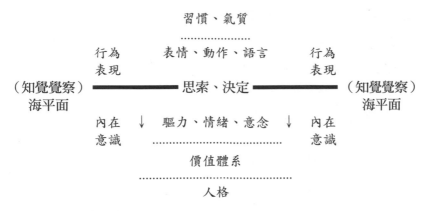

圖 1-1　行為的外顯表現及內在意識層面剖析

因為未表達出來而不清楚；潛伏在海平面下的是驅力、情緒、意念，大多時候觀察者無法直接覺察，但有時也可以由一些行為徵兆而推知。深藏海平面之下的是價值體系及人格，如果不是交往頻繁，而且以同理心來體會及推測，很難依憑觀察者的知覺來接觸到。

　　可被觀察、描述、記錄的行為是被觀察者在環境互動之中表現在外的行動、姿態或表情等，這就是個人的外顯行為表現，與環境因素有絕對的關係。

　　由個人與環境的互動來探討被觀察者行為的產生。他並非將環境中所有的刺激都接收，很自然地他會對環境刺激作選擇或過濾，只接收部分被他所選擇的刺激，而其他刺激雖存在於他的四周環境，卻被他過濾掉，並未進入他的知覺系統，所以他也根本不曾覺察那些刺激的存在，即使覺察到也會因不留心而很快的閃過去且不留記憶痕跡。唯有由被觀察者接收進去的刺激才是形成與他產生互動的環境刺激。這就是所謂的「行為場」（behavior field），在某時間中個體與環境互動時，凡能引起個體行為並引起反應的一切事務所構成的空間或場地，稱為該個體的行為場。

　　被觀察者接收刺激後，可能產生外在行為的反應（外顯行為），也可能外在行為沒有明顯的反應，但對他的內在之情緒或思想產生了影響，而產生行為

的意象（內隱行為），也會間接影響其行為表現的導向。如果觀察只能看到外顯行為，那麼內隱行為（有時也會向外表現，以語言動作或表情表達出來）只能以推測或假設來作判斷，然而觀察的目的往往是被觀察者的內隱動機、意念，甚至潛意識。

以環境互動來看行為的產生，外顯的行為表現與環境刺激的關係有三種：

一、習慣行為──外在刺激直接引起行為反應

反射動作、應答呼喚、好奇的觀看、笑、皺眉、走動、進食，及日常生活的習慣行為等等，這些行為很容易就看到刺激與行為的直接關聯性，行為的產生是個體接受刺激很快就出現的行為，行動者的思考或意識的介入較少，常常是個人不假思索的行為反應，是完全由環境刺激所引發的行為反應。

個人這類行為的養成，部分是天生的，部分是個人在環境中由模仿及重複出現之練習而形成，也可能是接受環境多次制約而形成的行為，由於多次練習而養成習慣。在觀察時只要蒐集多次的資料，也許不難看到一個人的慣性行為的特徵，由此可推測他的氣質或個性。

二、思索行為──針對刺激而產生思考，決定了反應的方式之後才表現的行為

個人的行為中很多是接收刺激後，做了考慮及選擇行動之後才將行為表現出來，或是個人處在環境刺激中會選擇符合自我需求的來表現行為，或是個人在環境中為求別人的注意或接納刻意自我表現的行為等。這種行為產生的原因是：「刺激→有機體的意識→行為反應」，例如考試答題、交談行為、職業行為、表演行為、學習行為（寫作業、教室上課、守規矩行為）、消費行為（購買、休閒活動）等。人是會思考的，所以這類行為在人類行為中占的比例很大。

這類行為的觀察可以直接看到刺激，也可以直接看到反應，但是刺激與反應之間個體的思索卻看不到。然而這部分卻非常重要，因為這是行為決定的重要因素，旁觀者看不到這部分，也不易推測正確，除非行為者自己報告出來，

所以要透過行為觀察瞭解這類行為的意義，就必須謹慎，必須再三尋求可靠的證據，以訪談、蒐集他的作文或日記等資料，否則很容易犯錯。

三、內在的動機行為——由個人生理需求、心理驅力、情緒感情，或意念而產生的行為

這類行為雖然也有環境的原因，卻不甚明確，是間接或不具體的原因，也許可說是耳濡目染、潛移默化或遠因等，因此，行為產生的過程只能以「內在動機→行為反應」的過程來解釋，例如表現專業技術的行為、追求學問的研究行為、管教孩子的行為、追求成就的行為、追求友誼的行為等。

這類行為僅能看到行為的產出，而不易看到行為的原因。除非當事者願意自己誠實的說出來，其實當事者也不一定十分明確知道自己行為的原因，必須經過自省、深思等過程將之澄清出來，因此行為觀察時對這方面的推測錯誤之機率非常大，常常是牽強附會、個人主觀的臆測而已。除了蒐集當事者的個人資料之外，可以用「深度訪談」，以訪談的技術排除當事者的自我防衛，引導當事者回憶、反省及澄清他的經驗。

外顯行為表現的原因有以上三種，雖然人類行為是與環境互動而產生，但是受到個人內在所作決定的影響卻很大。然而在行為觀察時卻只能蒐集到環境刺激與行為的外顯表現，個人內部的思考、人格影響等部分卻不易蒐集到事實資料。幸好人類行為都具有三個特點，由於行為有這三個特點，所以觀察者才有跡可尋，可以對被觀察者內在的決定部分作大膽假設，再蒐集證據資料小心求證，才使得由觀察來瞭解行為變成可行，正所謂：「視其所以，觀其所由，察其所安，人焉廋哉？」

外顯的行為表現只是一言一行、一舉一動，如何由這外顯行為瞭解行為的心理原因及意義呢？分析外顯行為的原因及意義，可由三方面來解釋：

一、連續性

某一行為的發生，由開始到結束，總有些外在原因或心理意念，即使外在

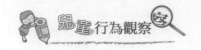

原因或有中斷，但人的意念不會無故斷掉或結束，因此外顯行為也有其軌跡可尋，是有始有終的，即使所看到的似是不相連的行為，然其意義必然是有連續的，就像電影或連續劇情節一樣可以連續下去。因此，行為觀察時只要取樣某事件或某段時間來蒐集行為資料，便可推測行為的整個過程，而且可以避免太大的誤差。

二、統整性

人時時刻刻都在行動，所發出的動作及表情有在臉部、有在四肢、有在身體的姿勢、有在聲音及語言等等，這些不同部位的動作及表情的意義不是分離的，是互相協調而形成共同的意義，如果人各部位的動作及表情不能協調成共同的意義，那可能是個人的心理困難所造成的異常表現。在正常的心理狀況，身體各部位的行為必有其共同的意義，因此，行為觀察時不必由頭到腳都要看清楚，只要以某一較明顯呈現行為的部位來看即可。

三、程序性

外顯行為可以看出其程序性，先前的行為經驗會影響後面的行為表現，先前的行為意念會影響之後的意念。因此，長期蒐集多方面的行為資料，可以推測行為的因果影響關係。

由於外顯行為具有這三個特點，才使得觀察者由被觀察者的表面行為來推測其內心世界或行為原因成為有跡可循。然而推測只是推測，並不一定是事實，還有待行為的證據來證實才能相信其為「客觀的事實」。

貳、心理學對行為的研究

研究心理學的目的有兩種：一為解釋人類的行為及人性；另一則為將心理學的瞭解廣泛用在實際人生問題上（林貽光，1977）。瞭解、預測與控制人類或動物的行為，是心理學最基礎的目的。

　　「行為」是心理學研究的重要變項，心理學上所謂「行為」有廣義及狹義。

　　狹義言之，行為只限於個體表現在外，且能被直接觀察記錄或測量的活動。基於此一意義，一個人說話、走路、打球、游泳等活動都是行為，因為這些活動不但由別人直接觀察可見，而且可以利用錄音機、照相機、計時表、量尺等工具把它記錄下來，加以分析研究處理。

　　廣義言之，行為不只限於直接觀察可見的外顯活動，而是擴大範圍包括以觀察可見的行為為線索，進而間接推知內在的心理活動及心理歷程。基於此一意義，一個人的動機、思考、情緒、知覺、態度等，也都是行為，然而由狹義而言，這些都非直接可見的。

　　我們看不到學生們的動機，但是我們看到學生們考前寫作業、趕報告、開夜車、溫習功課，由這些外顯的行為就可以推知其內在的動機。再如，這周圍環境的形形色色給予個人的感受，如果他不告訴別人，別人也無從知道。假如你在公園裡看到一隻奇怪的昆蟲，感到好奇，你並不會知道別人是否也有和你一樣的感覺，但是如果你聽到別人討論，或在照相或蒐集，你就會根據聽到及看到的，推測別人和你一樣感到好奇。

　　過去，心理學對人類行為的解釋曾有所偏頗，只以外顯行為作狹義的解釋，現代的心理學對行為的解釋則包括廣義及狹義，事實上對個體的瞭解應該內外兼顧。

　　瞭解內在的心理歷程必須透過觀察推理或當事者自己的內省。當事者自己對自己的經驗之感受，以及其口頭和文字的陳述，此種方式是當事者自己觀察自己內在的獨有世界，只有他自己才是最瞭解自己行為真正原因之人，這就是他的「意識」（consciousness）或「意識歷程」（conscious process）。心理學常常以「內省法」（introspection）研究人的心理歷程。不僅心理學重視外顯行為及內省經驗來瞭解行為的意義，凡是人類行為的有關科學也都如此，最顯而易見的是醫學。

　　心理學家所研究的行為，除了上述之外顯行為及內在意識之外，也研究更

深一層的意義，這是當事者之所不自知的部分，即「潛意識」（unconscious-ness），當事人自己都無法瞭解的內心的心理活動或心理歷程，例如：不被社會規範或自己理性所接受的慾念或恐懼等（張春興，2001）。

行為觀察的行為大部分是由外顯行為去推測、解釋及驗證行為的意義，也可以以訪談或問卷等觸及行為之內省的經驗或想法，至於潛意識雖也可能是某部分行為的原因，然而在行為觀察的過程中較不易觸及。除非透過當事者自己的澄清，而將潛意識的意念發現出來變成可以意識的部分，否則透過觀察者的知覺所蒐集的資料不易解釋潛意識對行為的作用。

在人類歷史中，心理學的研究歷經數千年，一直都以哲學的方法來探討人類的本性、本能、身體、心靈、感覺、意識等問題。科學心理學起源自 Charles Darwin 之「物種原始」，是探討個體適應環境的行為，後來 Francis Galton 研究行為的個別差異，1879 年 Wilhelm Wundt 在德國萊比錫創設第一所實驗室，以內省法研究意識中的感覺、知覺及觀念的聯想，從而探討心理結構的主要元素。心理學開始脫離哲學，成為一門獨立的科學，以「科學」的方法來研究人類行為。

Wundt 以內省法令受試者自己觀察自己，是主觀的，心理學要形成一門科學，就必須有客觀的方法。因此，觀察法、實驗法、測驗法、問卷調查法等遂逐漸被使用在心理學研究行為上。觀察法是為詮釋行為的意義而以感官知覺來覺察行為；實驗法則以操作環境刺激來觀察人類行為如何被環境刺激所影響；測驗法則以引起行為反應的一套測量工具來衡量行為的出現；問卷調查法是以調查工具來蒐集多數人的行為資料，以解釋多數人的行為傾向。

追求以客觀方法來蒐集行為資料的研究，導致心理學的研究只能看到刺激之輸入及行為的產出，至於由刺激到行為之間，個人心理因素及意識過程則不易被探尋。因此在二十世紀中葉之後，質的研究法逐漸用在行為的研究上，研究者身歷其境蒐集受試的行為發生過程的詳實資料，透過研究之理性分析以瞭解行為發生的展開性脈絡，或以訪談法引導當事人回憶曾經發生的行為經驗及意識狀態。

由於人類行為非常複雜，同一種行為就有不同的解釋，甚至有相反的看法，以致理論紛歧，於是心理學出現許多學派。

一、行為學派

Charles Darwin 的進化論認為：人類係由低等動物進化而來，所以人類行為的瞭解可以從動物行為的研究中獲得啟示。心理學也有許多以動物行為來解釋人類的行為：例如 Edward L. Thorndike 以貓走迷籠來解釋嘗試錯誤的學習歷程，並以此推論學習之後感覺神經和運動神經產生連結，亦即刺激和反應產生連結，而塑造了行為；Ivan P. Pavlov 以制約作用（conditioning）引起狗對鈴聲之分泌唾液反應，用來解釋原來無關之刺激與反應如何連結的學習過程；Burrhus F. Skinner 以實驗箱觀察白老鼠及白鴿等一些動物如何學習主動去按槓桿以獲得食物，在解釋人類行為時，他強調可測量的行為，經由環境的設計及外在控制因而塑造個體行為的成長及變化。

心理學派理論中號稱第一大勢力的就是行為學派（behaviorism），1913 年由美國 John B. Waston 所提倡，認為一切行為都是經由制約作用而形成。行為學派的四個理念為：(1)心理學必須符合一般科學共守的客觀、驗證、解釋、預測、控制等原則；(2)心理學研究的題材只限於可觀察測量的行為，經由內省的意識及假想的潛意識均非研究範圍；(3)構成行為的基礎者是個體的反應，新反應是在制約作用的控制下產生的；(4)個體行為不是先天遺傳的，而是後天環境學習的。

二、心理分析論

Sigmund Freud 的心理分析論是心理學的第二大勢力，認為人的行為一舉一動都受到某種動機的驅使，而許多動機根源於人的潛意識，非個人所能覺察到的。對人性的解釋可分為三方面的意義：(1)人格動力：以潛意識、慾力、生之本能、死之本能等觀念來解釋人類行為的內在動力，此等動力就是人的行為的基礎原因，也就是人性；(2)人格發展分為五個時期：口腔期、肛門期、性器

期、潛伏期、性徵期，還有戀母情結及認同等泛性觀點來解釋人的發展；(3)以本我、自我、超我來解釋人格結構，並以衝突、焦慮以及各種防衛作用來解釋人格結構中三種我的複雜關係。

在心理分析上，用三種方法來治療病人：(1)自由聯想：鼓勵病人將其心中的意念或曾有的夢境毫無保留的傾訴出來以作為分析的依據；(2)解析：對病人解析其聯想及夢的內容，以澄清其觀念；(3)移情：以精神分析師與病人之間的關係來觀察瞭解病人與其親人之間的感情關係。

三、認知理論

認知理論反對行為學派將行為看成只是刺激引起的反應，認知理論強調人類內在的選擇、思考及作決定的歷程。學習乃是個體對整個情境的認識、領悟及理解的結果，也是個體認知結構的改變。所謂「認知結構」即個人在環境中所接收的客觀事實、主觀知覺及判斷等所組合的經驗，而形成其觀點、理解及概念。也就是他對事、物或人等的經驗組合而有的認識，再作為他處理與環境互動經驗的依據，再由經驗的增進又再修改其認知結構。

在個人來說，行為的全體意義必定大於部分的意義，因為行為的整體必然包括許多個人的知覺、判斷及認知結構之變化。認知行為的最基本單位是「基模」，基模不斷的重組為新的結構，人以其基模的結構和環境互動而產生了行為。

四、人本心理學

人本心理學是心理學的第三勢力，更強調行為的意義在於當事者主觀的詮釋，而非環境附加給他的。

Abraham H. Maslow 是人本心理學的領導者，他從研究猴子的行為發現動物也有努力求知求好的行為，也具有驅向健康的內在基本驅力。人為萬物之靈，更應有求知向善的潛能，因而形成了 Maslow 的中心思想：自我實現。動機是人生存成長的基本動力，有不同的需求層次：生理、安全、愛與隸屬、尊重、

求知、求美及自我實現。

　　Carl R. Rogers 將人本心理學應用在心理輔導工作，由治療者表現同理心、真誠一致、無條件積極關注等態度，與被治療者形成溫暖、自然、自信的關係，幫助被治療者認識自我、領悟人生、激發潛能、自求上進而自我實現。

　　Alfred Adler 原是心理分析學派，後因反對 Freud 認為人類行為受制於非理性的本能及潛意識，Adler 提出人有其生活目標，奮力以求實現，志在超越。Adler 認為人難免有缺陷，因自卑而求超越，以補償缺陷。

　　綜合心理學之各家說法，行為的意義有從動物的本能行為來解釋，有從潛意識動機來解釋，也有從外在刺激的反應來解釋，或從個人主動的自我決定來解釋。心理學理論的不同呈現人類行為及人性的不同，也許人類行為及人性之「客觀事實」並沒有改變或進化，所改變的是人類對行為的「主觀解釋」有不同的解釋方法而已。

　　表面上，人類行為的「客觀事實」是人類所表現的外在行為而已，但行為觀察所要揭露的事實並非那些可看到的一言一行、一舉一動而已，更要將行為背後所代表的真實意義探尋出來。以文字、語言及其意義來作比喻：一篇文章、一場言論是由文字或語言來組合，但是它們要表達的意思卻不是一個個的字或一句句的話而已，而是要在字間與句間找出真正要表達的意義。可看到的一言一行、一舉一動正如文章中的文字、言論中的語言，是事實的表面現象而已，其中所包含的真正意義才是需要被瞭解的「客觀事實」。

　　如果我們將行為只看作一個動作、一個表情等，其實很難說出其意義，就像文字及語言，如果只看成圖形及聲音，也都不具意義，因此意義是在人類的思考中，根據各種表象而分析出重點、統整出連貫、推理至未知之處、假設出未見之事情等，將其意義「想出來」，而加以解釋。

　　解釋人類行為有各種不同層面，例如：由人類的本能行為表現來解釋、由個人內在之動機及情緒來解釋、由外在環境刺激的影響來解釋，或由社會文化背景的意義來解釋，也可由個人本身對自己行為的自我詮釋來解釋，這些是由不同層面來解釋行為，但也都是企圖將行為的真正意義找出來，然而究竟哪一

種解釋才可當作行為的客觀事實，實在很難定論。可能，由不同的觀點，所解釋的層面就有所不同。

參、心理學對行為的基本解釋

行為觀察的目的在於對人的行為心理的瞭解。行為觀察時，客觀事實就是行為的發生過程，而主觀的想法則是對行為的意義之解釋。表面上，人類行為的「客觀事實」是人類所表現的外在行為而已，但是行為觀察要揭露的事實並非那些可看到的一言一行、一舉一動，更要將行為背後所代表的真實意義（內在意識）探尋出來。正如一篇文章、一場言論是由文字或語言來組合，但是它們要表達的意思卻不是一個個的字或一句句的話而已，而是要在字間與句間找出真正要表達的意念來。因此行為觀察的「事實面」並不只是行為的外在表現而已，更重要的「事實」是行為的真實意義（在社會團體的意義，或當事者個人的內在意識），「解釋面」則是觀察者自己的詮釋，如果「事實面」與「解釋面」的一致性很高，則表示觀察的效果佳，否則就是犯了觀察誤差而導致觀察結果的不可相信。

因此，行為觀察想揭露的「事實」也是隱藏不清的，尚待觀察者將之合理的解釋出來。然而，行為的解釋由不同角度可能有不同的意義，正如心理學的各家各派對行為的解釋不甚相同一樣。

在觀察的時候所產生的行為意義之解釋大體可分為三方面：

1. 由觀察者的直覺或其經驗的投射來賦予意義。
2. 由社會文化禮俗或規範來賦予行為意義。
3. 由被觀察者本身的內在意識來賦予行為意義。

第一種解釋是出自於觀察者的主觀，觀察者自己過去的經驗及自己的感情因素而作出的解釋，這種解釋似乎並未真正針對被觀察者的資料來解釋，而是以觀察者之「人同此心，心同此理」先入為主的推測，極可能會犯了不再蒐集

客觀存在的事實來支持,而極易被批評為「主觀」,因此所提出的解釋可能會與真正的事實有些差距,在專業的觀察是不易被採信的,最多僅能當作尚需要加以驗證的暫時性假設。

第二種解釋則是以社會標準來說明行為的意義,可以用行為標準來比較是非、重要、強弱、次數等,在團體意識或互動行為的瞭解上有其應用的價值,但是卻看不到個人行為的真正原因、歷史及來龍去脈。

第三種解釋是由被觀察者本身的內在意念、動機等來解釋,行為是發生於當事者身上,對當事者本身有其意義,可由當事者的價值信念來看行為的意義,也有由當事者的個性及人格特質來看行為的意義,也可以更進一步預測到行為發生的原因及對行為未來發展的影響等。

第一種解釋是觀察者的主觀,是值得懷疑的;第二種解釋是由人類的「集體我」來解釋個人的「小我」,是以社會文化期望當作「行為的事實意義」;第三種解釋則正好能貴實在在的解釋當事者的行為對他自己的意義,對行為當事者來說,這才是真正的「事實」。

第一種解釋只能當作在瞭解行為的過程中暫時的假設,尚需要事實來驗證;後兩種的解釋正巧揭露了兩種行為觀察研究的典範:「量的觀察」及「質的觀察」,第二種解釋是以社會文化既定的指標來量化行為,以衡量人的行為符合的情形,是「量的觀察」;第三種解釋則以一個人行為的發生演變來詮釋其個人的意義,必須由行為發展的過程來詮釋,是「質的觀察」。

透過量的觀察,將人類複雜的行為依據社會文化的期望化為幾個客觀的指標或刻度,得以比較行為的強度、次數及比例等,這是由社會文化來評價行為的意義。

質的觀察則以被觀察者個人為行為意義的核心,行為如何產生、如何延續、行為的原因等問題,是由觀察者行為的歷史、個人的情緒情節、價值體系來看出行為的來龍去脈。

觀察的目的是探討行為的「事實」,可以由不同層面來瞭解,但不論是從哪一層面來解釋(由社會文化來瞭解,或是由行為者的個人意念及行為歷史來

瞭解），對觀察者而言，他還是有任務要將行為的意義解釋出來，而這解釋就要透過客觀資料的蒐集和其個人的思索及判斷。

觀察者為揭露「行為的事實」，在解釋行為意義時，對一般人的「行為」必須先有一些基本的瞭解。本節已經將「行為」由其環境互動成因、社會一致及個別差異、心理學理論學派，及解釋的三個不同觀點等幾方面作分析，綜合來說，教育專業的觀察者在心理準備上對一般的「行為」之意義應有哪些基本的瞭解？

人類行為確實至為複雜，要想對某一個人的行為所要表達的心理意義有很正確的瞭解，確實非易事，因為其中必定需要加入觀察者的同理心、臆測、推理等思考，黃堅厚教授（1975）提出下列瞭解行為應有的原則：

一、所有行為都是有所為而為的

對當事者而言，他的行為是有其意義及目的，行為並非「偶然突發」，行為總是因當事者被某種作用或某種驅力推使著，才表現在外面。有些驅力作用頗為明顯，例如由飢餓或疲勞所引起的驅力，當事者容易自我覺察，因而很容易以語言解釋他當時的行為；但是大多時候當事者驅力的作用是隱諱不明的，無法以語言說出究竟，例如模仿表同、求好好勝、躲避焦慮等等驅力所造成的行為；也有時候是當事者已習於某些驅力的作用，反而習慣於該行為的表現，而不覺察驅力之存在，例如為避開懲罰而產生的掩飾說謊行為，經常如此做變成習慣之後，不管懲罰的壓力是否存在，他還是要掩飾說謊一番。教師若能瞭解這一點，當處置學生問題時，就會探討行為背後的原因，而行為問題的處理在於消滅該原因，而非只著重苛責、禁止或糾正學生之外在的行為。

二、片段的行為是當事者整個個體活動的一部分

有時我們觀察時只看到某一行為，很容易就以局部的行為來作整體的解釋，例如只看到一次說謊、一次友善、一次攻擊別人，就判斷他的個性，而忽略了正好被看到的那次行為有可能是因為環境因素（例如：壓力或誘惑等），

如果要看出當事者整個人的表現，就必須再多看幾次，才能對整體個性作比較合理的推測。一個人就是一個整體，這個整體各部分是相互關聯的，活動也是相互協調的，任何一方面的行為，都是個體整個人格的外在表現。一個學生在學校所表現的行為，有的是在學業學習方面，有的是同儕關係上面，有的則是社團活動方面，他的能力、態度以及價值觀念等等，表現在各種活動上的他是整體的，但是教師只從某些方面去看，教師從那一方面看就只能解釋他那一方面的行為，若要解釋學生的整體，則需從各方面觀察。例如：成績不好的學生並不一定是不用功或魯鈍愚昧，有可能是因為不善應付考試，成績不好也不足以解釋他的其他能力及道德觀念等。

三、情緒對行為有極重要的影響

一般人雖也注意到個人會有其情緒作用，但在瞭解當事者的行為時，未能辨認當事者情緒的影響作用。臨床心理學者用一些意義不明的圖片，或用一些沒有任何意義的墨漬為工具，觀察人們對這些無意義圖案的反應，發現同一刺激引起不同的印象或解釋，這和每個人的情緒有密切關係，心情愉快的人能將圖片解釋成愉快的情緒，心情憂鬱的人則將之解釋為悲慘的故事。情緒作用不僅影響人們知覺的色彩，而且也會影響人們對知覺的選擇。因為我們對四周環境中的刺激，並非被動的接受，而是主動的選擇接受，我們無法把環境中的每一個刺激通通接受，而我們所接受的刺激大都是我們所願意接受的；反之，對我們不願接受的刺激，就會「沒有注意」、「沒聽清楚」、「忘記了」。

四、社會文化對行為的影響

以上三點對行為的基本看法都是以人本心理學出發，強調行為的當事人對自己的行為之個人感覺及詮釋，教師在行為觀察時必須看重當事人的真實動機及行為原因，這三點是非常重要的觀點。但是一位教師面對許多學生，如果只有以上三個原則，將使教師觀察瞭解學生的工作會非常複雜。因此，教師在大多數時間很難避免的以社會文化面去觀察行為，這是由行為的共同意義去觀察、

瞭解、解釋行為，這樣可以簡化許多個別行為的複雜面。在一個班級團體互動中瞭解學生的共同行為也有其必要，但是在個別學生的行為瞭解時，就會忽略了該位學生的個人意義。

　　人是處在一個社會團體之中，人與人之間、人與團體之間，行為是有互動及模仿的作用，行為是可以透過人與人的長期互動而達到一種共識或說共同接受的行為模式，而醞釀成集體的文化行為。在班級團體或學生同儕團體中，社會文化對行為的影響也不容忽視，尤其在同儕團體力量很大的青少年時期，有許多行為確實是團體的影響，而個人的動機很可能只是為了獲得同儕的接受或認同。如果行為是這種原因，不如由團體影響這方面去瞭解，更能找出次級團體文化的意義，而以團體輔導的方式去面對，也許對個人及團體更有相輔相成的效果。

第三節　兒童行為的故事脈絡

壹、敘說兒童故事的構想

　　以故事結構的方法整理行為觀察的解釋，以突顯本土文化中的兒童特質。以故事結構呈現兒童行為的解釋，可以清楚看到行為的意義就在環境脈絡中。如果把多位個案的行為資料放進相同的結構，就可以看出影響兒童行為的普遍因素及個別因素。

　　這是一個構想，以故事陳述來突顯本土文化中的兒童行為所隱含的哲學與文化。兒童雖然有個別差異，然而在同一文化中也會顯現雷同的特質。本人任教三十餘年，發現每一時代的兒童都有不同的特質，兒童成長的故事可以引導教育工作者關注看到兒童在文化中的特質。

　　「瞭解兒童」是教育工作者專業表現的重要指標，然而如果能知道兒童發展的自然天性的劇本，必能掌握更貼切。教育工作者如何瞭解兒童？是站在自

己的舞台角色,還是由舞台全貌意識到依據人類自然天性的行為模式而編寫的劇本?成人在與兒童互動中,很難免都會以自己主觀的自我中心來解釋兒童行為。

　　行為觀察的記錄最原始工作必須以文字寫實兒童行為,不是流於瑣碎零散,就是自以為是。在寫實資料的分析中,主觀判斷與行為寫實相互為用,使行為的合理意義浮現出來,最後必須以觀察者主觀來解釋行為的來龍去脈。雖然有人也許願意忘記自己,專注觀察兒童,但常常會太想忠於事實而強調知覺所接收的事實,行為寫實就形成流水帳,不易看到前後關聯的意義。如果主觀的去解釋兒童行為,又常常落入為自己的意見而找證據,也可能是為自己的錯誤找藉口。這兩種極端心態對兒童行為的解釋不是落入客觀的瑣碎零散,就是落入主觀的自以為是。

　　專業的行為觀察必須在「事實」與「判斷」間蒐集與驗證,直到行為的意義在社會文化脈絡中被解釋出來,這是需要自我訓練。專業觀察的能力包括:辨識觀察動機的能力、追求可靠資訊的態度、反省主觀情緒或成見的能力、區分客觀與主觀的能力、敘述與摘要行為的能力、對用詞下基礎定義的能力、提出行為的假設之能力。教育專業觀察者必須掌握行為在環境中呈現的道理:所有的行為都是有所為而為、片段的行為是當事者整個個體活動的一部分、情緒對行為有極重要的影響、行為的普遍原則及個別原則。

　　兒童發展與社會文化是相互對照反映出彼此的意義(Gaskins, 1999; Goncu, Tuermer, Jain, & Johnson, 1999),兒童故事是以兒童的發展為主角,社會文化則是舞台。由微觀來看兒童,各有其個別的氣質、優勢智能及遺傳條件等;然而社會文化環境時時刻刻的影響,也會使兒童表現出雷同的情緒、社交、認知,同時也因而影響個別的發展。由巨觀的環境脈絡看兒童的雷同行為、情緒表達模式、倫理與道德觀念等,也清楚的看到文化的色彩、兒童的共同思維與行為價值。微觀的兒童行為是在巨觀的舞台上演著,雖然沒有人事先編寫劇本,然而兒童依據先天本能、潛能及人類原有的發展模式來扮演他的角色,似乎冥冥中有人類自然天性所寫的劇本在其中。

藉由故事來敘說行為觀察的結果，可以解決以上的問題，觀察者會去注意事實現象，也會注意行為的來龍去脈。以故事結構來加強觀察者故事敘說能力是重要的做法（Clandinin & Huber, 2004; McCabe, 2004），以此法引導行為觀察的解釋，使解釋的描述更有前因後果、情節的藝術感，可以覺察到兒童哲學及兒童文化之現象。訓練方式可以分為下列步驟：

1. 寫實兒童行為。
2. 分析及解釋兒童行為。
3. 洞察兒童與環境之關係。
4. 結構以兒童為主角的故事。

貳、寫實兒童行為

一、進入觀察——注意、焦點、背景、判斷

所謂「注意」，即觀察者的感官及思考聚集在某一對象上。他的所有感官、知覺的接收及思考動作的反應都聚集在這對象而運作，他會聽到、看到、知覺到關係著這個對象的訊息及所發生的事情，他可能也會因這個對象而產生一些內在想法或外在行為反應。

觀察者注意焦點必須放在觀察對象，但是他同時也會看到、聽到、接收到其他變項的存在。這是因為焦點對象與其他刺激變項是在互動的狀況中，因這種互動使其他變項也能在觀察者的知覺範圍中被接收。因此，對觀察者而言，觀察對象是焦點，其他有關的刺激變項就是背景。

觀察時，觀察者的主觀一定如影隨形，他的主觀除了選擇知覺接收之內容，也會不斷賦予行為意義。觀察者主觀介入是觀察中不可避免的，太過於主觀，會以主觀取代或模糊事實。然而，主觀也並不一定是壞事，主觀可以增強觀察者觀察的動機，也可以使客觀的事實不必一直停留在觀察者知覺接收的瑣

碎零散的狀態，因為觀察者主觀的介入可以連貫瑣碎的事實，靈活的以猜測、推理、分析、歸納、統整，為事實下有意義的判斷或暫時的假設。

　　每一個觀察都應該有判斷，沒有判斷的觀察是不完整的觀察。沒有判斷，充其量只能說是感官接收而已，變成視而不見、聽而不聞的情形；而且，有效的判斷應是針對觀察對象，而不是影射與觀察對象無關的事件。觀察所下的判斷大多是觀察過程中暫時有待驗證的想法，最後結論性的判斷是很難得的。

二、記錄行為

　　文字記錄能力是行為觀察最重要的能力，文字記錄能力好不好影響觀察效果。雖然在事實的接收中，也可以使用儀器來保存事實，但是文字是代表觀察者的思考，忠實描述行為現象是需要使用文字記錄。用文字來描述現象，就像相機或攝影機的功能，愈詳實愈能證明知覺接收的周全。然而，文字的使用並不像操弄相機或攝影機如此單純，使用的字、句、詞彙恰當與否，就要靠觀察者的字彙及文句寫作能力。

　　複雜、不穩定、變化很快的現象都會使影像模糊，這時觀察者的文字使用能力就倍受挑戰。形容詞、副詞、成語套用在此時就很難避免，但是都帶有觀察者主觀色彩，觀察者的主觀感覺就乘隙而入，有時會使得行為的描述含糊帶過，事實現象不夠清楚。但是，主觀的作用在於賦予現象意義及減低描述的困難度，這常是不可避免的。

　　因此，觀察者所做的文字寫實行為是需要做事後的整理，將「主觀的字句」過濾出來檢視。並不是說主觀就是不好的，主觀往往可以貫穿事實不清楚的部分，但是主觀也很容易流於誇張、扭曲、模糊、虛無的意識型態，觀察者需要自我檢視哪些是自己主觀的感覺；如果觀察者能夠自己覺察並承認確實有主觀的感覺，便會小心再接觸事實，比較不會誤導自己對事實的延續發展的接收，也會積極蒐集更多事實來支持證明主觀的合理，或推翻不合理的主觀。

　　行為的寫實記錄強調客觀性，保持事實的原貌，不加以扭曲、妄斷或臆測；然而，沒有主觀，也很難完整的描述事實。在主觀介入中，必須有創造性

思考及批判性思考，創造知覺未接收到的現象之可能情節，並需要以事實的連貫性來批判主觀的合理性，使主觀達到「大膽假設，小心求證」，發揮事實描述的合理性或邏輯的思考。

參、分析及解釋兒童行為

一、專業的解釋行為

專業觀察者需負起專業的責任。為了科學研究或職業要求而進行，必須以追求正確瞭解或解釋為目的，達到專業客觀或專業判斷的觀察，也就是說，觀察的結果而作的判斷不能容忍太多錯誤，盡量減少誤差。科學家、醫生、技術人員、教師、社工人員、法官等等，除了有職業知能之外，正確的觀察則是使他們在工作達到水準的必備能力。

專業的觀察不同於日常生活的觀察，需要完整又正確的解釋。專業的觀察需要觀察者蒐集多方面客觀的資料，他也必須針對客觀的資料作縝密的分析、歸納、統整、推理、假設等思考過程。在過程中仍難免產生許多片段的判斷，但是這些判斷並不一定能達到完整的解釋，可能只是暫時的假設，尚需再去蒐集客觀事實來驗證，或繼續更深入的觀察。因此專業的觀察就不僅是「事實的接收→主觀的判斷」的單一過程，專業的觀察者必須在「蒐證、判斷」這兩者之間不斷來回的工作，形成「事實的接收→主觀的判斷」與「主觀的判斷→事實的接收」的重複來回歷程，一直到對事實的接收之主觀判斷達到滿意有效的解釋為止。

二、客觀的迷思

觀察者過分強調觀察的客觀性而忽略主觀的介入，可能容易犯了資訊蒐集上的偏差。事實的蒐集很難完整周全，但卻往往因為太強調客觀，以致對主觀介入盡量排除，而就只針對已被認定的客觀資訊來作判斷，但是客觀資訊常常

落入瑣碎零散，因而使資訊無法作出解釋，無法解釋的資訊就是沒有用的資訊。如果觀察者要由瑣碎資訊硬作解釋，就容易犯上以偏概全、瞎子摸象、以理論套用等謬誤。

三、主觀的必要

　　觀察者主觀想法部分包括理性及感性。理性依思考邏輯來介入，思考邏輯具有合理的規則。成熟的觀察者可以有成熟的理性思考，是依據合理的邏輯來進行思考，所以理性思考之結果應該是可靠的、有信度的。然而，不夠成熟的觀察者所表現的理性，就會因為所依據的邏輯是不完整或不正確的，或者夾雜著感情用事、先入為主（感性），因此觀察結果就有明顯的差異。

四、客觀與主觀的相互應用

　　當在進行觀察時，觀察者所接收的訊息應該是客觀存在的現實事件。然而，觀察者接觸現實事件時，所獲得的訊息並不一定是完整無誤的原始面貌，他所接收的只是現實事件所化約的知覺訊號或符號（資訊）；也就是說，他只接收他能夠知覺到的有意義的訊息，在接收訊息的時候，可能就已經由他自己的經驗之主觀因素而賦予意義了，而這意義有可能是得之於先入為主或情緒因素而扭曲事實、蒙蔽事實或牽強附會、加油添醋等。

　　觀察者的主觀會影響他對客觀事實訊息的接收，但這也是無法避免的。無論怎麼努力放下他自己的主觀而去追求事實的原貌，但是他不是機器或電腦，不能拔掉或殺掉自己的主觀。觀察者在觀察進行中，其價值觀、思考方式、成見、感情等卻是主要的影響因素，這些在觀察進行中是無法隔離開或過濾掉的。既然是無法割捨，那也只好讓他接受它、承認它，重要的是，他必須認清它，看清楚它是如何影響自己對事實訊息的接收，以便瞭解他所接收的訊息究竟代表了多少客觀的事實。

　　觀察者進行觀察時，行為的事實面、現象面、解釋面是層層濃縮的，但卻不一定相等。事實面像迷宮圖 1-2 一樣，對錯交雜、正反不清，是複雜多面的；

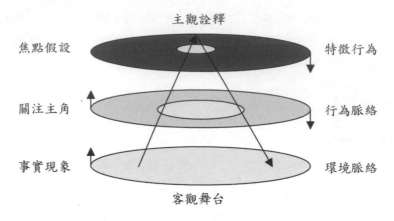

圖 1-2　客觀行為的主觀解釋形成故事脈絡的過程

現象面則是觀察者知覺接收的現象，無關因素會被忽視掉；解釋面則是觀察者看到的行為脈絡、因果關聯，得到解謎的技巧。

肆、洞察兒童與環境之關係

一、個人的行為脈絡

　　行為的舞台是環境，環境會影響行為的呈現。主角的行為意義往往需要環境來襯托，在此之際，如果主角的行為互動不夠突出，主角行為的意義會變模糊，然而，仔細關注，也能以主角為中心而看到行為意義。關注主角是行為觀察的第一步。

　　行為寫實就是觀察與記錄行為。第一步驟是觀察、蒐集兒童行為事實現象，觀察時必須聚焦，針對焦點來記錄行為，描述行為時以背景襯托，看到事實現象。

　　當解釋兒童行為時，就會落入客觀與主觀的圈套，合理解套，就使行為的真實意義浮現出來。行為的事實面、現象面、解釋面是層層濃縮的，但卻不一

定相等，事實面像迷宮圖一樣，是複雜多面的；現象面則是被知覺接收的現象，已經過濾掉無關因素；解釋面則是主觀的看到行為脈絡、因果關聯，得到解謎的技巧。

行為觀察的目的在解釋行為，所以主觀是觀察中不可少的因素。主觀必須合乎道理，才能解釋到專業工作者可以著力的脈絡上。醫生有醫學的道理，教練有教練的道理，警察或法官也有其道理，老師必須遵行教育工作者的道理。教育專業對行為的基本瞭解及解釋是要看到行為如何被環境脈絡影響著，心理輔導學者黃堅厚（1975）曾提出下列道理：所有的行為都是有所為而為、片段的行為是當事者整個個體活動的一部分、情緒對行為有極重要的影響、行為的普遍原則及個別原則。

人類行為的發展是透過相同的人類發展模式，再加上人類也有其共同的社會文化環境，所以人類的很多行為是有其共同的意義。但每個人也有其個別的人格特質及學習經驗、生活經驗等，所以人的行為也不是都一樣的，而有其個人的意義，或說特殊的意義。共同意義的行為乃依據人類行為發展或社會文化的共同原則很容易瞭解，個人意義的行為則因每個人的個別差異而不容易立刻瞭解。

採用美國心理學家 Gordon W. Allport 的人格心理學，認為人格結構中包括兩種特質，一為共同特質（common trait），一為個人特質（individual trait）。共同特質即人類行為發展或社會文化的共同意義，個人特質即個別的、特殊的代表個人的意義。

共同特質的行為表示所有人類都一致的行為表現。例如，人類的情緒表情全世界人類都相同，笑容、哭泣、憤怒、害怕等，不同的種族人與人交往之間，是可以互動的、大家一致的行為語言；或者人類表示好奇的行為、人類探索的行為、人類親子之間的愛護行為等，也都有相同的表現。這些都是共通意義的行為，較容易從表面的觀察就能作相當正確的行為意義的判斷。

個人意義的行為則是個體的個別原因所形成的行為，不能用行為通則來解釋，例如個人的特殊經驗、個人的生活習慣、個人的興趣及能力等所表現的行

為都有其特殊性，若想用行為的通則來解釋，往往就會導致錯誤的判斷。

　　人類的共同意義的行為使人類可以互相瞭解、接受及溝通，但是特殊意義的行為不易瞭解，才是真正需要透過行為觀察來瞭解的。因為觀察者本身也是人類，因此一般人在觀察時會用「人同此心，心同此理」的方法來推論，如果觀察的行為是屬於共同意義的行為，這種推理所得的結果不致錯得太離譜，但是如果所觀察的行為是特殊意義的行為，則很容易犯錯。

二、行為的環境脈絡

　　兒童的生活中參與兩種文化，童年文化的全部參與及成人文化的部分參與（Davies, 1980; Postman, 1982）。這雙重參與影響著兒童和成人的互動，而這影響即表現在兒童文化中規則的逐漸加入。成人與兒童之互動有兩個極端的對照：傳統的約束及自由的開放。在互動的過程中，兒童也學習和成人互動的正確模式，在矛盾中自然領會與成人互動的性質。

　　人是處在一個社會團體之中，人與人之間、人與團體之間，行為是有互動及模仿的作用，行為是可以透過人與人的長期互動而達到一種共識，或說是一種共同接受的行為模式，而醞釀成集體的文化行為。在班級團體或學生同儕團體中，社會文化對行為的影響也不容忽視，尤其在同儕團體力量很大的青少年時期，有許多行為確實是團體的影響，而個人的動機很可能只是為了獲得同儕的接受或認同。如果行為是這種原因，不如由團體影響這方面去瞭解，更能找出次級團體文化的意義，而以團體輔導的方式去面對，也許對個人及團體更有相輔相成的效果（黃意舒，1996）。

伍、結構以兒童為主角的故事

一、以結構來看環境脈絡

　　觀察有了解釋之後就可以整理出結構。兒童在環境中互動的重要關係人

物，其行為特質會影響兒童；觀察解釋時，會界定出被觀察者的關鍵問題，往往就是被觀察者的個別行為；行為發生的現象、近因、遠因就是環境脈絡。舉例如表 1-1、1-2。

　　以表 1-1、1-2 整理出觀察之後的解釋，就可以看到主角在舞台上扮演的角色。第一個個案是受害者，第二個個案是學習者，可以清楚看到主角的行為雖然是自發的，但是也反映出社會脈絡的含義。

表 1-1　個案一：我不要媽媽走掉

角色（關係人物）	個性（行為特質）	個人行為脈絡	環境脈絡		
			行為發生的現象	行為發生的近因	行為發生的遠因
被觀察者	害羞、退縮	入園時，和媽媽難分難捨，不顧老師的關心。	入園時，緊拉著媽媽不放手，媽媽勉強離開，就落入呆滯、孤立，對老師與同學都不理。	爸爸離家。	媽媽保護過度、父母感情不睦、在家是獨子。
媽媽	不放心				
同儕	合作分享				
老師	關愛				
爸爸	不清楚				

表 1-2　個案二：老師我愛你

角色（關係人物）	個性（行為特質）	個人行為脈絡	環境脈絡		
			行為發生的現象	行為發生的近因	行為發生的遠因
被觀察者	個性開朗、大方，自尊心很強	頒獎給老師。	一早即送老師一張自製的獎狀，並說：「老師我要頒獎給你！」	兒童節前夕，照往例，老師頒發健康寶寶的獎項給全園的小朋友。	班級氣氛融洽，老師尊重孩子，給予孩子自我表現及創意的機會，孩子都喜歡和老師親近。
家長	關心				
好友	分享				
老師	善於引導				
同儕	大多善於表達				

二、敘說故事

以文學的技巧將故事敘說出來，形成感動人心的作品。故事情節的鋪陳、人物的描述、對話的用語等等技巧，在故事結構清楚之後，就呼之欲出了。以結構來吸引讀者或聽眾共同注意的焦點，以引君入甕的方式，來引導思考的空間及意義的賦予。

本文故事的取材是行為觀察的解釋，必須還要有一些加油添醋，使故事更生動。捕捉孩子的心靈、建構孩子個別的行為、記錄孩子的對話、設計故事的小節，這些都是必要的。茲將許義宗教授在 2004 年 5 月 10 日的瞭解兒童工作坊之演講「以兒童文學觀點營造故事結構」，提出故事營造的八個重點如圖 1-3：

1、2、3 三點不可少，其他點可多可少，可濃可淡

1. 主題的呈現——故事名稱給讀者最簡單的記憶。
2. 角色的塑造——主角、配角，代表人性的哪一方面，個性要有強烈的對比與誇張。
3. 情節的安排——主線。
4. 背景的設計——若是長篇，情節與背景要交流。
5. 因果的關係——前後呼應。
6. 語言的應用，對白的穿插——貫穿力。
7. 動作的描繪——整體感。
8. 特色的突顯。

圖 1-3　故事鋪陳的重點

情節的安排是主線，結構可使重要情節不斷重複、卻可以有關鍵的變化。有順敘法、倒敘法、實景法及插敘法，再加上鮮明個性的角色、對白的穿插、前後呼應、前後的思考、用字遣詞賦予感情。無論什麼方法，其目的是在製造情節，吸引讀者，形成思索的誘因，想知道接下來的內容。

教育工作者要超越自我的主觀，要在複雜現象中看到延續不斷的意義（James, Jenks, & Prout, 1998）。行為觀察者必須訓練自己，提升具有超越自我的眼光、敏銳及思考力。敏銳會在觀察孩子和環境互動中看到關鍵行為，具有

思考力可以看到和此行為有關係的背景影響因素，也可以合理推測可能的發展。延續不斷的意義就是故事，每一個故事都是有趣的、有內涵的、能引人入勝的，每一個生命都有故事，而且都會有舞台（環境脈絡）讓故事繼續發展。

兒童是教育目的、社會現象、文明變遷之主角。無論教育如何理想、學校願景如何崇高、教師如何自主省思、父母心理如何開放尊重，如果兒童發展的現象不被檢視、不被關注，一切努力都將只是舞台的布景，生動活潑的主角卻未見上場。不可否認，教育的一切都必須由滿足兒童發展的需求及啟發兒童的學習來呈現，才能具備實質的意義，安排得恰如其分。

兒童在生活、遊戲、學習、社會互動及教育體制中發展，兒童發展的劇本必須由此產生。兒童發展不必再需要粉墨登場扮演外國學術或學者的理論或期望，而是本土行動劇中的自然呈現。自然呈現的過程中也必然有其道理及脈絡，其外顯及內含的意義必須被檢視或發現，建構落實的紮根理論。簡單的說，研究兒童發展不能忽視由本土文化及教育體制的詮釋。

本節闡述以故事來表現兒童特質的構想，期望在本土文化中看到兒童。台北市立教育大學兒童發展研究中心 2003 年的父母成長工作坊，以及 2004 年的瞭解兒童工作坊，就是朝這個方向努力。雖然播下的種子還未看到發芽，但仍抱著希望：希望熱愛兒童的人士，可以就不同情境、不同角度看到兒童，經過對兒童行為的觀察瞭解之後，能寫出一篇篇動人的故事，讓社會大眾體認兒童的生命力及價值感，他們是活生生的在社會文化的舞台上扮演著一個反映時代意義的角色。

討論問題

1. 個人在環境中所表現的行為具有什麼意義？如何解釋其意義？

2. 試由心理學的各派別解釋人類的行為。

3. 嘗試以你經驗中的一個個案為例，將兒童行為脈絡整理出來，編寫成故事。

這些照片中有什麼故事？

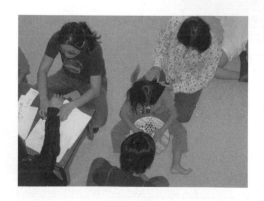

照片說明範例

- **何處：**
  家庭中的 family room
- **人物：**
  媽媽和二位小孩、六位年輕男女
- **事件：**
  小孩在桌上遊戲，五位大人旁觀或參與或幫女兒紮髮，只有一位獨自躺著放鬆形骸。
- **背景：**
  親屬相聚等待家族活動。老人家九十大壽，各地兒女到來慶祝，主人準備三天的家族活動，有野外渡舟、烤肉、騎馬等。早晨起床，吃過早餐，姑嫂們在廚房收拾，其他年輕人就在family room等待，一幅和樂融融的景象。
- **何事：**
  小孩不甘等待，就找事做，大家都以這兩個孩子為中心，媽媽也趁此機會幫自己的女兒梳頭髮。兩個小孩不會因為眾多大人在側而分心，多數大人會去關注孩子，但有一位並不像大家如此做，而是躺在地上，真是個自得其樂孤芳自賞的人。

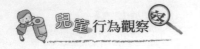

Chapter ❷
班級文化的行為觀察

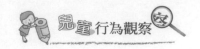

1. 班級團體動力對學生學習有其重要影響,專業老師應該重視班級團體的結構,妥善應用在教學、輔導及班級經營。

2. 團體互動形成班級文化,也就是班級中默契的價值體系或行為準則。這並非直接教導,而是自然形成,會受到社會大文化影響,也會受到環境規則的影響,但是最重要的是由同儕遊戲中的動力形成。

3. 以生態系統來看班級文化,由外在規範影響的就是倡導,由內在互動產生的就是關懷。班級中這兩者的影響同時都會存在,而看影響的較勁,形成四種班級經營的類型:民主、權威、愛護、漠視。這四種班級經營也影響學生的學習為四種型態:建構型、高期望型、嘗試錯誤型、閒蕩型。

4. 班級中的人際互動就是環境空間的氣氛以及溝通資訊的流動,因而形成同儕互動及師生互動的管道。

5. 環境空間的氣氛以及溝通資訊的流動可以找出基本元素。環境空間氣氛包括物質環境和個體空間的質與量;溝通資訊的流動包括訊息發起、溝通管道、氣氛及干擾、訊息接收者等。

6. 班級溝通中內容層次及關係層次一致,則溝通順暢。因此可以分為四種層次:人際內溝通、人際間溝通、團體溝通、文化溝通。

7. 班級中同儕互動是班級文化的重要因素,這是非事先安排的自然社會行為之形成。師生互動在班級團體互動的角色也不完全站在權威或主導的地位,而是處於與班級文化環境協商的地位。

8. 班級常規就是學生在班級中生活的規律,維持秩序、增進人際溝通正式管道、發揮其社會的功能。

9. 老師必須知道班級文化是影響學習的重要因素,就會很自然的觀察這些事情,以助益有效教學。

10. 班級文化觀察是在很複雜的現象中抽絲剝繭出重要的意義，方法就是將
　　觀察工作系統化。從平日的軼事記錄做起，由其中找到重要現象的意
　　義，再以其為觀察主題，進入進一步的蒐集資料。進一步的觀察需視觀
　　察面的大小，如果是個案，可用質性的系統：先記錄再分析解釋；如果
　　是普遍的行為現象，可用量的觀察系統：用行為架構來製作成記錄的工
　　具，以紀錄來分析比較個別情況。

第一節　班級團體動力

壹、班級團體的意義

　　教學透過班級團體是普遍的現象，班級團體內的互動影響學習成果甚大。班級自成一個團體，老師引導著學習，而學生個別的、小組的或隨機的同儕合作進行學習，在這團體中，師生之間及同儕之間時時產生互動，訊息的流動影響著每個學生的學習。

　　以中小學來說，學生都被分配到某一個班級之中，每日在此團體互動的情境下進行學習。舉凡學校的行政作業與教學安排都以班級為單位，學生在班級教室中，大多有固定的導師領導著班級，班級中又推派出或選出某些學生幹部，領導或協助處理學生事務。學生上學之後，即進入隸屬的班級團體進行學習，除某些藝能科目在其他教室或操場等進行外，一般學科幾乎都在班級教室中進行。

　　由社會學的觀點，班級和學校都是一種社會環境，具有複雜的動力系統。學校中，班級是基本單位，每一個班級裡，學生的交互作用關係及師生之間的交互關係形成班級的訊息流動之動力系統。學生除了睡眠及遊戲，沒有比參與班級團體占據學生更多的時間。因此班級的動力關係不僅影響著學習的情境及學習的效果，更重要的是，對其社會行為的發展也有決定性的影響。

　　在過去對於學校社會組織的研究，側重教師與學生個人品質或社會團體的氣氛、教學方法或環境安排等（莊貞銀，1990）。1930 年以來，社會心理學及團體動力學的研究在美國迅速發展，近代有一些社會學家及教育學者，由社會體系的觀點研究「班級」這一小團體的功能及角色的互動（Medway & Cafferty, 1990）。

貳、團體動力的意義

Kurt Lewin 提出「動力」（dynamic）一詞，即指團體之中是有其影響力的流動。團體是主動的、團體是流通的、團體是變革的；而「團體動力」即指團體成員間此種複雜的社會過程的衝激力量。

「團體動力」的界定為一種研究領域，為增進瞭解團體的本質、發展的法則，以及其與個體、其他團體和更大制度間的交互情形（Cartwright & Zander, 1968）。

社會科學對「團體動力」有不同的觀點，人類學家由研究人類過去及現代的文化來瞭解，社會學家則著重人類社會的功能以及對其成員的影響，心理學家則研究個體的行為及心理的過程。整體而言，團體動力有兩方面的觀點：社會層面及心理層面的。社會層面觀察團體的影響及被其他社會的影響；而心理層面則觀察個人在團體中的思想、行動及情緒等（Forsyth, 1990）。

人類行為經常是團體的，雖然個體很難覺察自己隸屬於大社會，然卻時時刻刻感受到某些團體的歸屬感，團體動力是觀察一群人的交互作用行為，可由次文化系統探討之，也可由成員角色及互動探討之，亦可探討成員的心理及行為。

參、班級團體動力結構

班級結構係指班級成員互相影響的運作結構，是時時刻刻影響團體動力的重要因素。結構穩實的班級，彼此切磋、彼此幫助，學習效果提升；結構鬆散的班級，各自為政、孤芳自賞，甚至彼此衝突，學生的時間花在處理人際互動的困境多，真正的學習就可能抵銷。

班級結構是班級中團體互動的結構，訊息互動傳遞的影響結構。觀察者如果沒有班級結構的觀念，進入一個班級是看不到結構的存在的。一般所謂教室

中的班級結構，是由師生互動中所營造的以學習為目的之社會性運作模式。班級中有無核心人物領導、有無影響的階層、有無小團體、有無組織系統等，都是班級結構的狀況。教師可以妥善運用班級結構在班級經營或學習合作團體上，以增進行為管理或學習效果。

在自然狀況下，班級中常常會有次級團體存在，或親密死黨存在。教師都要去注意互動是良性的，還是負向的。一般而言，團體裡人和人的互動關係，而出現領導、相互影響關係之組織結構，團體大多有其目的，即使目的不明確，成員也會自己在互動中產生團體目的，再朝向目的而互動，例如和別的班級之競爭、友誼慰藉、經驗分享及成長、學習活動、爭取獎賞，或集體合作產出成品等，都可能是班級次級團體的目的。

有時老師會刻意營造，組織出一些小團體來協助教學或行為管理。這種觀察班級的結構可以由兩方面進行：(1)以班級的酬賞分配為基礎；(2)以班級的學習訊息或作業分配、評鑑方式為基礎。

老師的賞罰分配或作業分配會有其結構。在競爭的班級，酬賞只能分給少數人，可能增加相互間的攻擊行為；相反的，在合作與凝聚力高的班級下，師生之間及學生之間有比較多的互動行為，相互間也會共享資訊。在凝聚力高或合作的班級中，學生有共同的興趣、能協調互助、有均等的權力分配、相互信任、有助人的態度、能誠實且開放的相互溝通，但是競爭的班級則完全相反。

另外，有人將班級結構的型態加以擴大，以「開放式班級」及「傳統式班級」來區分。開放式班級具有的特徵是：重視小組學習、重視合作倫理、具合作傾向、學生可以相互分享資訊、強調學生的參與、共同設計教學、多數人可獲獎賞。傳統式班級的特徵是：教師領導、學生個別學習、具學業傾向、學生相互分享資訊被認為是舞弊、重視競爭、酬賞只分配給少數人。在開放教室中的兒童比較容易找到各種朋友、順從教師規範，並有良好的社會行為（張建成，1988）。

在一間九年級的教室中研究發現：不同科目學習之社會組織（social organization）有不同（Anang & Lanier, 1982）。組織型態不同會影響師生互動，也影

響著教學選擇的深度及廣度，和學生的學習機會。例如社會組織的不同：數學老師以個別指導學生支持個別學習，且鼓勵學生共同嘗試更困難的題目；而社會老師則想促成學生的合作與參與，故以小組合作提供答案來降低作業的難度，而使教室學習氣氛輕鬆。

目前有關班級結構的研究甚為缺乏，例如對班級學生領導幹部之研究、班級學業或任務分組之研究、同儕之非正式團體的研究尚不多見。

教師要瞭解的班級結構，除了師生之間的獎賞及作業之互動和分配外，還有同學之間的友誼關係，可以用「班級社會關係圖」之調查來瞭解最受歡迎的學生、最不受歡迎的學生、最有影響力的學生、邊際學生，以及學生之小團體友誼，或班級中之幫派等。

「班級社會關係圖」的製作過程是：先讓每位班級成員寫下某些問題的答案，例如：「排位子時你最希望和誰一起坐？」「出去郊遊時你最希望和誰編在同一組？」從每位學生所寫的答案中，統計誰的票數最多，將其號碼寫在核心的圓內，他是明星人物， 票都沒有的則號碼寫在外圈，他是邊緣人物，其他則依照票數的多寡次序，由內圈往外圈排列寫出；線條及箭頭則表示那一個號碼被另一號碼選，倘若有互選的情形，則以雙向箭頭表示。

「班級社會關係圖」（圖 2-1）能夠幫助老師瞭解班級團體中的人際關係之結構，可以作為教學時作業分組、團體輔導的參考，以增加同儕互動的有利因素。

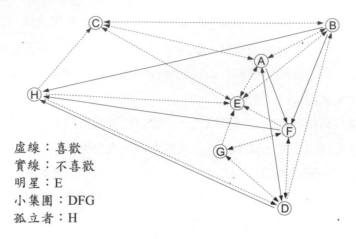

虛線：喜歡
實線：不喜歡
明星：E
小集團：DFG
孤立者：H

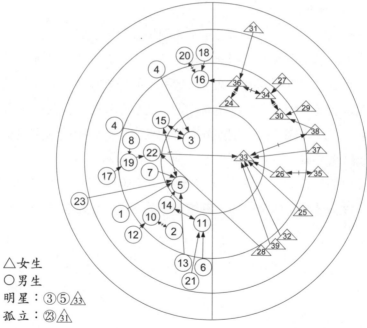

△女生
○男生
明星：③⑤⚠33
孤立：㉓⚠31

圖 2-1　班級社會關係圖

第二節　班級的文化互動

壹、班級文化的形成

　　班級文化是班級團體互動的內涵。在班級結構之下，彼此心領神會的默契是什麼，溝通網絡的流動與共識在哪裡。這種文化背景影響成員對外在訊息接收及傳遞的效果（Von Raffler-Engel & Others, 1978），當然也影響著學習環境及教學效果（Deering, 1989）。

　　一般談到「文化」，是指社會團體的習俗、生活及其傳統，而 Spradly 和 McCurdy 認為，「文化」是知識份子藉之以產生或解釋行為的依據（knowledge people use to generate and interpret behavior）。也就是說，「文化」是共有規則的知識（knowledge of shared rules），包括了一些見解，處事的方法、信念、價值及經驗。這並非直接或刻意教導形成的，而是團體中成員的每日生活中逐漸形成共同的、視為理所當然的部分。每一個班級團體的文化都有不同，在其形成後，也會因團體成員的互動有所改變（Ruane, 1989）。

　　形成班級文化有三個要素：

1. 先備文化規範所形成的共有假設（pre-existing culture norms which form the shared pre-suppositions）。這部分是受整體的社會文化所影響而產生的意識。例如：人和人之間的禮節、倫理關係，或節慶活動、民俗活動、藝術修養等。

2. 由團體構成份子及環境所形成之團體共識的規則（group cohesion rules that are solely dependent on the constituency and the setting of the group）。這部分是由團體成員互動中，互相影響而形成的默契。例如：遊戲規則、溝通管道、對學習的態度、對學校的態度等。

3. 有關環境因素的行為規則。這些環境因素之規則對團體成員的要求是一致的、可預測的，也可因不同的事件作結構的分類，這部分是刻意安排的，以引發班級文化的發展（Von Raffler-Engel & Others, 1978）。例如：校規、班規、作息時間、例行活動、課程安排、班級幹部組織等。

這三種要素中以第二個要素為重要，也就是說，班級文化之形成同儕之間的遊戲是主要的力量，遊戲好比是「社會的競技場」，也是同儕文化的動力（Elgas & Others, 1988）。以小學生來說，小學生對工作與遊戲的界定，顯示出遊戲的三種意義：(1)工具式的遊戲（instrumental play）；(2)消遣（recreation）；(3)禁忌遊戲（illicit play）。每一種遊戲都包含著社會適應的接受及抗拒。一般老師在教室中並不會完全禁止遊戲，使兒童在班級文化握有主控權（King, 1982）。

貳、班級文化的生態體系

所謂生態系統，就是在教室情境中，老師、兒童、設備互動所形成一種秩序與學習氣氛，包括師生之間、同儕之間、時間規劃、偶發事件處理、教室常規、教室內的擺設等。

一、班級的生態環境

(一) 影響班級生態環境之因素

Urie Bronfenbrenner（1979）提出生態體系理論（ecological hierachy），將生態體系分為四類，分別為小體系、中體系、外體系、大體系，以個體為中心向外一層層推廣，形成整個生態體系（圖 2-2）。以幼稚園來看：

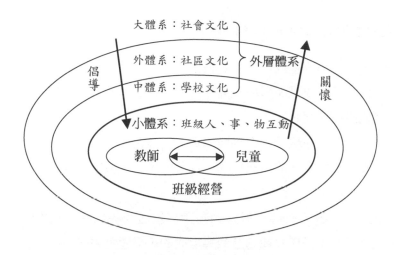

圖 2-2　班級經營生態環境

1. **小體系**（microsystem）：兒童與教師直接接觸的環境就是幼稚園班級。
2. **中體系**（mesosystem）：兒童與教師直接接觸的環境彼此間的關係，例如：整個幼稚園包括有形的行政措施與無形的氣氛與文化。
3. **外體系**（exosystem）：指兒童與教師未直接參與的環境，但是該環境發生的事件會影響學生與教師，例如：社區文化。
4. **大體系**（macrosystem）：指整個社會文化、社會價值與態度、任何的信仰與潛在的意識型態，會影響小體系、中體系與外層體系，例如：孝道、法治規範。

（二）倡導與關懷

　　中體系、外體系、大體系合成為外層體系，外層體系包括社會文化價值、規範……等，向小體系要求或引導的過程稱之為「倡導」，由小體系中教師與兒童的需求與需要向外層體系適應的過程稱之為「關懷」。

(三) 小體系中團體互動形成班級文化

「團體動力」指班級成員（教師與兒童）在班級中交互影響的力量。而班級成員之間的互動、成員與環境設備互動，形成一種人際關係的秩序與學習氣氛，是一種團體運作模式。

「班級結構」指在班級中教師與兒童、兒童與兒童的互動關係，會出現領導與服從、相互影響關係的組織結構，或形成民主、權威、愛護、漠視等班級文化。

「文化」指一群人有共有規則的知識，包括一些見解、處事的方法、信念、價值及經驗，不是直接或刻意教導形成的，是團體中成員的每日生活中逐漸形成共有的、視為理所當然的部分。每一個班級團體文化都有不同，在其形成後，也會因團體成員的互動有所改變。

「班級文化」的形成除了受成員之間的「關懷」因素影響外，外層體系也無時無刻的「倡導」著，文化是團體中已經達到的默契、共識與平衡點。形成班級文化有三個要素：(1)受整體的社會文化所影響而產生的意識；(2)由團體成員互動中，互相影響而形成的共識；(3)環境對團體成員的要求是一致性的、可預測的規則。

班級中的人、事、物之互動形成班級團體動力，而班級動力形成班級結構，班級結構中的默契與共識形成班級文化，同時，班級文化的產生來自大體系之社會價值、力量為背景。因此，班級經營生態環境不是單由教師或幼兒一方所操縱，而由教室內人、事、物互動引導，並且是受整個社會脈絡之價值直接與間接影響（圖 2-3）。

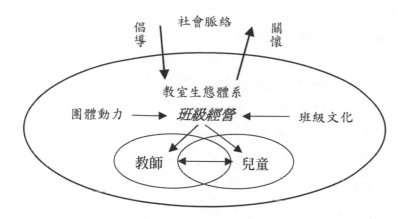

圖 2-3　班級經營的影響因素分析

(四) 班級文化形成班級經營之生態類型

　　班級環境受外層體系影響的過程分「倡導」與「關懷」兩者。由外層體系包括社會文化價值、規範、學校與社區文化……等，向小體系要求引導的過程可稱之為「倡導」；由小體系的需求與需要向外層體系適應的過程可稱之為「關懷」。而「倡導」取向與「關懷」取向會形成以下四類型班級環境氣氛（圖2-4）：

圖 2-4　班級環境氣氛之類型

1. **民主型**：符合高倡導高關懷之情境，是一種可以商量的環境。班級中的人、事、物的規範與個性是相輔相成的，是相互彌補的。除強調社會道德規範、班級秩序、社會合作與團體規則的遵守，也可尊重學生的興趣、性向、需求、潛能自然反應，以及教師個人的專長、需求、自然反

應。

2. **權威型**：符合高倡導低關懷之情境，是一種規矩第一的環境。班級中的人、事、物，較強調社會道德規範、班級秩序、社會合作與團體規則的遵守，較不注意學生與教師的需求與自然反應。

3. **愛護型**：符合低倡導高關懷之情境，是一種快樂主導的環境。班級中的人、事、物，較以尊重及滿足幼兒的興趣、性向、需求與潛能自然反應，或老師的需求與個人專長。但是對道德規範、班級秩序、社會合作與團體規則較不重視。太過重視個性可能會壞了規矩。

4. **漠視型**：符合低倡導低關懷之情境，是一種冷漠的環境。班級中的人、事、物不重視班級秩序、社會合作與團體規則，也不強調學生的需求與自然反應。既不重視規矩又不重視個性，就會形成彼此保持距離以策安全的冷漠。

二、班級生態類型影響學習型態

在這四種班級生態類型，兒童建構認知的過程也形成四種類型（圖2-5）。

調適		
低	高	
嘗試錯誤中學習	建構式的學習	高　關
閒蕩的學習	高期望的學習	低　懷

圖 2-5　兒童認知學習歷程之類型

1. **建構式的學習**：兒童既能吸收新知識進入自己的認知基模，也能調整自己的認知基模，建構新的基模，認知發展的提升即自然順利。

2. **高期望的學習**：兒童必須隨時改變自己的認知基模以符合外在的環境，易造成幼兒學習壓力。

3. **嘗試錯誤中學習**：兒童多以同化方式納入新知識，在探索中慢慢建立認知結構。

4. **閒蕩的學習**：兒童在班級中既不同化新經驗，對學習刺激也不在意，所學到的是瑣碎的知識，較無法組織與提升認知層次。

參、教師在班級文化的角色

一個新任老師為使教學及班級管理達到效果，首要工作便是瞭解班級文化，以掌握與師生之間及學生之間的有效互動（Ruane, 1989）。而教師瞭解班級文化的方法即由學生互動中來蒐集事實資料，或由訪談學生中來瞭解，在這中間，老師的觀察就很重要了，如果老師沒有班級文化的觀念，當然就觀察不到，也不懂妥善運用之，往往就會使教學效果不佳，可能是權威的知識灌輸，也可能是聽其自然的放任，或是無計可施的師生對立。

如果教師面對的是新的班級，那麼在班級文化的形成過程中，教師較有機會參與而發揮其影響力，這也需要教師有此觀念去引導或經營出來，促使班級文化和社會文化脈動的關係是和諧的，使其有愛也有學習，而且在這過程中教師都有參與，所以比較能夠瞭解班級文化，但是也可能自然伴隨班級文化形成的老師，可能因為耳濡目染、習以為常，反而並未清楚「覺察」班級文化的存在。

班級文化的形成，教師的介入有其「模糊不確定的角色」，因為教師不可能以權威的方式來引領班級文化之產生，這麼做反而可能「醞釀」成另一種「將教師排外」或「與教師期望對立」之班級文化。因此，教師在班級文化形成的過程更需要「停、看、聽」，以正確的推測多數學生的想法或行為反應等，作為因勢利導形成正向的班級文化之參照架構，這麼做才不至於會被「排外」。所謂正向的班級文化也並非教師事先策劃好以目標導向之發展，而是師生在教室及學校環境互動下發展出來的。

第三節　班級的人際互動

壹、教室環境與空間

教室環境是學生與同儕及師生共有的互動空間。成員每個人在此空間的行為有兩種目的：避免侵犯別人的領域，同時保持彼此足夠運作的「空間」；這些行為在與人溝通及保有隱私都有其重要性。

學生在教室中所表現的空間行為可包括：個人的行為、面對面的溝通行為、合作的行為、競爭的行為，及遊戲的行為等。空間行為和環境的安排很有關係，環境的安排啟示及暗示學生活動的自由、限制，及組織。

與人產生交互作用的物質環境因素，可依據兩個架構來歸類：

1. **物質環境本身的結構**：如空間大小、形狀、色彩、音響、照明、設備的特徵及數量等。
2. **個體使用空間的個別差異性**：又可分為兩種類別，個體對使用空間量的需求及質的需求，量的需求即空間的密度及器材的數量，質的需求即器材的類別、樣式及取用的方便（田育芬，1987）。

Todd-Mancillas（1982）將教室環境以七個因素分析之：空間、時間、聲音、溫度、顏色、光線及藝術感。空間方面，他強調室外空間、座位安排，及學生之參與空間；時間方面，他強調教學作息時間安排及等待學生反應的時間；聲音方面，他強調安撫的音樂促進學生之合作及愉快的互動，在幼兒的教室需要安靜以促進兒童的專注；溫度方面，他強調溫度及溼度的適中能使學生樂觀的從事心理或身體的活動；顏色方面，根據研究他提出幼兒教室應著暖色，而初級中學以上應著冷色；光線方面，根據研究他提出光線的不足及強烈對比的光線造成眼睛的緊張及焦慮；藝術感方面，教室布置的藝術化使學生感到被接

受、舒適且放鬆,且讓學生參與布置,使學生的感覺及需要能被滿足。

　　傳統的班級是以教師為中心的。學生座位以排排坐面向老師為主,前排中央座位的學生獲得較多的互動機會,鄰近的座位也有較多人際間的互動;在擁擠的教室中,學生人際間互動較少、合作行為較少,在極端擁擠的教室中,攻擊行為增加(張建成,1988)。

　　環境空間對學生行為有其暗示性。有研究針對教室環境的結構對同儕互動所造成的影響,研究對象是學前兒童,在高結構的教室比低結構的教室更能促進同學的利社會行為、想像的遊戲,而且攻擊行為較少(Huston, Fricdrich, & Susman, 1977)。田育芬(1987)的研究也證明不同的空間安排對幼兒遊戲行為及社會互動有其影響,在有分割的教室(利用矮櫃將教室分割為幾塊半封閉的空間),幼兒的團體遊戲及正向的非語言反應都較敞開空間教室(所有櫃子靠牆的開放空間)多。

貳、班級溝通

　　班級溝通的過程和一般的溝通相同,但班級溝通的目的及訊息不同於一般的溝通。班級溝通使師生能分享資訊,溝通的最大影響是在個人,而非團體或組織,班級溝通的目的在於師生的品格、社會、智能的成長。

　　雖然不同於一般的溝通,但班級溝通也具有共同的基本元素:發起者(originator)、編碼(encoding process)、訊息(message)、管道(channels)、氣氛(communication climate)、干擾(interference)、接收器(reception)、解碼(decoding)、反應者(responder)、回饋(feed-back)(Barker, 1982)。

1. **發起者**:溝通訊號之發出者,是老師或某位學生。
2. **編碼**:發出的訊號要賦以意義,必須有一套編碼系統,例如手勢、表情、語言、文字等都有編碼系統,根據編碼系統來發出訊號。
3. **訊息**:透過編碼,訊號才能意義化,具有內容。

4. **管道**：手勢、表情、語言、文字，甚至音樂或聲音等，都是溝通的不同管道。

5. **氣氛**：被溝通發起者或接收者感受到的情感或情緒的部分，好的氣氛可以助長溝通的效果。

6. **干擾**：無關的因素會混淆訊號之接收、編碼及意義化的過程，例如噪音、溫度或其他訊息等。

7. **接收器**：訊號的接收器使用耳朵、眼睛或觸覺。

8. **解碼**：訊號被接收了之後要根據接收者（反應者）的編碼系統來解碼，發起者的編碼系統及接收者的解碼系統是否相符，會影響訊息的瞭解。

9. **反應者**：即訊息的接收者，接收之後在表情、行為有了反應。

10. **回饋**：反應者的表情或行動可以表現出一種意義，即他的瞭解或他的接受程度等，這些回饋可以影響發起者的下一個訊號之發放，也可能因為回饋而使反應者變成發起者。

　　溝通在班級互動中是不可缺少的方式。溝通除了語言，也包括非語言的部分，如身體距離、身體角度、面部表情、眼光接觸等。對訊息的解釋及知覺會形成溝通的氣氛（Cooper & Galvin, 1983），對角色的知覺也會影響到溝通的效果，如老師對學生品性的歸類、學生對教育的接受程度等。

　　正向的溝通氣氛是建立在溝通一致性訊息的交換。每一個在師生之間所傳達之「寫的」或「說的」訊息，都反映了兩種層次的意義：內容層次（content level）及關係層次（relational level）。有效的溝通這兩層次代表的意義必須是一致的，在不好的溝通中，這兩層次往往是混淆或矛盾的。所謂關係層次的訊息表示出老師如何對待學生及對師生關係的看法，關係訊息經常是以非語言來表達，如果表達的是：「我接受你」，師生關係是正向的且能促進學習（Cooper & Galvin, 1983）。

　　班級溝通有四種層次：

一、人際內溝通

人際內溝通（intrapersonal communication）有兩個特徵：發起者及反應者都在同一個體、溝通訊息的編碼及解碼不致有偏差。人際內溝通發生於個人的內在，由思考、深慮及內省而依環境的蘊義之延續性組織成內在的溝通。這種溝通發生在老師對自己的溝通，或學生對自己的溝通，都是獨立進行的。人際內溝通可以發生在個體孤立時，也可發生在高層次溝通的聯合獨思中。

二、人際間溝通

人際間溝通（interpersonal communication）的特徵是：溝通時訊息的發起者與反應者的角色經常互換，兩人都有機會是主動的訊息提供者，也都有機會是訊息的接收及反應者。人際間溝通是兩個個體的溝通，通常是面對面的。在教室的人際間溝通有三種：老師對學生、學生對老師、學生對學生。例如：指派工作的特殊問題、學生和老師間的諮商、個別學生間的小組計畫、老師座位巡視時的個別討論等。

三、團體溝通

團體溝通（group communication）的特徵：訊息的流向是不穩定的，且無固定的模式。團體溝通是最常發生的班級溝通，它可能是一個老師和若干學生溝通，也可能是若干學生和一個老師溝通，也可能是一個學生和若干學生溝通。例如班級討論、班級複誦或小組工作計畫等。

「自然流露」是團體溝通成功的關鍵，但是這種「自然流露」使訊息的分析及組織倍加困難，因此，老師在團體討論時常將表達的內容作緊湊的結構，以減少自然發生的討論，這種做法又降低學生的動機而抑制了學習的過程。

四、文化溝通

文化溝通（culture communication）是一種抽象的溝通，發起者並不明確，

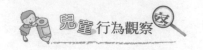

通常是若干能影響文化訊息之形成的人。文化溝通的形式是規律、多數意見、俚俗行為、藝術等。文化溝通不僅限在這層次上,且對人際內溝通、人際間溝通、團體溝通都有影響。

文化表示了道德標準、人倫的考慮、教育的信念等。在教室中,直接社區的次級文化之影響要大於整個國家民族的大文化,次級文化的衝突可能造成班級溝通的不協調,這種不協調應及早予以減低。異質性高的班級老師之溝通工作倍感困難,雖然經由教育可以改變文化的價值,但是為使班級和諧,及早瞭解在班級中主控的價值觀,以適應之是必要的(Barker, 1982)。

參、同儕互動

學生的學校生活有很多成分是透過同儕之間互動而產生的。同儕互動的機會除了老師在學習上刻意安排小組教學、討論或作業之同儕指導之外,主導同儕互動的大部分時機是學生在課後有機會進行以他們為主的自由遊戲活動。同儕互動使學生的生活及學習不只侷限在學校或老師的安排之下。

有研究發現(Hatch, 1985),幼稚園的兒童會利用同儕互動企圖操縱及控制別的兒童的行動,以使自己占有優勢。在此研究的結論指出,兒童在同儕文化的形成中是主動的參與,他能覺知同儕的團體地位是由社會互動而產生的,因此他也學會用一些非自然真誠的手段(sophisticated interaction strategy)以獲得或保護自己的地位。根據章淑婷(1989)的研究發現,幼兒之人際解決問題的策略以「利社會、利誘」最能獲得同儕歡迎的地位,而「爭論性」愈高,同儕地位愈處於被拒絕,而在受試中以「利社會、利誘」的行為反應最多。

在班級的同儕互動中,有研究顯示學生傾向於和自己同種族、同性別的同學有較多的互動,但在任務或課業導向的互動中,種族及性別的影響較不明顯(Sagar, Schofield, & Snyder, 1983)。同學的接近與相似、老師為教學或工作而分組,都增加了某些同儕互動的機會,任務的同質性穩固了同儕的友誼,班級的特徵使微弱的友誼關係獲得增強,但對原來就親密的友誼關係沒有影響(Hallinan & Tuma, 1978）。孫敏芝（1985）研究則發現，被老師認為是好學生者，傾向於和自己學業成績相近的同學作朋友，且以女生為最。

也有研究指出，對自己的班級互動感到滿意的學生，積極參與各種班級活動，並從事非學習或非任務的其他活動。我國國中學生同儕地位較高的學生的疏離感，比同儕地位較低的學生低，尤其是比受斥的學生低（張建成，1988）。

同儕互動是影響班級文化的重要因素，也是學生在學校中學習社會適應的重要機會，老師的責任則是助長良性的互動，處理或輔導正確觀念，使學生在尊重別人及尊重自己之間獲得平衡。

肆、師生互動

兒童的生活中參與兩種文化：(1)「童年文化」的全部參與；(2)「成人文化」的部分參與。這雙重參與影響著兒童和成人的互動，而這影響即表現在兒童文化中規則的逐漸加入。成人與兒童之互動有兩個極端的對照，「傳統的約束」及「自由的開放」。在互動的過程中，兒童也學習和成人互動的正確模式，在矛盾中自然領會與成人互動的性質。

以老師的角度來看，老師的工作不像醫生、律師或工程師具有絕對的技術權威，而老師專業性的判斷及作決定，必須在學習團體的有意義社會脈絡中才能表現出來（Ruane, 1989）。老師在班級團體互動的角色也不完全站在主導的地位，而是處於與班級文化環境協商（negotiation）的地位。

根據張建成（1988）的研究，將教師在班級權力的運用分為法理、傳統、專業及參照四種，老師的權力運用基礎愈多層面，其對學生的監控取向愈低，學生的疏離感愈低。強制型的領導比規範型的領導造成學生疏離感高。

老師面對整個班級團體，瞭解每一個成員是他的責任，以便因材施教，但是針對每一個學生的個性、興趣、能力及行為發展的背景來瞭解似乎相當複雜，老師大都傾向於將學生作歸類，將性情類似的學生放在同一類來瞭解、處理問題或提供教學資源等。這種歸類會使老師在教學與輔導時之師生互動簡化許多

問題，但是卻容易犯了把學生「下標籤」的錯誤，被下了「標籤」的學生，很容易使老師對他產生偏見，而不易真正被瞭解。理想上，將學生作歸類是瞭解全體學生的一個過程，透過這種過程使教師能掌握一些重要的行為問題，但是，如果要深入瞭解學生行為的原因，只作歸類是不足的，應有更進一步的觀察與分析，以避免學生被看成物品一樣。

如果老師對班級學生的歸類不以學生實際所表現的行為、態度或個性等來歸類，而以家族、父母職業或家庭社經水準之偏見的標準予以不公平的歸類，認為學生的這些背景是解釋學生行為、態度及個性重要原因，這種知覺的偏差更容易產生負面的影響，影響到老師對個別學生的瞭解以及互動效果（Barker, 1982）。

孫敏芝（1985）以場地觀察屏東市某國小一年級某班六十三位兒童與其導師互動的情形，在座位的安排上，導師讓高期望學生與低期望學生穿插配對而坐，為使高期望學生指導低期望學生，並可達到良好的教室控制。教師對高期望學生和低期望學生有不同的互動方式，競爭性的問題高期望學生有較多回答機會，試探性的問題則低期望學生有較多回答機會。高期望學生得到較多老師的讚賞，低期望學生則較多較重的懲罰；教師對高期望學生的學習較關切，班級幹部也由高期望學生擔任。而高期望學生較敢接近老師，低期望學生不敢接近老師，男生尤然。

老師在師生互動中，想的及做的並不一定達到預期的後果。例如：想要把握感情氣氛的教師，卻不一定做到班級正向感情的氣氛（Prawat & Nickerson, 1985）。

在師生互動中，介入同儕互動的師生互動較有其不確定性（uncertainty）及曖昧不清（ambiguity），老師必須知道，這並不是做他已經知道怎麼做的部分，而是在介入的節骨眼中，老師必須憑他的感覺及思考來面對。McLean（1989）提出六個介入同儕互動的範圍：(1)發展共識；(2)幫助兒童參與同儕遊戲團體；(3)介入兒童的扮演遊戲；(4)利用社會規則；(5)解決同儕互動的衝突；(6)安排物理環境以增進同儕互動。

第四節　班級常規

壹、班級常規的意義

任何團體要運作，必須有其運作的規定。班級的目的是在提供學生學習的人、事、物的規劃，學生在有規劃之下生活或活動，才能產生學習的效能，因此班級必須有其規定。

在班級文化形成的要素中，第一個要素是社會之整體文化，第二個要素是班級人際互動所產生的共識，第三個要素則是有關環境因素的行為規則，這些環境因素之規則對團體成員的要求是一致的、可預測的，也可因不同的事件作結構的分類，這部分是刻意安排的，以引發班級文化的發展（Von Raffler-Engel & Others, 1978）。

班級常規是班級中的社會規範，為班級學生所設定的限制，以引導學生能自動限制約束自己的行為符合常規。班級常規就是學生在班級中生活的規律，期望學生均能知曉且遵守的規定。消極來說，班級常規的意義是維持時間、空間、活動、事件、人的角色之秩序及規律；積極來說，則在培養學生尊重團體規約、自動自主的能力、良好的習慣、崇高的理想。

班級常規的目的，在學校運作及團體需求來說，就是維持秩序、增進人際溝通正式管道、發揮其社會的功能。班級常規對班級成員的目的則是培養習慣、啟發學習參與興趣、增進情緒和諧、發展自治精神。

班級常規的內容則包括作息時間、活動安排、座位或活動空間的安排、環境設備的安排及運用、人和人之間的溝通管道，以及行為服裝等的規定。

班級是在學校制度之下，學校制度又是在社會文化環境之下，因此，班級常規的內容有的來自大社會文化，有的來自學校的經營理念或方法，有的則來自班級內部的作業規劃。

貳、班級常規的形成

　　訂定班級常規的原則為師生共同制定，為了易於執行，必須明確、合理、可行、簡潔、可觀察、公開（張笑虹，1995）。

　　訂定班級常規的策略有自然形成法、引導形成法、強制形成法、參照形成法、替代形成法（李錫津，1993）。

一、自然形成法

　　就班級大多數同學原已經存在的良好行為加以具體化，引為全班同學遵行的辦法。教師有時會很驚奇，並未加以規定的事情，許多學生仍會有良好表現，例如：進教室之前會將鞋子排好、早上來校會向老師道早安、垃圾會丟到垃圾箱等。有些行為可能是受到家庭或社會因素的影響，不待教師規定、指導或糾正，大多數學生就能自然表現。為了增強這些行為之出現，或引導尚未有這些良好習慣的學生也能表現，則將這些行為在班級團體中予以獎勵回饋，使其成為全體學生的行為規準。

二、引導形成法

　　把握情境，利用機會教育，將一個原本不存在或未受重視的常規引入班級，以供大家遵守。例如：東西遺失的事情發生，則引導學生物歸原處之規則；同學糾紛之發生，則引導學生尊重別人的行為規範；交通事故的發生，引導學生遵守交通規則的必要。

三、強制形成法

　　藉助外力，取消學生權利或施予處罰的方式，強制制約學生，以形成某種規矩的方法。例如：教室的垃圾經常未倒，屢說無效，則制定規約，指定倒垃圾的值日生，如果不倒垃圾就要罰錢。

四、參照形成法

導師或同學發現別班有良好的表現，是本班同學所欠缺的，於是指導學生學習別班的良好規矩。例如：別班在全校集合時能夠迅速整齊，而本班集合時卻遲到吵鬧，老師可以此為例，督促學生加以學習，養成規範。

五、替代形成法

以一種合適的行為來代替不合適的行為。例如：某些學生精力過人，總是干擾別人的休息或學習，老師可以指派他為全班服務的工作，既有榮譽又可抵銷其不良的行為。

班級常規的形成，只有一小部分是老師權威的規定，而且老師規定之後，仍要善用團體輔導的技巧來引導學生的實行；最好是由學生自己發動，自己討論如何訂定規則來執行；也可以由師生共同商議，以訂定良好的行為規範，學生參與規範之制定愈多，其導行的動機就愈強。

就班級常規訂定的時機而言，有「分波分批」、「重疊增強」、「分層漸進」、「交互統合」。

1. **分波分批**：可以因時、因情境而決定輕重緩急，由影響較嚴重的一組規則開始著手訂定，有些規定是學生在教室中建立有軌可循，就是比較重要，需先建立。
   老師可以採取「目標管理」的方式，一次處理一組常規，等待學生養成習慣之後，再處理次一組常規。

2. **重疊增強**：如果第一組常規尚未養成習慣，但大體上已經相當熟悉，也可以就第二組常規來制定或執行，但是這兩組常規必須相配合。

3. **分層漸進**：如果有的常規之遵行對學生的行為層次來說有些困難，則可以分解為幾個次級行為，逐步漸進的指導學生來執行，例如：上課分心的學生，剛開始時要求他專心完成五分鐘的作業，再依序增長專心的時

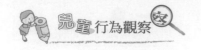

間。

4. **交互統合**：重疊與漸進的運用，交互推出不同類型的常規，例如：學習常規、人際關係常規、環境物件使用的常規、時間或秩序的常規等，雖然都是教室中的重要常規，但以交互統合的方式來引導行為的出現，一方面引導出不同範圍的常規，一方面也使老師的指導及學生的自治交替應用進行。

參、班級問題的輔導

學生的學習及問題必須放在班級文化脈絡來思考，學生問題行為需要個別輔導，還是班級團體輔導？任何班級團體的運作雖然有其常規的執行，但在班級團體中仍有許多行為或活動是在班級常規範圍之外可能發生的，如果這些行為雖違反班級常規，卻不會破壞常規，則可以由個別輔導來處理，如果這些行為足以造成破壞常規或影響班級團體的學習運作，則需要由團體輔導來處理。

例如：某生偷竊成習，如果班級同學並不知他的行為，則可以由個別行為輔導處理，如果班級同學都已經知道他的惡習，這就形成了班級團體的問題，如果不用團體輔導的方式，則會使得班級常規中之道德行為不被認同，暗示班級的學生該生的這種行為是被老師接受的。其他如遲到、服裝不整、破壞公物、考試作弊等行為也都一樣，如果不會被班級同學認同為可以接受之「有個性」或「勇敢」等正向評語之行為，老師都可以用個別輔導的方法處理；但是，如果該生的行為已經引起同學的「認同」，也有模仿的跡象，這就形成了班級的問題。

輔導班級問題必須從觀察開始。班級團體輔導可以分為六個程序：覺察、診斷、處方、輔導、評量、追蹤（李錫津，1993）。老師對班級行為的瞭解則需要用觀察的方法，蒐集學生的行為資料，有時也要以訪談的方法來詢問探究學生的想法。

第五節　班級文化的觀察

壹、班級文化中的行為

　　現職的老師，當您進入不同的班級中，您是否感受到其中的不同？有的班級氣氛是輕鬆自在，兒童熱情活潑的用言語向您打招呼；有的班級氣氛是嚴肅，每位兒童安靜不發一語地注視你進入教室……等，您是否探究過其原因？是單純因為老師帶班的風格不同造成嗎？那麼，您試著去回想您所帶過的班級其班級氣氛是否都一樣？為什麼？（許靜茹，2004）

　　班級文化的基礎單位是人際互動行為及想法的積習，形成的訊息流通管道或常規行為等。班級成員說了什麼話？做出什麼動作？哪些話及動作影響面多大？哪些孩子互動較頻繁？哪些孩子孤立無助？核心訊息如何流動？班級中也會發生瑣碎不重要的訊息？如何發起？如何幻滅？如何起落？大多數成員的情緒行為是什麼？以上都是班級中人際互動及想法的現象，累積久了會形成一種核心的恆常模式，這就是班級文化。

　　如果一位老師知道班級文化是影響學習的重要因素，他就會很自然的關心這些事情。每當他走進教室，就會以觀察者的角度來察覺這些現象，他就會花許多注意力在這些現象上，而不是只管自己的如何去教，以及自己的教學表現，因為他知道必須利用這些情況來進行他的教學，學生才能進入學習。

貳、軼事記錄中摘出班級文化

　　軼事記錄是觀察者在觀察情境中將所知覺的重要事件記錄下來。觀察者在教室中進行觀察，很自然的會選擇與他的觀念能呼應的現象，軼事記錄就是記錄觀察者知覺所接收的重要現象，描述之，並寫出個人的判斷。累積軼事記錄，

就會有新的領悟，抓到班級中經常出現的現象或團體默契的部分，就可以概括出班級文化。

如何在教室複雜的現象中掌握到文化的重點？教室中許多兒童，行為的現象是如此複雜，要察覺到班級結構、訊息流動、團體默契、班級常規不是很容易，如果一開始就集中在某個焦點，可能會抓不住能代表重要意義的現象重點。

觀察者如果沒有班級文化觀念，就不可能看到相關的現象以判斷出其意義。教師必須對班級先有整體的瞭解，才能將個別現象關聯成文化的意義。「個別現象」可以支持「文化意義」，然而事實的發生是單獨的個別現象，單獨的個別現象有時可能是單一次的偶發事件，並不能說明慣性及重複的文化意義。經常發生的現象可以抽離出文化的意義。

感覺、印象或暫時的判斷就會跟著浮現出來，這些感覺、印象或暫時的判斷並不是毫無根據的自以為是，而是有注意這件事情，之後就會接收到一些事實訊息，也就是有事實根據才會有印象及想法。

參、班級文化中理出觀察系統

觀察就是從雜亂無章的現象中理出頭緒，以瞭解問題的癥結。觀察者必須相信「表面雜亂無章的事件，必定有其頭緒」。有了這種心態，才會有動機去克服困難，瞭解事實真相。「理出頭緒」的意思就是將現象系統化，整理出脈絡，這樣才能看到道理。

本章所描述班級文化的現象是如此複雜，觀察者不可能全都錄、全都知，如何理出頭緒需要一些系統化的技巧，也就是察覺問題，察覺相關的現象，以文字或表格表達解釋出脈絡。這是透過觀察理出事件之間的先後來龍去脈，或理出前因後果關係，或理出現象的出現強度、頻率或影響層面等，而這些都是需要將重要線索整理成系統。

當現象面是一團複雜，需要有些主觀想法才能抽絲剝繭。針對複雜現象的觀察，就像面對一團亂線，並不能鉅細靡遺全都錄，必須要理出頭緒，在觀察

時勢必會落入某些焦點（先入為主的主觀）。以某個焦點作為主軸，就可以循線進入蒐集資料，及進行記錄再進入解釋，如此做就是將重點整理出來，做成紀錄或表格，作為教師在班級經營、團體教學、個別輔導時的重要訊息及參考依據。

　　複雜現象的觀察，觀察者的主觀非常重要。主觀是觀察進行過程中現象聚焦及界定主題的原動力，這個工作都要靠研究者主觀的思維及察覺去頓悟，並無外在現有的答案提供，或者由別人來告知。由觀察者主觀的找到焦點或主題，並非無中生有，而是根據某些真實的現象，由事實現象中可能的關聯所找出的假設，根據假設來劃定範圍。下一個步驟就是小心求證。

　　小心求證是由事實來作辯證的過程。根據主題範圍或設計的工具（觀察表、檢核表等）蒐集事實資料，來證明或調整已經假設的系統，或去發現觀察範圍中更仔細的脈絡系統。事實資料的蒐集是要系統化的，可能是先系統化了，形成觀察工具，來蒐集資料；也可能是先蒐集資料，再經系統化的過程來將資料系統化。

　　蒐集資料有兩種方法：量的與質的。量的方法是先系統化，化為資料蒐集的工具，才進行資料的蒐集，優點是同時可以蒐集大量的資料；質的方法是先蒐集資料，再將蒐集的資料分析出脈絡，優點是不會被工具框死，尊重事實的進展，會蒐集到意想不到的資料，能做更深入的探究，缺點是只能設定一定的對象，對象太多會使資料過分廣泛，無法分析統整出意義。

　　班級文化的觀察，勢必先由質的觀察開始。一位觀察者在觀察情境中，很自然就會將其注意到的現象賦以意義，這就是自然觀察，如果寫成紀錄，就變成了軼事記錄。再經系統化之後，可以進行全班或大多數兒童的量的觀察，也可以深入一個固定對象，以一個個案來進行質的瞭解。

肆、班級文化觀察系統範例

一、針對老師自己的主觀判斷，找客觀事實來證實

1. 觀察對象：大班。
2. 觀察時間：10 月 21 日 9：00～10：00 AM
3. 觀察情境：分組討論、工作、遊戲。
4. 觀察者角色：班級老師。

主觀判斷	客觀事實
有禮貌	當客人進入教室時，小朋友都會和客人打招呼。
會插嘴、搶話	討論時，老師話尚未說完，小朋友爭先恐後回答。
好奇心重	老師拿出教具時，小朋友會一擁而上，跑上前去搶著摸和看。
有核心團體，分男、女組	分組工作時，男生和女生會各自帶開，不願一起工作，並有幾個領導者，會帶領著同學分配其工作。
工作被動	工作後，物品四處擺放，忘了收拾的工作，需老師提醒才去收拾物品。
會自訂遊戲規則	在戶外玩時，會主動排隊，若兩人都要玩某樣玩具時，會用剪刀、石頭、布來決定先後。

觀察心得

　　老師雖然有愛心及耐心，然而性情過於溫和，故學生有時會有「過分」的表現，讓老師有措手不及的感覺。分組時，因性別的差異、性向的不同，故會分男、女兩個組別，不過彼此互不干擾，也能進行得很愉快，其中的領導者能確實照顧到組員，並能分配工作，組員們也樂在其中，這樣的學習方式也能收到很好的效果；然而教室常規未建立，於討論或進行課程時，顯得凌亂、吵鬧。

二、量的觀察記錄：將軼事行為作成表，有系統的以符號記錄

1. **觀察動機**：於團體討論時，孩子們爭相回答過於吵鬧，見到新奇的物品就迫不及待想瞭解，喜歡遊戲及工作，卻不願做好收拾的工作，於此想瞭解班上孩子們對於常規的認知出現的現象有哪些？

2. **主題**：班級常規的討論。

3. **觀察情境**：團體討論及工作課時。

4. **觀察對象**：全班十五位小朋友。

5. **觀察者的角色**：班級老師（參與者觀察）。

6. **觀察架構**：

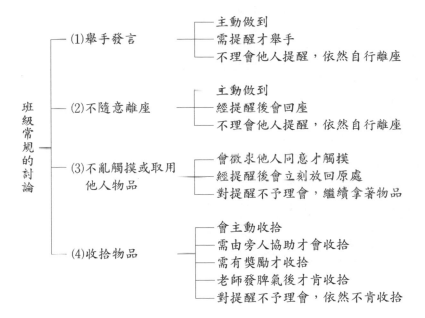

7. **製作記錄表格**：將記錄方式系統化，以方便記錄。

8. **觀察主題**：班級常規的討論。

9. **指導語**：本觀察表的目的為瞭解班上孩子在學校活動時，對於班級常規會出現哪些情形。

班級常規檢核表

觀察者：何小靜　　觀察時間：9 時 30 分至 10 時 30 分
記錄日期：2002 年 12 月 2 日

勾選項目	舉手發言			不隨意離座			不亂觸摸或取用他人物品			收拾物品				
	主動做到	需提醒後才舉手	不予理會	主動做到	經提醒後會回座	不予理會	會徵求他人同意	提醒後，會放回原處	不予理會	主動收拾	需由旁人協助	需有獎勵才收拾	老師發脾氣後才收拾	不予理會
1 黃小昇	123			123				2		123				
2 賴小文			23	3		2	3		2		123			
3 葉小祈		13	2		3	2	3		2		3	12		
4 馬小謦			123		3	2	3		2		3		12	
5 卓小甫			123		3	12	3		2	3		1	2	
6 魏小臻	123			13	2		123			123				
7 施小佑			123			123			123				3	
8 張小灝			123		3	12	3		12	3		1		2
9 廖小嘉	123			123			123			123				
10 王小珩	123			123			123			123				
11 張小玉	123			123			123			123				
12 賈小蓉	2	13		13	2		23			123				
13 周小葳		123			3	12	23				3	1	2	
14 余小庭		13	2		3	12	3		12		3	12		
15 彭小宇		3	12		3	12	3		12		3	12		
備　註	1.團體討論（9：30～9：50） 2.分組遊戲（9：50～10：20） 3.分享時間（10：20～10：30） 於各活動中的表現，填寫上符號記錄（如：1、2、3）													

統計分析表

統計次數	舉手發言			不隨意離座			不亂觸摸或取用他人物品			收拾物品				
	主動做到	需提醒後才舉手	不予理會	主動做到	經提醒後會回座	不予理會	會徵求他人同意	提醒後，會放回原處	不予理會	主動收拾	需由旁人協助	需有獎勵才收拾	老師發脾氣後才收拾	不予理會
1. 團體討論	5	5	5	6	5	4	5	7	3	6	2	3	3	1
2. 分組遊戲	6	1	8	4	4	7	6	2	7	6	1	4	3	1
3. 分享時間	5	5	5	10	4	1	8	6	1	8	5	1	1	0

10. **使用方法：**

　　(1) 於各活動的時間內，將孩子的表現以符號填入空格內。

　　(2) 於團體討論的二十分鐘裡，孩子所表現出來的常規表現以符號「1」
　　　　記錄。

　　(3) 於分組遊戲的三十分鐘裡，孩子所表現出來的常規表現以符號「2」
　　　　記錄。

　　(4) 於分享時間的十分鐘裡，孩子所表現出來的常規表現以符號「3」記
　　　　錄。

三、結果解釋

1. 團體討論時，孩子亟欲表達自己的想法，看到新奇的物品就迫不及待的
　 想去摸和看，需老師不停提醒，給予指導。

2. 分組遊戲時，大部分的孩子都忘了「班級常規」的遵守，雖然同儕間的
　 互動良好，且能進入學習的情境，然而過於吵鬧及凌亂。

3. 分享時間老師一開始即將孩子們的表現做了一個記錄表，於此時貼在黑

板上，選出在「常規遵守」表現最好的孩子給予表揚，發現此時段孩子
們大部分都能做好「班級常規」的遵守了。

4. 整體來說，女生比男生守規矩，且能遵守班級常規，於此可看出女生不
喜歡和男生一塊工作的原因了。

四、觀察心得

本班的孩子喜歡得到老師的讚美及表揚，老師可於班上製作一張「榮譽
表」，只要一有好的表現，即加以記錄，每個活動統計一次，看哪些小朋友的
表現最好，即給予表揚及肯定。一個禮拜選出「榮譽之星」的小朋友，由這些
小朋友上台分享自己是如何做到的，相信必能改善孩子們的「班級常規」。

討論問題

1. 班級文化如何形成？教師的角色應如何介入？

2. 班級人際溝通有哪幾種層次？人際互動的重要事項有哪些？

3. 如何以班級常規來界定班級問題？如何輔導？

描述這個學習團體的文化氣氛

①

②

③

④

⑤

⑥

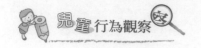
 照片說明範例

■ **何處：**

大學幼保系上課情景

■ **人物：**

上課老師、觀察老師、45 位同學

■ **事件：**

分組討論

■ **背景：**

上課老師說明之後，分組討論，有位觀察老師參與在分組中，上課老師則在攝影。

■ **何事：**

小組中每人都聚焦在討論，也能注意老師的說明（圖④），某位同學獨特行為也會成為聚焦點（圖②），大家頗有共同的焦點。但是，對於小組討論時，多數同學還猶豫不解的表情，所以觀察老師在該組的角色就在主導的地位（圖③、⑤、⑥）。

■ **文化氣氛判斷：**

專心互助的學習團體，成員彼此依賴心較強。

第二篇

[觀察方法解析：
專業的行為觀察]

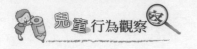

Chapter 3
一般觀察與專業觀察

1. 觀察是人天生的本能。接收「事實」下「判斷」就是觀察。

2. 專業觀察不同於日常生活的觀察，需要更多的「事實」與「判斷」之間來回驗證的過程，以求正確度及深度。

3. 隨興的觀察並不一定完整，完整觀察必須包括注意、焦點與背景、主觀介入，及判斷。

4. 觀察必須包含兩面互動的要素：客觀面及主觀面。「客觀」指的是事實發生的原貌，「主觀」指的是觀察者的想法及判斷。

5. 「事實原貌」與「事實接收」並不完全相同。「事實接收」已經經過觀察者主觀的濾網，並不等於「事實原貌」。

6. 訊息是所蒐集事實的原始資料，資訊則是經過觀察者或別人的符號系統所表達的訊息。訊息是未符號化的資料，例如聲音、形象、動作等；資訊則是為傳遞訊息而文字化、語言化或符號系統化的資料。

7. 主觀與客觀並不完全對立，完全客觀的觀察並不存在，觀察必然會將客觀事實經過主觀的濾網，意義才能浮現出來。即使是以觀察儀器或工具，也是有設計者的主觀或人類共同的主觀。

8. 主觀的判斷與客觀事實相差太大，就是觀察誤差，造成觀察誤差的原因是人類的感情、固執、自大、偏見、率性等因素，而不是理性、批判、創意等因素。

9. 觀察者主觀的理性、批判及創意會是觀察時賦予意義的利器。大膽假設係根據事實的創意判斷，小心求證則是根據判斷向事實求證，批判觀察結果之合理性及脈絡系統。

10. 專業觀察必須訓練，根據訓練模式進行增強觀察的基本能力。本書所揭櫫的訓練模式係根據教育研究法，但是加強觀察基本能力的獲得。

第一節 一般的觀察

壹、觀察是人的本能

「為什麼？」「怎麼了？」「做什麼？」「奇怪？」等等疑問發生時，人就會進入觀察。駐足而看，屏息而聽，以便接收更多刺激來解釋懷疑的現象。

意識清醒的人會看、會聽、會想，感官隨時向環境張開，隨時準備迎入刺激，去看到、聽到、感受外在的現象。當看到或聽到新奇的，引起他內心的共鳴，或與他內心的盼望相呼應，便令他駐留更多的時間及注意力，因為他要看得更多更仔細，或聽得更豐富更確實，以便幫助他作好令他滿意的判斷或決定。

人的感官接收刺激後便會產生反應，有的刺激所引起的反應不只是行為的，而也引起他的思索判斷，這就是「觀察」。觀察就是「刺激→感官→判斷」的過程。

人天生就會觀察，觀察是人的本能。很小的嬰兒便會將視線駐留在某物，或安靜聆聽某些聲音，雖然我們不知道他腦中想什麼，但是由他專注及滿足的神態推測：被注視或被聆聽的物或音在他的頭腦中是正在產生一些（思索）作用的。

好奇是天生的情緒，嬰兒出生後的第二、三個月，直到眼部協調發展得很好之前，只有強烈的刺激才能引起他的注意，但是當他能夠看清楚東西以後，許多新鮮或不協調的刺激都會吸引他探究的興趣。除非刺激太強烈引起他的恐懼，他可能會退縮，一旦恐懼減輕，好奇又會油然而生。

嬰兒表示好奇時，臉部肌肉會緊張、張嘴、伸舌，且皺眉頭。出生六個月，會傾身趨向他好奇的東西，並用手抓取，拿到東西後，會握它、拉它、吸它，及搖它，把它搖得嘎嘎響。雖然這種探究常會損壞東西並傷及幼兒，但這卻是幼兒學習的原動力。

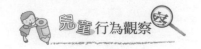

　　嬰兒在環境中的觀察、互動、因果關聯等，是針對他所注意到的刺激，例如：奶瓶、玩具、媽媽的臉、其他嬰兒等。未被他注意的刺激，雖然在環境中確實存在，例如：家具、招牌文字、來往行人或一些隱藏不突顯的東西等，對嬰兒來說並未知覺到，所以並不存在。注意的焦點才可能是觀察的焦點，沒有注意到的，根本就不可能被觀察；能被他觀察的現象，他的頭腦中才會產生意象、想法或產生他個人的意義。

　　甚至嬰兒也會對依附的親人進行觀察，甚至實驗。*Newsweek* 2005 年 8 月 13 日的報導，嬰兒對母親的觀察，母親故意不理會嬰兒，起初嬰兒瞪大眼看著媽媽的臉，興奮的手舞足蹈，但是媽媽卻面無表情，幾分鐘後，嬰兒就爆發大哭。十月大的嬰兒坐在娃娃床內將玩具丟出，爸爸就撿回去，他又丟出，爸爸再撿回去，嬰兒就樂此不疲。

　　人在環境中不斷和環境中的刺激產生互動的作用，然而卻不是所有存在的刺激全都產生作用。環境存有繁雜多樣的刺激，但是人對其中大多數刺激可能視而不見、聽而不聞，因為這些刺激不在他個人的意義範圍中。環境中的刺激能被一個人的感官接收的，是對他個人具有某種意義的，常常是因為與他過去經驗有某些相似或關聯的關係，也有些時候是因為刺激強度是能引起他的注意或興趣，而引起他行為的反應或心理的共鳴。

　　觀察的動機常因為好奇或探究心，當環境刺激吸引了興趣或引發了驚嘆，一時無法找到原因，便會產生「獲取更多訊息用來瞭解」的渴望，因而觀察之開始──「注意」便發生了。當好奇心燃起的時候，為滿足好奇心，會將注意力及全身的知覺接收集中在以該物為焦點進行探究。探究的目的是使自己的知覺能夠調整及聚焦在該焦點，以便接收更多相關的訊息，直到可以找到或產生令自己滿意的解釋或答案為止。這種由好奇而注意、而探尋更多訊息，再將訊息賦予意義的過程便是「觀察」。

　　人天生便會觀察，觀察是正常人的本能，正常的人從出生便開始對外界環境觀之、察之，以滿足其好奇、懷疑或尋求答案的需求。愈小的孩子對環境的觀察愈多，而且愈能全神專注。對孩子而言，觀察是一種遊戲，也是學習方法

之一，從觀察經驗的累積中，兒童也會在行為上模仿，而也促進他對知識的發現。然而，觀察的興趣並不因年齡的增長而消減，為了滿足好奇及求知欲望，觀察的方法愈來愈成熟，愈能運用系統的方法及理性的思考，不僅造就了個人的成就，而且也促進各種科學的發展。

貳、觀察之正確度與深度

　　人在生活中因何而觀察？一件引起好奇或問題解決必要的事情，不容易即刻瞭解，因而必須去進行觀察。在觀察發生時，注意的焦點集中於所要觀察的事件上，將觀察事件所發出的每一項訊息皆吸收進感官，這時個人內在的情感及判斷也參與其內，綜合感官的接收及內在的判斷而獲得觀察的結論。

　　日常生活中，觀其所以、察其所由的例子比比皆是。觀察天氣、觀察飼養的動物或種植的植物生長、觀察路上行人及車輛、觀察別人的情緒及態度、觀察自己的服裝儀容等，人只要不是在睡眠狀況下，隨時隨地在進行各種深淺不同的觀察。觀察是兒童遊戲與學習的方法，也是成人的生活問題處理、社會環境的適應、自然科學或人文科學之研究的途徑。

　　雖然觀察是時時刻刻發生的，然而日常生活的觀察有深有淺，甚至有許多觀察並未正確的針對觀察對象來解釋。舉例說明：

　　某人置身於海邊的大自然美景中，似乎把自己化成海邊的一粒細沙，形骸鬆弛的躺在遮陽傘下的躺椅上，感官則接受著藍天、白雲、碧海、波浪、清風的洗禮。也許他陶然自得不受任何具體的思緒牽絆，也許他任由思緒浮沉，然而與現場的現象無關，這時他並未處在任何觀察的行為中。

　　他的視覺接觸天上的白雲，他注視著白雲，看著它形狀的變化，看著它由濃轉薄，逐漸地散去，心中對雲的變化詮釋著自己生活中所面臨的問題，心想再大的問題似乎也終會像雲朵的變化逐漸散去。這時他正進行的可說是一種非常淺的觀察，也可說是不確實的觀察，因為他對雲（觀察對象）的解釋是投射在與雲無關的事件上。

　　這時海平線上有一移動的小小黑影吸引了他的注意，他心想那可能是一艘船，也可能是一個海中動物，他抱著期待注視著該物體，一直到獲得正確的答案為止。這時他進行的則是確實的觀察。因為他為了要求證其心中先預設的假設，專注的注視以接收更多訊息，至最後的判斷。然而，這種觀察很簡單，只是看出一個真相而已，生活中的很多事件卻非如此單純而是複雜多變的，如此淺的觀察就不能得到效果。

　　沙灘上跑來了一群嬉戲的孩子，這位悠閒者的注意力轉移而集中於這群孩子的互動情況，因為這景象觸動了他童年的回憶，他開始進入一段孩子遊戲行為的觀察。觀察進行不久，他的注意集中在某一個孩子身上，由於這孩子很活躍，與多數孩子都有互動關係，他猜想那孩子應可說是這個團體的領袖，他又觀察那孩子與其他孩子的互動模式，發現大多數孩子的行為都是依從那孩子的，這正驗證了他最初的猜測。這是一段深入而且確實的觀察。

　　日常生活中的觀察，常常是隨機引起的好奇與興趣，多數並未預設觀察的目的。這樣的觀察常常因為互動的隨機性與變化性，不容易做到確實或深入的觀察。然而，即使這種觀察是太隨意、不太可信，也不太有實質的效果，但卻使人的生活增加不少樂趣。

　　在學校讀書、工作職務、研究領域或解決問題等時機的觀察，則多數是有目的。這些觀察就不能隨興所至或錯誤百出，而應該針對目的來追求正確或合理的判斷。因此必須透過專業的方法去蒐集、記錄、分析事實資料，並盡可能避免誤差，作出正確的解釋。即專業的觀察必須有其確實度，而且要深入問題情境，也就是要有觀察的信度及效度。

　　由另一個角度來看，觀察的焦點（對象）可以區分為人、事、物等不同的目的，就會有不同的複雜性，而影響觀察的正確度及深入。對「物」的觀察最單純，因為物是變化較少的，只需瞭解其外形、結構及功能即可，所以觀察很容易正確，卻不夠深入；對「事」的觀察則強調其變化的歷程，除了辨認其要素之外，還需瞭解各要素之間的相互影響或因果關係，觀察就較不易確實，必須深入些才能確實；對「人」的觀察則更複雜，人不僅不斷在變化、發展及成

長，影響人的因素也不只限於外在看得到的因素，尚有許多有意及無意隱藏的內在因素。因此對人的觀察尤屬不易，很難觀察確實，必須非常深入才能解釋出來，卻極易犯上觀察的錯誤。

　　例如，海邊觀察者對雲的觀察及對船隻的觀察，可說是對事或對物的觀察，很快便可有結論；然而對孩子遊戲的觀察，則是對人之間發生的事來判斷人與人的關係，則需要較長的時間才能有判斷，而且判斷只能說是暫時的，不一定是完全正確。

　　對人的觀察複雜不易，但對兒童的觀察卻比對大人的觀察容易些。因為兒童自然、天真、不矯飾，外表的行動、表情、言語等往往就是內在意義。

　　如果在觀察人之前先有目的或方向，也較無目的方向的觀察容易些，因為目的或方向劃定了所要蒐集之行為資料及所要判斷的範圍，使觀察較容易進行及作結論。

參、完整觀察的定義

　　由以上的例子分析觀察所表現之行為中具有哪些要素，具有這些要素的行為就可以稱為「完整觀察」，這些要素即：注意、焦點與背景、主觀介入、判斷及結論。

一、注意

　　觀察之初，注意必然發生，甚至是全神貫注。觀察者的注意只集中在一個刺激變項，即使環境中的許許多多刺激變項都暴露在個人的感覺閾（感覺閾即人的感官能感覺到之刺激強度範圍）。

　　所謂「注意」，即一個人的感官及思考聚集在某一對象上，使他的所有感官、知覺的接收及思考動作的反應都針對這對象而作用，他會聽到、看到、知覺到關係著這個對象的訊息及所發生的事情，可能也會因這個對象而產生一些內在想法或外在行為。

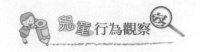
二、焦點與背景

　　觀察的時候，注意力雖然集中於某一個對象，但並不是說其他刺激變項完全排開。實際上，任何刺激變項都不會孤立而存在，它會和其他變項之間有互動影響的情形。例如：觀察某一位遊戲中的孩子，同時也會看到與他一起遊戲的同伴，但觀察者注意的焦點在被觀察的孩子身上時，其他同伴就成了觀察的背景。

　　觀察者注意的對象是他的注意焦點，但是同時他也會看到、聽到、接收到其他變項的存在，這是因為焦點對象與其他刺激變項有了互動的時候，互動的狀況才會使其他變項被觀察者接收到。因此觀察對象是焦點，其他與他有關的刺激變項就是背景。

三、主觀介入

　　在觀察時，人的主觀介入是無法避免的。雖然觀察時保持客觀十分重要，然而人的工作無法像機器全然公式化、格式化或機械化，人的內在動機、感情及價值判斷，像形影般時時刻刻跟隨著，即使提醒自己要客觀，但仍然是在自己主觀的思考架構中判斷該如何保持客觀。例如醫生看人，比較會由氣色來看健康狀態；服裝設計師看人，比較會從體態來看服飾得宜否；教育工作者看人，比較會從言談舉止來看他的教養。這是因為個人的內在思考架構會影響他的觀察時，會集中在哪些訊息來看，以及會下哪一種判斷。

　　當人在感官接收或知覺判斷的時候，主觀如影隨形的附著在其上。因為主觀是人格核心部分，不可能輕易丟棄或改變，有時當事者的理性會知道自己主觀介入的部分，或是有時因為一些原因的推動，當事者必須以冷靜的思考辨認出主觀造成的影響。

　　主觀介入是觀察中不可避免的，然而主觀也並不一定是壞事，因為主觀的介入可以增強觀察的動機，也可以使客觀的事實不必一直停留在瑣碎零散的狀態，而會因為主觀的介入，以猜測、推理、分析、歸納、統整客觀的瑣碎零散，

形成具有意義的印象，或暫時性的假設。

四、判斷及結論

　　觀察進行之中，根據客觀事實及主觀想法，給予觀察對象一個解釋，這便是判斷。有的判斷是結論式的判斷，意味著一個明確的解釋或答案，但是大多數的判斷發生在觀察進行中，是暫時的判斷，影響著下一個觀察的注意焦點。

　　每一個觀察都應該有判斷的。沒有判斷的觀察是不完整的觀察，充其量只能說是感官接收而已，變成「視而不明其理、聽而不知其意」。而且，確實的觀察不是影射與觀察對象無關的事件上，所作的判斷應是針對觀察對象來解釋。觀察的判斷可能是觀察過程中暫時有待驗證的想法，也可能是最後的結論。

　　這裡要提醒的是：「完整的觀察」並不表示一定就是「正確又深入的觀察」。完整的觀察必須具備以上四個要素，這是針對「觀察的行為」所下的操作定義，是由觀察者所產生之觀察的行為表現來界定。對複雜的現象、人物或事件，深入又正確的觀察其實並不完整存在，往往會因為觀察者的角度或觀點而有不同的解釋，也許正確但卻不完整，也許完整卻不夠深入而模糊膚淺。

第二節　專業的觀察

壹、專業觀察的過程

　　專業觀察是為了科學研究或職業需要而進行的，需負起專業的責任，必須以正確瞭解或合理解釋為目的。為達到專業客觀或專業判斷的觀察，也就是說針對專業觀察而下的判斷結果，不能容忍太多錯誤，必須盡量減少誤差。科學家、醫生、技術人員、教師、社工人員、法官等等，除了有職業知能之外，正確的觀察則是使他們在職場工作能夠達到水準的必備能力。

　　日常生活中也常有完整的觀察，但卻不一定要求正確的判斷。平常日子裡

的觀察，大多是為好奇或生活瑣事的決定，日常觀察的判斷是否正確，並不是非常重要，而且日常生活的觀察很多是為了樂趣或個人自我嘗試，是自娛的，是遊戲的，比較起專業觀察，是不需要負許多責任的。

「事實的接收→主觀的判斷」單向且單純的觀察，在日常生活中常常出現。大多數日常生活的觀察進行時，觀察者僅針對他自己的知覺接收到的訊息，就貿然作出判斷。「事實的接收」是個人接收客觀資料的部分，「主觀的判斷」是個人針對所接收的事實主觀解釋的部分。在日常生活的觀察常常並不去深究一些重要的觀察問題，例如：所接收的訊息是否確實？訊息是否能代表重要的事實？所下的判斷是否僅靠感覺或情緒？判斷是否經過合理推論的結果？

專業的觀察當然也需要事實的接收及主觀的判斷，不同的是，在這兩者之間必須不斷來回相互驗證。客觀訊息需要多方面蒐集，並且需要針對多方面的客觀訊息作縝密的分析、歸納、統整、推理、假設等思考過程。在資料蒐集及分析過程中，就已經有許多判斷，但是這些判斷並不能達到完整的解釋，可能只是暫時的資訊（訊息轉成有意義的符號），也許還需再去蒐集客觀事實來驗證，或根據暫時的假設繼續更深入的觀察。因此專業的觀察就不僅是「事實的接收→主觀的判斷」的單一過程，專業的觀察是這兩者不斷來回的過程，形成「事實的接收→主觀的判斷」與「主觀的判斷→事實的接收」重複來回的歷程，一直到對事實的接收之主觀判斷達到滿意有效的解釋為止。

其實，完整又確實深入的觀察判斷並不易做到，即使專業的觀察比日常生活的觀察更小心求證，仍會有所疏忽。在事實的接收中，也可以使用儀器、工具或記錄來蒐集、保存、整理事實發出的訊息，例如：攝影、照相、錄音等，可以維持事實的客觀性，保留事實的原貌，不加以扭曲、妄斷或臆測。在主觀的判斷中，可以再三回顧事實真相，避免以粗糙的快速判斷，模糊或疏漏重點，或以自以為是的武斷扭曲事實真相。主觀需要以開放的創造思考及合理的批判思考，確實做到「大膽假設，小心求證」，使對事實的解釋符合理性的或邏輯的思考。

貳、客觀觀察的迷思

　　一般認為觀察必須客觀，所謂「客觀」又是什麼？「事實」的真實面嗎？以「事實」的原始真正面目來說，事實的存在並不會因為人的觀察（主觀知覺或判斷）而有所不同，事實就是事實，有沒有人來觀察或解釋，事實依然以其原本面目而存在，這也就是客觀事實的存在之道理。但是人在觀察時，事實會發出一些訊息，讓人的知覺能夠接收到，然而人所接收的「訊息」是原本面目的事實嗎？或者只是經過人的主觀濾網所接收的事實？能和原本面目的事情完全切合嗎？如果這麼說，真正的「客觀」的觀察又真實存在嗎？

　　事實在哪裡，事實本身卻不會自己說「這是什麼？為什麼？」如果把事實現象當成舞台劇或電影，鋪陳的往往是鏡頭或場景，必須透過觀眾來解釋。真正的事實現場更複雜，因為沒有編劇，也沒有導演，真正的「事實現象」並沒有企圖要鋪陳什麼，舞台劇或電影有編劇及導演，會依據一個意義脈絡來鋪陳，可以讓觀賞的人理解且自己賦予意義；可是自然的現象複雜多了，並沒有刻意表現什麼，如何賦予脈絡意義，就見仁見智，各說其詞。

　　人要瞭解客觀存在的事實，必須透過觀察，而觀察不能避免的就有主觀的成分。主觀是人的內在意念、思考架構、認知基模等，有時還會有荒誕不羈的想像，主觀決定了他的注意點或注意網，對觀察焦點及背景等訊息的接收，以及判斷等。透過人的知覺來接收事實的訊息，並由人的理性來解釋所接收的訊息，在所經歷的觀察歷程中，真正的事實是否會被扭曲？被解釋出來的事實也許並不一定是真，可能有加油添醋，也可能有牽強附會，更有時會故意模糊焦點，使一切解釋順著觀察者自以為是的想法而合理化。因為人的感情或自以為是的因素會使事實在被接收後就可能被扭曲，在判斷時也是主觀的。

　　觀察不可能是真正的客觀事實，那麼摒除人的因素就一定客觀了嗎？好像也值得懷疑。既然人的主觀會扭曲事實，就摒除人的干擾因素，而用儀器或工具代替人的感官、知覺來蒐集事實的訊息資料；除此之外，又說人的判斷也會

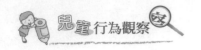

被感情影響，那麼就不由人來判斷，由儀器依據合理的過程模式來下判斷。這麼做，就一定達到客觀的判斷嗎？有多少人會舉手贊成？有多少人還是懷疑？

這麼做之後，所有的事實及判斷的過程都是依照客觀、絕對公平的模式來獲得結果，這樣一來，即使由不同的人來應用觀察儀器或工具，結果也必然都會一樣，這是很公平的。摒除了人的因素，所接收的訊息完全是透過儀器或工具，觀察者主觀的個別差異不會介入，所下的判斷也因循一定的邏輯模式而產生，所以結果是絕對一定的。這種觀察雖然盡量擺脫因為人的主觀所產生之誤差，是否就能百分之百正確無誤的代表事實呢？

也不盡然，因為工具是人所設計的，雖然在訊息的接收上有其絕對性，但也可能所蒐集的訊息還是無法代表事實的全部，靠工具可能只能接收到設計者所認為重要的訊息。但是在複雜的事實變化上，其變因是交錯互動的，也可能有些重要變因被設計者忽略而毫不自覺。因此這種觀察也常常導致不周全或偏頗的結論，整個觀察過程是受到設計者主觀的影響，並不能代表真正的事實。

如果所謂「客觀的觀察」是不同的觀察者之相同的觀察結果（這也就是具有觀察者信度的觀察），這種觀察就肯定能揭露事實的真相嗎？有時也值得疑慮。由於社會文化因素的薰陶，使得人的主觀意識中也有了共同的部分，可說是一種共識。這種有共識的主觀意識雖在社會文化背景被看成是客觀的標準，但對事實存在的本體來說，那並不能真正代表事實的真貌，也許只是人類的「共同主觀」而已。

因此，要完全達到真正客觀事實的瞭解，在稍複雜的事件或人的行為觀察上是極不容易的。即使以科學儀器來進行，雖然訊息之蒐集有其可信度，但代表性的效度卻受到限制，因為不管自然世界或人文世界都是複雜抽象的，儀器不能接收複雜抽象的刺激，儀器也不易代替人的思考來判斷應該蒐集哪一種訊息才能促進合理認識事實。

過分強調觀察的客觀性而忽略主觀的判斷，可能容易犯了訊息蒐集上的偏差，對事實所發出的訊息可能尚未蒐集周全，但卻因為太強調客觀，以致對主觀介入盡量排除，而就以被認為客觀的訊息來作判斷，因而容易犯上以偏概全、

資訊不全、瞎子摸象、以理論或成語套用等錯誤。

以偏概全：只有片面的訊息就作整體的判斷，既然有了判斷，就不會再繼續尋找訊息作進一步的驗證或瞭解。有時可能是「以全概偏」，也就是以全體的現象來解釋個別的現象。以下的例子正是證據並不周全就下判斷，影響了繼續蒐證的行動：

> 這些優秀的孩子都是 A 班的，A 班哪會有不優秀的孩子呢？
> 這些老師都說現在的孩子的問題很難處理，哪有老師會真正瞭解學生。

資訊不全：訊息蒐集有困難的時候，就只針對可以相信的訊息來下判斷，卻不知所相信的訊息是否代表所要瞭解的事實，這種判斷似是而非，無法瞭解所作的判斷是否是真的。以下的例子正是根據可看到的證據而下的判斷，但卻也有可能是錯誤的：

> 孩子說爸爸常打他，這個傷一定是他爸爸的暴力結果。
> 我沒見過他偷竊，所以應該不可能是他偷的。

瞎子摸象：想要瞭解的事實是相當複雜的，可以找到的資訊是由各種不同的層面得到，這些資訊卻不一定完全一致，只好就最顯而易見的那一項訊息作判斷。以下的例子正是以化繁為簡的一種瞎子摸象式的判斷：

> 要知道一個人聰明不聰明，只要看智力測驗成績就知道了。
> 他的表情可以說明他的心情如何，你看就知道。
> 他是美國教育博士，當然知道美國的教育情況。

以理論或成語套用：接受過教育的人擁有許多知識，如果這些知識只是現成的理論或成語之類記憶性的東西，在他要對觀察下判斷時，很容易會在其記憶中搜尋可以解釋資訊之現成理論或成語，理論的大帽子一扣，這加速了他的判斷，卻也很快的以為自己已經根據理論下了正確的判斷，卻忽視其他內部事

實之再蒐集，而無法解釋事情發生之內在的變化因素。理論套用之下就看不到其他因素的存在，因而忽視了對問題癥結的進一步瞭解。以下的例子正是以理論套用的：

老師對他期望高而產生的比馬龍效應，造成他的優良表現。

這孩子正是反抗期的孩子，所以一天到晚鬧脾氣。

能代表客觀事實的資訊或訊息本身雖然是可信的，但是多數資訊或訊息並不能有效的代表全部事實，可能只是事實的小部分，或只是事實不重要的部分，如果根據這些資訊或訊息就妄加判斷是危險的。（資訊指的是已經具有意義的訊息，訊息指的是事實所發出可被感官接收的刺激，這是相對的關係。如果揮手是訊息，打招呼就是資訊；如果打招呼是訊息，表現友善就是資訊；如果線條是訊息，文字就是資訊；如果文字是訊息，信件就是資訊。）

參、主觀觀察的必要

對複雜的事件，主觀是判斷的重要依據。重要的客觀資訊不易蒐集周全完整，即使蒐集很多，也會顯得龐雜零散，不知如何下判斷。下判斷一定需要透過篩選、推敲、分析、推測等心理過程，不可避免的就是主觀的想法來處理那些訊息。有時候實在很難看出端倪，就必須以想像、創意來大膽假設，從眾多訊息中賦予意義，或以批判思考來判斷訊息的驗證性及合理性。而個人的大膽假設或理性批判也應該是個人主觀思考的一部分，所以說，觀察絕對無法擺脫主觀的因素。

一般人雖然覺得觀察必須客觀，然而真正使人對觀察產生濃厚興趣的原因，卻是人的主觀可以有發揮的空間。一般人都會很珍惜自己的思考運作，希望有機會表達出來以達到自我實現的快樂。雖然有客觀依據的觀察才能讓人信服，但當每個人自己進行觀察的時候，卻還是很珍視自己的想法。因為觀察透過個人的意念及想法，使他享受自我感情的表現及自我思索的趣味。由於觀察

中很難（不可能）完全不包含觀察者的主觀所作的詮釋，因而使觀察在觀察者來說具有參與性及趣味性，這也就是為什麼觀察可以像遊戲一般被喜愛。

觀察時，會使人感興趣的是感情或自己經驗或意念的投射。「感時花濺淚，恨別鳥驚心」的情懷，並不在觀察花和鳥，而是自己心情的投射，使觀察者的心情不孤獨、不寂寞。這種情懷是使人對觀察能投入、能用心的原始原因及動機。

所謂「觀察的主觀性」係指觀察者個人主觀的想法，也可以由自我滿足的自利興趣而引渡到真正關心他人他事的他利的興趣。除了感覺或情懷的投入之外，也能因為對觀察對象的興趣而產生同理心、接納心，而想站在被觀察對象的立場解釋他的行為原因之動機。而這動機是使觀察者的理性浮現出來的原因。

主觀想法部分包括理性及感性。人的理性使人依循邏輯道理來思考或判斷，邏輯道理具有合理的規則，成熟的思考個體可以有成熟的理性思考，是依據合理的邏輯來進行思考，因此理性思考之結果，個別差異應該不會太大。只是個體的不同成熟度所表現的理性就因其所依據的邏輯是不完整或不正確的，所以就有明顯成熟程度上的個別差異。

在人的思考中，不可避免的就是夾雜著感情用事的部分。即使是成熟的個體，每個人因身體健康、人格特質、價值觀等而有不同的感受或感情，個人的感情是會影響他的知覺及想法，例如注意力、對刺激接收的過濾篩選、判斷的合理性，及個人對事實的觀點等。由於每個人感情的差異，所以在相同環境裡，每個人感官所接收的內容也不一定完全一致。自我經驗推論的部分也是個人堅持的感情用事之部分。

個人在觀察進行中的知覺接收、想法或對觀察結果賦予意義，常常因每個人的認知成熟度、情緒、感情、個性、價值觀及過去經驗而有其個別性，這就使觀察因主觀介入而產生不同結果。人的觀察不經意的就是習慣性的刻板反應，但大部分卻是個人主觀意念的反應，雖然也能具創造性及批判性的判斷，但仍受制於個人有限的能力及主觀情緒、態度或價值觀的干擾，而易導致先入為主、驟下判斷、情緒干擾等誤失。

先入為主：先有判斷再去觀察，觀察則受到先有判斷的影響，可能造成兩種效果：(1)在資料蒐集接收事實資訊的時候，事實就一直被主觀詮釋而扭曲，接收不到真正的客觀事實層面；(2)即使能夠接收客觀的事實，但也經過主觀的篩選，傾向於接收可以支持先前判斷的事實，忽略與判斷相反的事實資料。

《呂氏春秋》之「亡鈇意鄰」的故事：一名遺失斧頭的農夫懷疑斧頭是鄰居孩子偷走的，每一回看那孩子的表情就像作賊心虛的表情，再聽他說話，也像小偷的語氣；但是兩三天後，斧頭找到了，表示斧頭並未遺失，農夫再去觀察那孩子，無論一言一行，再怎麼看都不像偷斧頭的人。

情緒干擾，不願轉變：順著自己的感情及情緒因素來判斷，卻不屑於蒐集客觀的資訊。觀察的主觀是不可避免的，主觀使觀察者有主動介入的動機，也使觀察者心甘情願不斷詮釋觀察資料，而使觀察資料具有意義。然而主觀很容易使觀察者感情用事、自以為是，就會使觀察落入模糊盲亂、不足採信、似是而非的解釋。

例如：

「他再怎麼做，我看來都是他想裝模作樣故意表演給我看的。」
「長相這麼不討人喜歡，還會做什麼好事，這種善行根本不可能是他做的。」

驟下判斷，固執己見：有時事實的呈現並不完整，人為了虛張其判斷能力，滿足其自我的快感，他的主觀會很自然的以想像、臆測等去彌補缺漏之處，而得以得到他自己滿意的判斷。得到一個判斷之後，就會執著於該判斷，不願意再去求證，就把所臆測的當真。未經深思熟慮，找出事實之間的真正關係，就將表面上似乎有關聯的事實以因果關係來猜測，根據猜測未加求證，就予以註解，下了結論。

例如：

「小明愛打人是因為天天被他爸爸打，他從他爸爸那兒學習到生氣就打人的習慣，他以為這是很正常的事情，所以小明在學校才會一天到晚打人。」

「他在家是獨子，一屋子大人都寵著他，他沒有機會學習禮讓和分享，所以他對人這麼不講理。」

肆、客觀與主觀的相互應用

在觀察進行中，客觀與主觀都不應該偏廢。客觀的事實是觀察所要瞭解的，但是想要對客觀的事實進行瞭解，就必須透過人的主觀才能夠解釋得出來。所以觀察的目的是在揭露客觀的事實，但是觀察的過程卻是透過主觀的處理或詮釋。

觀察時，主觀及客觀並不對立，而是相輔相成。當在進行觀察時，觀察者所接收的訊息應該是客觀存在的現實事件，然而卻已經經過主觀的濾網賦予一些意義了。人接觸現實事件時所獲得的訊息並不一定是完整無誤的原始面貌，人所接收的只是現實事件所化約的知覺訊息或符號（資訊），也就是說人只接收他能夠知覺到的有意義的訊息，在接收訊息的時候，可能就已經由他自己的經驗之主觀因素而賦予意義了，而這意義有可能是得之於先入為主或情緒因素而扭曲事實、蒙蔽事實或牽強附會、加油添醋等。

主觀會影響客觀事實訊息的接收，但這也是無法避免的，無論人怎麼努力忘記自己的主觀而去追求事實的原貌，但人不是機器或電腦，不能拔掉或刪掉他的主觀。人在觀察進行中，價值觀、思考方式、成見、感情等確實是主要的影響因素，這些在觀察進行中是無法隔離或過濾的。既然是無法割捨，那也只好接受它、承認它，更重要的是必須認清它，看清楚它是如何影響事實訊息的接收，以便瞭解所接收的訊息究竟代表了多少客觀的事實。

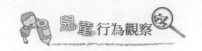

為接觸真實的事實發生情況，對所知覺之事實訊息的處理，必須先認識清楚主觀的成分，則更能使人的知覺接收到正確的原始訊息，減少被扭曲或被誇張的訊息。如果觀察是由客觀的觀察工具來蒐集資訊，使用一個良好的工具非常重要，必須避免設計者主觀造成的錯誤。良好的觀察工具就已經為觀察者設計好如何摘取事實的訊息而過濾主觀的介入。

但是觀察大多數都是沒有透過工具的，僅憑觀察者本人的知覺及判斷力來進行，那就必須自己認清自己的感情及價值信念等，將之澄清清楚，當這些主觀在作用時，觀察者也會有自知之明。觀察者能辨識自己的主觀對客觀事實資訊接收的影響情形，才能使觀察者接觸到訊息中真實存在的事實部分，而不至於主觀想法的因素與客觀的事實呈現混淆不清，想像與事實交纏在一起。

客觀事實必須加以整理釐清，由理性思考整理、辨認事實資訊，分析、組織這些真確的訊息，並澄清所掌握的客觀訊息之含義，使觀察的結果更能在複雜多變的現實現象中突顯其意義脈絡。

雖然主觀常會導致客觀現實事件的錯誤接收或被扭曲，但「主觀」在資訊接收中仍有其重要性，尤其在客觀訊息或資訊有所不足（例如已經事過境遷的事件），或訊息和資訊過分複雜不知從何整理起的時候，主觀的判斷可先作預測，或決定資料蒐集的新方向，或由主觀先作初步暫時性的判斷。先有了假設性的判斷，再導引資訊的蒐集，才不至於迷失方向無所適從。

當事實資料在解釋時，「主觀」也有其重要性，觀察者先前的經驗、理論原則或思考方式等，在其主觀上已先有的判斷模式，可以幫助觀察者加速對事實的瞭解。專業的觀察仍無法避免有主觀的成分，但卻需要經過澄清、尋找證據及驗證，主觀的判斷必須有客觀的證據來支持。

綜合上述可知，在觀察中主觀與客觀都有其重要性。現實資訊的呈現（以文字或符號等）及提供證據上都必須符合客觀的要求，並且盡量釐清觀察者的主觀介入，使觀察者所接收的資訊是正確可信的；而觀察者主觀的作用則是用在針對資訊蒐集方向的決定或判斷、針對資訊辨別真偽或可靠度、針對資訊分析或歸納意義下假設性的解釋、分辨解釋的程度等。由此可見，觀察中所運用

的個人主觀部分是一種理性的、批判的或創意的思考，而需要釐清的主觀則是個人的成見、感情、妄想或臆測等。

由事實原貌到判斷解釋的歷程是十分混淆的（圖 3-1），而每一個歷程都需要由觀察者的主觀來處理。如何使觀察者的主觀不至於模糊、蒙蔽、扭曲客觀事實的原始面貌，必須是十分謹慎的工作，也很難做到百分之百，能做到可以被信任及認可的解釋往往只是事實原貌的一小部分而已。因此，專業的觀察中，原則是由人的主觀來接觸事實，作出的判斷解釋還需回到事實來找到證據，如果在每一過程都不忘記「回到事實找證據」，觀察的誤差便會減少許多。

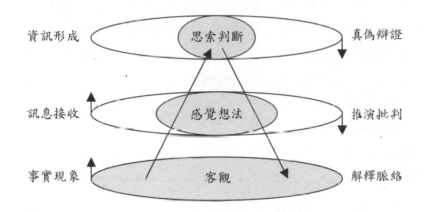

圖 3-1　專業觀察的過程

圖 3-1 中向上的線條是由客觀的事實現象到主觀判斷的過程，這是大膽假設的思考過程，可以看出主觀的工作就是針對客觀的寬廣零散，逐步做聚焦的工作。所謂「聚焦」就是將可以解釋事實現象的重點找到。在複雜事實現象中接收訊息時，觀察者不可能把所有的訊息都接收，其實他會很自然的篩選而接收有解釋性的訊息，才能順利將接收的這些訊息以「資訊」的型態呈現，也就是將訊息意義化，作出觀察的思考判斷。思考判斷就是將事實現象以資訊的方式呈現出來，呈現之資訊愈能條理系統或符號化，愈是精簡愈有說服力。

圖 3-1 向下的線條說明由思考判斷之演繹及辯證以形成解釋脈絡，這是小

心求證的思考過程，可以看出主觀的工作是針對已經形成的資訊作求證並整理為脈絡，以解釋事實現象。

資訊歸納會形成主觀判斷，訊息意義化之後，還要能運用在解釋事實現象之上。聚焦成理之後，還要與事實現象互相呼應，理出解釋的脈絡，使事實現象不再瑣碎零散，而是有脈絡可循的解釋。

第三節　教育專業的觀察基本能力

日常生活中的行為觀察是觀察者天生就會的本能，然而專業就必須有其可靠性。專業的觀察必須針對觀察的個體行為或團體行為背後的意念提出可靠的解釋，專業的觀察不是依個人興趣及隨機反應的遊戲，必須使其在工作職務上的觀察具有可信度及有效性解決專業的問題。因此專業的觀察需要訓練，在蒐集資料、分析資料以及求證、判斷上，必須有一套合理與正確的運作系統，來訓練教育工作對人的觀察能確實又深入。

隨著時代變遷，「專業」則是現代教師必須表現出的形象，在這個年代，專業是經常掛在嘴上的，也是要有形象的說服力。教師角色如何扮演才顯現專業素質？是一紙教師證或聘書？或是在語言或行動上能有教師的樣子？真正具有說服力是要看到效果，但是教育的效果卻非立竿見影，專業教師的專業能力可以被檢視出來嗎？

老師必須面對一大群孩子，他的專業形象如何表現？秩序的掌控、生動的說唱表演、豐富的情境或教具呈現、熱鬧活潑的活動，引用班級經營、教學原理、教材教法、課程設計的知識，做到這些就是良師了嗎？如果老師的這些行動並未牽引出孩子的學習，或說孩子的學習只是快樂，或只學習可以得高分的技巧，而並未建構成進階發展或適應環境的能力，老師能稱得上良師典範嗎？

教師的專業必須表現在提升兒童教育的品質。兒童教育是在社會環境、文化涵養、教育政策、學習發展四者之間的脈絡中進行，兒童在社會文化環境中成長並獲得學習經驗發展其能力，因此教師專業能力就必須在本土文化脈絡中

瞭解兒童，才能引用專業知識在職場複雜的判斷上。

在複雜的教育專業職場上，老師豐富的專業知識與技術理性足夠嗎？他更需要的是專業判斷。所謂專業判斷就是在現場情境的複雜不穩定中，思索學生的學習與其發展的進展，以及對整體社會文化脈絡的適應。在感應到這些意義的過程中，也決定自己在教學、輔導、課程的行動。

本書所揭櫫的觀察系統，係以教育研究的流程來提醒觀察者不斷省思主觀及客觀之交互運用。為勝任專業的觀察，觀察者必須接受一些訓練，除瞭解觀察的基本概念及技巧之外，更需要進行觀察的實習。接受觀察的訓練後，觀察者能夠具備一些基本的能力或態度，使他在日常生活中也具有觀察的敏銳度。這些能力包括有下列八項：

壹、辨識觀察動機的能力

專業的觀察動機可能有兩種：大多數觀察工作是為應付工作要求，必須做一些記錄或文件資料，不得不觀察；然而對敬業的專業工作者，常常會因為工作的問題，自己自願主動來觀察。前者的動機是外因的，而後者的動機是發自個人內在的。不論動機是外因或內在的，如果觀察者並不知道自己觀察的意義或原因，都會扭曲整個觀察的方向。

辨識出觀察原因是必要的：觀察的目的？觀察是為解決什麼事情？如果都不清楚，觀察就會落入應付或隨興而做的工作。上述在觀察進行中，觀察者的主觀介入非常必要，而主觀中的感情及理性需要觀察者自己去體察，如果觀察者對於「為什麼觀察」都不甚瞭解或不認同，就很難誠實地蒐集事實資料及理性地處理資料，也許敷衍虛應或感情用事，但敷衍虛應或感情用事也只有觀察者自己知道，外人很難知道觀察的誠實及理性是否真正掌握好。

辨識觀察動機就是觀察者對觀察主題或目的的認清且接受，誠心願意找出事實真相，否則觀察的結果可能因觀察者別的動機而被扭曲了。

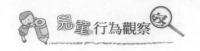

貳、追求可靠資訊的態度

事實現象會發出訊息（message），讓觀察者看到、聽到、覺察到；而觀察者會很自然將看到、聽到、覺察到的訊息轉成資訊（information），也就是圖像化、口語化或文字化，就是賦予意義了。大多數觀察者很快就把訊息轉為資訊，這樣就很快能解釋出意義來，因此在觀察過程中，究竟觀察者所處理的是「訊息」還是「資訊」，常常觀察者本身都不清楚，所以他以為很有道理的觀察判斷，其實在一開始就不一定完全是事實真相。

這是觀察的大問題，如果觀察者處理的都是未經事實訊息正確轉換的「資訊」，那麼觀察結果很容易在一開始就扭曲而不自知。追求可靠資訊是專業觀察中重要的態度，可靠資訊就是確實可以有效的代表觀察主題的相關事實之訊息。訊息是否可以有效的代表觀察主題的相關事實，這是要觀察者加以區辨判斷的，無需的及不實（被誇大、扭曲）的雜訊必須過濾或暫時忽視，才能顯現實際可用的可靠資訊，唯有透過可靠資訊，行為的意義才能被解釋出來，否則只能解釋到主題之外或周圍表象而已。觀察者必須對資訊經常作縝密的檢核，才能避免於被扭曲、誇張或不實的訊息誤導。

如何蒐集可靠資訊？追求可靠資訊的方法要靠觀察者不斷反省思索。他所蒐集的資訊與觀察主題是否有重要密切的關聯？資訊的來源是否真實可靠？訊息轉換的系統是否合理？觀察者主觀的感情、成見是否會影響？另外觀察的對象、時間、場所、次數等都是影響的因素，必須深思熟慮，也要考慮是否應再蒐集更進一步的訊息？例如，用來瞭解學生的資訊，如果得之於學生行為的表現，這種資訊比較是真實可靠的；如果得之於紀錄或分數等資訊，或由別的老師對他的批評，這些資訊是否代表事實真相的訊息，在傳遞訊息的過程中是否有所不周，這種資訊可能融入了那位老師的成見，就不一定可靠，也許只能作參考，而且如果要參考，也必須先有一些事實資料（可靠訊息）來驗證一番才能採信。

　　所謂可靠訊息往往是來自於第一手事實的訊息資料，而不是經過處理、解釋或批判的資訊資料，因為後者往往就可能會有不實、扭曲、誇張或不足，但是如果第一手資料不可得，經過處理的二手資料（例如：熟人的批評、過去的紀錄、作文或學校的日記功課、訪談紀錄等）只好暫時接受，然而，觀察者的態度應是質疑、再三求證，或以蒐集反證資料以檢驗之。

參、觀察工具的選擇或製作能力

　　如果觀察時需要記錄行為的次數、頻率、強度或程度等資訊，則可以運用工具來記錄。使用一個良好的工具非常重要，因為它就已經為觀察者設計好如何摘取事實形成資訊的方法，也可以過濾主觀的介入，所以觀察工具的選擇必須謹慎，除能可靠的蒐集客觀資料之外，工具之內容及項目必須有效的解釋到要瞭解的問題。如果無恰當的工具，觀察者也必須就觀察所需來界定記錄行為及方法以製作工具。

　　製作工具的能力必須訓練及練習，使製作出的工具有其信度及效度，確實能蒐集到與主題有關的事實資料（有效），而且方便記錄及解釋等。

肆、反省主觀情緒或成見的能力

　　觀察訊息透過觀察者的感官而被接收，往往就會摻和著觀察者的主觀想法，這是無法避免的，因為主觀本來就如影隨形的在人的一切行動中。主觀的想法影響很大，使觀察者在觀察時較容易接收與其主觀相符的訊息，而與主觀想法相反或無關的訊息就比較容易被忽略，有時會不知不覺的修改真實訊息來支持自己的想法。

　　為求觀察資訊的客觀正確，觀察者必須時時自我覺知自己情緒及成見，在接收訊息的進行中能時時將主觀的部分清理出來，主觀的部分包括感情因素及太早就下的判斷等，時時清除之，才能真正接收到真實變化的資訊，不至於造

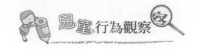

成資訊的扭曲不實。資訊的扭曲不實，例如捨重就輕、牽強附會、以想像來補充不足的資訊等，都會影響觀察的信度及效度。時時自省自己主觀情緒或成見，也可以補救一些重要訊息不被忽略，亦可時時澄清被扭曲的訊息。

伍、區分客觀與主觀的能力

在觀察過程中，主觀與客觀是交纏不清的。客觀是「事實的」，主觀是「人介入的」，觀察的目的在「事實」，但卻需要由人的主觀介入來認清客觀的事實。

觀察者必須辨識客觀與主觀的不同：客觀就是事實，而觀察者解釋部分則是主觀的。人的主觀解釋部分除非經過事實的證明，否則不能視同觀察的結論。主觀的解釋可以被看作暫時的想像，也可以被看作自圓其說的假設，但是不管是否言之有理，如果沒有事實證明，都應被懷疑。而事實部分可能是雜亂無頭緒，但是只要是真實的，就是客觀的訊息或資訊，要加以珍惜。合理的主觀解釋以及真實的訊息或資訊都應該被珍視，待繼續觀察的過程中，被找出解釋脈絡，看出整體意義。主觀判斷如果未經事實證明，仍是值得懷疑的，或是尚待驗證的暫時判斷或假設，必須進一步蒐集事實資料來驗證。

陸、敘述與摘要行為的能力

我們可以說觀察就是透過觀察者的詮釋來瞭解事實真相。而詮釋的歷程就是事實真相的不斷探究，探究則要透過表達溝通（有時是自己對自己表達）來不斷的抽絲剝繭。不可否認的，在此時，語言、文字或符號有其重要的利用價值。

在觀察中的溝通表達方式有兩種，第一種為敘述行為的實際發生過程，舉例如下：

他撥完電話號碼又放回電話，站起身，走到窗邊，佇立五秒，又低頭往回走回桌邊，用手碰一碰電話，又縮回手，低頭佇立約五秒，抬起頭，深嘆一口大氣。

以上是將被觀察者的一舉一動都描述出來，這是敘述行為的方法。閱讀這段敘述可以在腦中出現就像在現場看到一樣的情景，在資料蒐集時為免遺漏真相，有時就必須這樣不厭其煩的實實在在去做，但是卻會使事件的表達變得十分零碎繁雜，很難馬上領會其中的意義。

第二種為以個人主觀詮釋的方式直接將行為意義說出來，不用冗長的敘述，能簡單快捷地表達出其意義，以上例來換一種敘述方式：

他心情沉重，不知是否要打電話。

這種直接把行為的意義摘要出來的方式，在資料的解釋時使敘述實際行為的方式簡化很多，使其意義很快浮現清楚。但是摘要意義恐怕曾犯兩種錯誤：缺乏證據而作了誇大的解釋，例如以「慌亂不安」來表示上段敘述的意義就有可能因證據不足而犯錯；又例如以「走來走去」可能就過分狹隘而不足解釋其行為的真正意義。

事實的發生可以由語言或文字很實際的敘述出來，也可以用簡單的字彙或語詞將其意義摘要出來。實際的敘述語言或文字是描述真實發生的過程，是詳實的；行為標籤所用的字彙或語詞則是將行為事實的意義標示出來，這是需由觀察者主觀的認定或判斷。正確的摘要意義使表達容易瞭解，然而不合宜的標籤也可能犯了與事實不吻合之誇大或狹隘之錯誤。在專業觀察時必須貼切的摘要意義，將複雜行為敘述的意義下標籤（labeling），以符合具有觀察判斷之意義的行為類目（categories），而行為類目就是符合專業之觀察主題的行為解釋。

柒、對用詞下操作定義的能力

行為標籤是表示行為意義的簡潔標示，以名詞或動詞把行為意義標示出來，為避免模糊，少用形容詞及副詞，更盡量不用驚嘆詞。為可靠又有效的代表行為意義，用詞還需符合兩點原則：(1)相同的行為標籤必須有相同意義，才不致造成模糊不清、前後不一致、難以理解的情形；(2)不同的行為標籤必須有足以區辨的不同意義，才能清楚分辨所界定的不同意義。

觀察者在進行觀察或分析觀察紀錄時，為簡化複雜的現象或紀錄，必須用行為標籤來代表行為意義，觀察者必須能夠具體清楚的界定他自己所使用的行為標籤，至少在他自己的瞭解是有一致的區辨，當要說明給他人瞭解時，也較容易表達清楚。

行為標籤是用簡單扼要的語詞來標示出行為意義的，然而用什麼語詞才能有清楚的意義，常常是混淆視聽、模糊不明的，因為相同的語詞對不同的人可能就有不同的解釋，甚至連使用該語詞的人都不是很清楚自己到底是什麼意思。例如：友情、溫暖、愛心、撒嬌、賴皮、頑皮等，表面上意思不難懂，但是有時真正會遇到不同界定的問題，使觀察出來的意義有很大的差異，甚至不能可靠有效的解釋真正的行為意義。

用實際行為的描述來解釋行為標籤以避免扭曲原意或誇大解釋等，在專業行為的觀察有時是必要的。例如友情之操作性定義可能是：「表示禮貌、問候、打招呼等友善行為。」也可能是：「在一起愉悅的共同進行某個活動。」也可能是：「一起談天說笑、分享禮物、實務或經驗。」很明顯的看出這三種操作性定義就不太一樣，當行為意義有爭議時，就必須提出操作性定義，以表明真正的意義。

有時，相同的意義可能用了不同的語詞來下標籤，也會使行為的整體意義無法歸納得到最後統整的解釋。例如：「表示禮貌、問候、打招呼等友善行為。」可能有時用「友情」來下標籤，有時又用「溫暖」來下標籤，或用「溫

情」、「友善」等等不同的語詞，在整理標籤時就會把它當作不同行為意義來處理，而使得原本意義單純的行為變得複雜到不知所云。

下操作性定義的主要目的是使行為的相同或不同的意義能清楚浮現，才不至於因用詞的混淆，而整理不出行為的意義。

捌、提出行為的假設之能力

觀察進行中主觀的介入是必然的，如果是個人感情及偏見必須過濾與澄清，有時合理的推測或預估則是必要的。人所接觸到的事實有限，根據這些有限資訊常常不能完整的作出判斷，觀察者無法蒐集到重要的資訊作為解釋判斷的依據，這時候根據主觀臆測的「大膽假設」是需要的。

例如：

> 恐龍可能是因為小行星撞上地球而滅種；生命的起源大概是在海裡；小明看到這麼多玩具可能會吵要買這買那；隨堂突擊的小考可能會讓學生抗拒；全班大多數學生可能都去過動物園。

以上的假設都不是毫無由來的空穴來風之「猜測」而已，而是有一些證據，但又不是很充分。有時觀察必須在過程中就下這種假設，因為不可能等到最後真相大白才來判斷、決定或處理問題，必須暫時作出一些決定或處理，否則問題將會僵持無法解決。

然而重要的是，這種「大膽假設」需要「小心求證」。尚無充分證據的「假設」，尚處在不確定性（uncertainty）中，當這假設提出時，應保有「謙虛懷疑」的態度，這是尚待求證的假設，如此看待，才會有空白的時間及意願去蒐集更多「證據」。如果缺乏這種態度，就會把假設當成結論的判斷，即使還再觀察，也會蒐集對判斷有利的訊息，而忽略對判斷不利的訊息，這就是犯了「先判斷再觀察」之誤，正確的事實可能就會被蒙蔽而不自知。

假設並非臆測妄想，而是根據已有的資訊所作的大膽假設及小心求證。假

設的基本要素就是良好的思考。所謂良好的思考至少包括兩種能力，其一是創造思考，其特徵是「合理的生產」，也是大膽假設，根據已知的事實提出可能的解釋；另一為批判思考，其特徵在對事實問題訴求「合理的省思」，也是小心求證，多方面的反覆再蒐集事實資料，以求取客觀重複的證據。良好的思考為專業觀察必備的條件，根據良好的思考能力，主觀介入的成分才足以對客觀訊息發揮其創新、補充、質疑、求證據及判定等功能。

討論問題

1. 觀察者在進行觀察時所表現出的行為有哪些特徵？
2. 觀察時主觀及客觀如何區分及應用？
3. 反省你自己是否具備有專業觀察的基本能力？

成人的互動對孩子的影響是什麼？

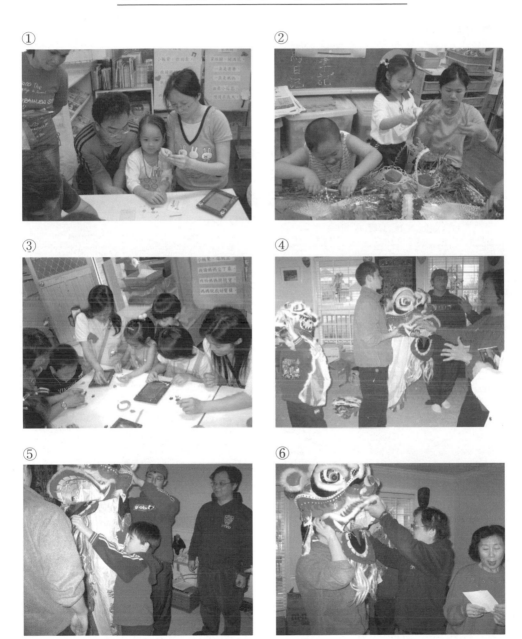

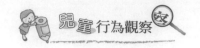

 照片說明範例

■ **大膽假設：**

一、 大人過多的參與及互動，孩子就不動。（圖①）

二、 大人和孩子一起做，有的孩子會變成配角，但獨自行動的孩子卻很有創意。（圖②）

三、 大人從旁協助，每個孩子都想做。（圖③）

四、 大人和小孩一起討論合作，成品會更出色。（圖④、⑤、⑥）

■ **專業觀察判斷：**

大人的互動是「協助、討論」，孩子的行動會更有成就。大人的互動是「取代」，孩子就停滯。

Chapter 4

教育專業的行為觀察

1. 教育職場上能運用的專業知識常常很模糊，因此需要老師在職場的自主判斷。師資培育課程所授予的專業知識只能解釋常見的技術理性，但是教育職場會發生很多個別及特殊狀況，這就需要教師的專業觀察而下判斷。

2. 觀察在教育職場的重要性不容忽視，但是一般教師常常犯觀察誤失而不自知：不正確的推論、先判斷後觀察、期望的影響、社會分辨的影響、教育理論或原則的套用、觀察工具的誤用等。

3. 瞭解孩子就要透過觀察。教育上行為觀察的目的可以分為三種：(1)瞭解個別孩子的特殊行為；(2)分析團體中的個別差異；(3)班級次級文化的瞭解。

4. 個別孩子的行為不能用一般通則來解釋，而需蒐集其習慣行為、背景資料或其個人的想法，才能合理的判斷。

5. 團體中比較個別差異必須先有依據才能分辨，一般使用依據有二：(1)行為發展；(2)社會期望之文化標準。這依據可以轉化為行為的類目，這類目再轉為衡量行為的尺標，才能量化，衡量出個別差異的狀況。

6. 班級次級文化的瞭解必須靠老師有此觀念才能覺知現象，願意去提升班級的良性互動，以助長學生的合作學習及同儕互動。

7. 人類在教育上行為觀察的歷史來看，自然觀察是人類以本能來進行觀察，但也造就許多教育名人（如 Locke、Rousseau、Pestalozzi、Fröbel）對兒童發展及學習的論著。

8. 有系統的行為觀察則始於嬰兒日記。記錄孩子在自然的生活環境中所出現的行為，並將之作成解釋或評論發表出版。能保持客觀描述的第一個人則是 Milicent W. Shinn。

9. 以客觀系統的研究法研究兒童行為第一人是 A. Gesell，觀察記錄兒童

的動作,作成動作發展常模。後有 J. Piaget、B. L. White 等人,以科學方法有目的的研究兒童,不但使人類行為的發展之普遍原則逐漸露出真相,也使探究兒童行為的方法多元化,直接觀察雖仍無法忽略,但運用一些工具,如觀察表、測驗、實驗工具、照相、攝影及錄音等方法也被採用。

10. 觀察取樣的重要是在縮短觀察時間,使行為樣本能顯現行為的意義。

11. 觀察的方法由於心理學及教育學的研究方法之發展,逐漸發展為兩種典範:質的行為觀察法及量的行為觀察法。質的行為觀察重視個案行為深入的來龍去脈之瞭解,量的觀察則重視群體行為趨勢及比較差異。

第一節　教育專業之行為觀察任務

壹、教師專業的自主能力

專業工作並非只是依照專業規定照章行事，在執行專業時，很重要的是必須要有自行判斷的自主空間。在專業情境中，無法完全套入專業知識及技能，必須由專業工作者自己覺察現實問題（觀察），及自行決定引用知識的方式（省思）。實務工作者必須有相當的自主權才能在職場觀察判斷情境狀況，省思自己一連串行動的意義，以期產生符合專業的效果。專業工作中如果沒有自主權，也就是沒有現場自主的觀察與省思，其判斷與決定就會被專業知識框住而僵化固著，無法靈活適應職場上的千變萬化。

專業人士是必須自主的，然而專業自主必須可以檢驗得出專業的效果或知識的應用。一般專業人士執行專業職務必須有所依據，可以提供執業人員查考之用，熟練用之就可以作出最好的專業決定，以保障最基礎的專業品質。就醫師、律師或法官的專業知識而言，其意義是相當清楚的體系、沒有太多懷疑的空間，因此，醫師、律師或法官的職業教育課程是以嚴謹的技術或知識為基礎。但是就教師的職務而言，專業的性質及內涵卻無定論；教師的專業知識無法構成一套組織嚴整的體系。這也就是說，醫師、律師或法官的專業自主中很容易看得到專業知識，但是，教師的專業自主是否也能看得到專業知識呢？

醫師、律師或法官專業自主的結果很容易檢驗，但是教師的專業自主結果卻以「無絕對的教育方法」、「無立竿見影的教育方法」而模糊難辨。醫生、律師或法官的專業可以馬上看到效果，教師的專業卻似乎只能看到短暫的，例如學生的成績好、守秩序、有禮貌等，但是這個教育改革的時代卻又不認為這是最重要的。而認為重要的是教給學生可以帶得走的能力，例如自我瞭解、社會適應、組織、推理、創意、解決問題等能力，但是，麻煩的是這些能力並不

是馬上就可以看得到、被檢驗得出來的。

　　教育專業知識並不明確、專業結果也很模糊，在這情形下，教師的自主性就會傾向於由自己的興趣、性向，或感情因素而決定，是否符合專業很難知道。熱心、愛心、耐心、認真服務、奉獻自己的偉大情操的教師，是否符合專業，只要態度儻人，誰也不敢說他不專業。沒有人會懷疑講台上認真賣力的老師專業有問題，也沒人敢質疑全班考試成績優異的老師不專業，也沒人會說出錢出力去愛護學生的老師其實處理問題不夠專業，更不可能有人去指責備受愛戴的老師是以不專業的方法（請客、給好成績等）取得愛戴。

　　如是這樣，教師的專業自主就似乎要表現在取悅大眾。人際技巧圓熟、無人詬病的老師，就要被承認他是專業；至於那些引學生不悅或家長不滿的老師就會被懷疑專業有問題。表演不生動的老師、給學生作業多的老師、評分嚴格的老師、規定嚴格的老師等，都較難取悅學生，學生不喜歡可能就會被認為有問題，如果再加上學生成績退步引起家長不滿就會被認為不會教，嚴重的還要被媒體批鬥。然而相反的，班級文化出現問題而不能處理、課程瑣碎無法建構出孩子能力、無法合理判斷孩子行為原因、無法知道孩子學習目標、無法提供個別差異學習機會、無法協助學生補救學習盲點，這些老師只要不觸犯到體罰或拉低學生成績的教條，卻是很少被人糾舉說他不夠專業。

　　說實在的，教育的效能是有點模糊，但也不是完全不能看見。教育的效能應該是在每個學生整體的學習及發展上，這件事情卻複雜到模糊不清，不像醫生醫好病人、律師打贏官司那麼清楚。教育需要教師的專業自主才能做到效能，但是卻很難說清楚教育效能在哪裡，在此狀況下就給予老師自主權，但是可能就只有自主，卻不知道到底有沒有「專業」，因為每個學生的學習發展究竟是不是真的在正常的軌道上，這是很難評斷的。

貳、教育職場的專業能力——觀察

　　教育工作者負有神聖的使命，教育的基礎是要先有「瞭解」才能去執行，

這種瞭解包括教育職責、教學內容、教學方法、輔導方法、評量兒童的學習等等；尤其重要的是，瞭解受教育對象——學生的行為表現（能力、習慣、動作、人際互動等）、內在意識（動機、意念、情感等）、成長及發展歷程等。

「瞭解」如何獲得？師資培育的課程中，透過「兒童發展」、「教育實習」或「教育哲學」、「班級經營」、「課程設計」、「教材教法」等課程，有關兒童、班級及教學之瞭解的文獻和研究資料以基礎理論、想像、隱喻及網狀系統等方式，向師資職前學生介紹所需具有的概念。學生接受師資培育的薰陶而有了他自己認同的概念，當他畢業後任職教育工作時，便有了一些基礎的認識概念，就會很自然且有相當程度的自信將之應用出來。

然而，師資培育課程所傳授的知識是說明了教育職場專業的技術理性之共通面（黃意舒，2000），卻不能說明職場中的突發及特殊事件。兒童、班級及教學中的行為有共通的層面，可以用一般原理來解釋，但是大部分則是特殊、個別差異的層面。師資培育課程中所獲得的觀念大多適用來解釋一般行為的共通性，然而每位兒童、每個班級卻都有個別差異，兒童特殊的性情及內心世界，班級特殊的文化背景及互動默契，而教學現場也都包括了許多師生互動的「不確定性」，如果教師對待他的工作只以共通的原則去處理，難免對特殊現象或不確定現象不能真正瞭解，也很容易以齊一的標準來要求而不管困難及問題的原因，在這複雜多元的社會是種不合理的教育方式。

一般教師在工作中對瞭解孩子、班級處理、教學問題的任務，他可能會自認為必須很快速的作出判斷及行動才是懂專業知識的表現。因此教師往往會運用他已經具有的專業技術理性之知識或先例，很果決自信的下一個判斷，只要判斷不是太離譜，他都會相信那是正確無誤的，便依照這個判斷做了行動。如果教育工作的對象（學生）的行為及內在意識全都是共同一致的，如果班級氣氛或班級文化都是千篇一律的，如果教學過程都能按照計畫進行，也許教師的這種機械化之處理方式是沒有問題的。然而，職場的現象卻非如此單純。

教育的意義是什麼？教育不只是讓學生被動的被灌輸知識、訓練技能、養成態度而已，更重要的是要讓學生成長為適應社會並自我實現的成人。社會的

多元化及自由民主的思想中，我們所教育出來的對象應該成為什麼樣的人，已經很難定論；但是他必須是有自我意識的人，在這複雜多元的社會中走出一條他自己願意走的路。因此，人的教育以齊一的標準並不符合這種社會的教育需求。現今的教育不是要讓學生來適應「教育的模式」，而是要讓教育模式能去符合每位學生的需求，使每位學生得以在其自我學習的潛能中發芽成長。

教師像農夫或園丁，必須配合作物或花卉的成長來施肥，以讓他們享有最有利的成長條件，發展出最璀璨最完滿的人生。在這過程中，不論是農夫、園丁或教師都一樣，必須觀察，才能體會每一個生命「同中有異」的特殊需求。不管是農夫、園丁或教師，觀察與他們自己的智慧、投入工作的程度及經驗都有關，良好的農夫、園丁或教師，其觀察與判斷比較容易正確無誤，而其成果更豐碩。

如果農夫、園丁或教師不做觀察或觀察不正確，那麼他們的種種措施是否成功就要靠機運了，也許一半以上能成功長大，但有部分就要變成「全體一致」之下的犧牲品而被淘汰。尤其是教師的工作，面對的是有內在意識（有感情、思考及意念）的人，如果教師要求自己是一位「果決效率的教師」，在問題的解決上必須作出快速的判斷及處理，可能會犯了一個嚴重的錯誤，那就是「剝奪了學生在面對問題時的思考及判斷機會」，因為學生遇到問題，在尚未表現自己的判斷及決定前，可能教師已經替他作好解釋、判斷及處理，學生的獨立自主就無法發展出來，而獨立自主是自由民主社會中之人民所必須具備的特性。更何況未經過觀察及審慎思考的判斷也許只是教師個人的感情或經驗的投射，與學生真實的行為意義並不相容。

其實，大多數時間教師在解決學生問題的「速度」並不是很重要，優良的教師在處理問題時可能會花許多時間去「停、看、聽」，有效能的教師會表現支持學生自主取向的問題解決風格，效能低的教師則會傾向於控制取向的管理方式（孫志麟，1991）。

教師在處理學生問題或教學問題比較棘手的時候，除了表現基本的專業處理外，也能放慢解決問題的速度而去「停、看、聽」。也許有些問題當老師尚

在進行瞭解未真正著手去處理時，學生已經對老師有所感應，而自己自動的有
所表現與進展，但是在重視觀察教師的心中會植入深刻的體會及瞭解，在老師
的教育措施中會因觀察的心得而產生行動，逐步表現出給予學生正向的引導，
觀察心得就是教育最有用的肥料或養分。

第二節　教育之行為觀察常犯的錯誤

　　一般教育工作者在進行觀察行為時，習慣於以專業知識或其經驗來作「人
同此心，心同此理」之行為意義的判斷，在共通性的行為或暫時性的判斷上，
不致太離譜，但是在個別性或有特殊意義的行為上，則不易掌握到行為意義的
重點，很可能作成錯誤判斷。錯誤的可能原因則有：不正確的推論、先判斷後
觀察、期望的影響、社會分辨的影響、教育理論或原則的套用、觀察工具的誤
用。

壹、不正確的推論

　　行為觀察所能觀察的是外表的一言一行、一舉一動，但是僅止於表面行為
的記錄是不夠的，因為行為觀察主要還是要瞭解到被觀察者行為的內在意識，
行為的內在意識不容易看得到，而需要透過主觀來對客觀的行為作詮釋，或由
當事者自己來詮釋，或由觀察者來推測或假設，不論是當事者自己或觀察者，
都是透過主觀來詮釋的。主觀的詮釋也就是由外在的行為訊息去自省或推論，
當事者本身的合理化或自我蒙蔽會使他自己都作了不一定正確的解釋，而觀察
者的推論更是很容易夾雜了一些自以為是的錯誤，如以偏概全、資訊不全、以
理論或成語套用、瞎子摸象、先入為主、驟下判斷、情緒干擾等。

貳、先判斷後觀察

　　觀察的目的在於對行為作判斷或診斷（判斷是主觀的解釋；診斷則是符合專業水準的判斷），教育工作者在觀察時為講求效率，常常一邊觀察一邊就作判斷，例如：看到一個學生常常說髒話或做出粗俗動作就判斷家庭社經水準不高，考試成績好的學生就判斷他是聰明的，動作反應慢的就判斷他的智慧不高，學生打架比較凶悍的一方會被判斷是欺侮別人的等等。當有了判斷，再進行觀察，如果「相反證據」的資訊不是很明顯的話，這種觀察常會依著判斷結果繼續發展，例如學校老師判斷某生是具攻擊行為的學生，那麼此生的友善行為往往會被老師忽略沒看到，除非他的友善行為表現得非常明顯（相反證據），若非如此，他的攻擊行為的舉動可能會因先入為主的判斷而被過分的注意，只要有一點敵意的表情或動作就可能會被當作攻擊行為的證據。先判斷後觀察往往無法達到專業診斷的水準。

參、期望的影響

　　教師預期的心理也會影響學生的行為表現，但是這種行為表現並非學生自然的表現，而是為配合教師的期望而刻意做出來的，學生刻意表現的行為只能解釋成「他對教師期望的知覺」，而不能解釋學生自己的內在意識。教師觀察時如果只能看到這種刻意的表現，就無法達到真正瞭解學生內在真正的自我。尤其當教師與學生一直是在互動中時，教師的教學或輔導的口頭指示或學習作業的要求會影響了互動品質，如果教師的期望或要求很多又嚴格，則教師在觀察時只能注意到學生是否做到他的要求，而學生也只能刻意應付教師的要求，而較沒機會很自如的表現出他真正的瞭解或興趣、心理需求等。因此，期望太多又太高的教師較難接觸到孩子真正的自我層面，最多只能用一套已經決定好的標準去評量學生的行為而已。

肆、社會分辨的影響

以某一種標準將人作分類,例如種族的區分為東方人、歐洲人、美洲人等;宗教信仰的區分為基督教、天主教、佛教、回教等;家庭社經水準的區分為高社經水準、低社經水準及中社經水準等;天生資質的區分為聰明、愚鈍、中等資質等。而這些區分出來的類別,往往就造成偏見,認為「凡是……樣的人,他就是屬於……的個性或行為特徵」。教師有了社會分辨,便導致還未觀察就先有判斷,既先有判斷,就不會蒐集真正的資料。教師面對這麼多的學生,常常為了便於認識或處理問題,就用社會分辨的方法去區別學生為幾類,例如將學生區分為品德好及品德不好,或區分為智慧高及智慧低,或將學生區分為家庭環境好及家庭環境不好,用這種區分去解釋學生行為發生的原因,當解釋不符實際時才會慢慢修正。這種社會分辨使教師十分容易掌控學生或給予學生評量、回饋或輔導等,往往有偏差卻不容易覺察。

伍、教育理論或原則的套用

「理論或原則」雖然可以解釋共同一致的事實之發生,但是事實有其多樣性及複雜性,原理原則只能就事實的某一規律性來看,或將複雜的事實簡化成明顯易懂的指標,所以「理論或原則」是「事實」的摘要,雖然能將許多事實之規律及一致的部分言之有理的指示出來,但是事實的發生比理論更多樣而多變。因此,教育的理論常因觀點不同而有不同的理論,鮮有一個理論可以面面顧到放諸四海皆準,也沒有一個理論能代表所有的事實面。例如:Piaget 的認知發展理論認為,運思前期的孩子在認知上無思考的可逆性,後有學者的研究卻發現,如果用不同的方式來呈現刺激及發問方式的不同,孩子的表現就不一定是錯誤的。然而,受過專業師資培育的教師對理論之信任及應用,往往認為是專業素養的表現,不僅謹記在心,而且在觀察判斷時也會遷就理論來解釋行

為，把注意力集中於符合理論的行為，而忽略了與理論無法吻合的部分，這也是先有判斷再觀察的一種型態。例如：兩歲的孩子及青春期的孩子正值反抗期，他們許多情緒的行為問題常常被簡化為生理的焦躁原因，而忽略了環境中其他的壓力因素，或個人內因的其他方面的需求。

陸、觀察工具的誤用

觀察工具是經過客觀化、標準化的，但是觀察工具的使用有其範圍及限制，如果誤用，很可能會導致行為的錯誤解釋，或以團體常模解釋獨特的行為，忽略了行為的特殊面。

行為的瞭解是頗為複雜的，正如上一節所述，教育工作者最難讀的「書」，就是孩子，要把孩子當作難讀又有趣的書來讀，難讀的書不能只讀一次，而是要溫故而知新，時時進行觀察，時時進行省思，時時進行資料的搜尋、思考及驗證，使教育工作者對這本「書」的瞭解愈來愈多，愈來愈有把握，才能因材施教，真正作育下一代。

第三節　行為觀察的教育意義

亙古以來，教育工作人員，不論是父母或老師，要教導孩子學習都避免不了要瞭解孩子的本性、學習成果或身心狀態等，最簡單的方法便是以人的本能方法——觀察。

以教師的工作來說，透過觀察可以協助教師作教學評量，瞭解學生的學習效果，也可以協助教師進行班級經營，在輔導學生之前作為資料蒐集的方法，教師為學生安排學習經驗時，也需先由觀察來瞭解學生的興趣及態度等。

行為觀察是針對一個人的一言一行、一舉一動，可被觀察、被描述、被記錄的外在表現，但教育專業的行為觀察卻不在於只滿足觀察者自己的好奇，最重要的目的是想透過觀察來解釋孩子的行為，以作為教學、輔導及研究的根據。

綜合言之，教育專業的行為觀察目的是要瞭解學生個人行為表現的意義、個別學生行為在團體常模分配的等級、個別行為與群體的關係。教育上行為觀察的目的大體上可分為三方面：(1)個別孩子特殊行為的瞭解；(2)團體中比較個別差異；(3)班級次級文化的瞭解。

壹、個別孩子特殊行為的瞭解

處理孩子的個別問題必須先瞭解行為問題。如果行為是在社會所接納的範圍內，就可說並未踰越社會規範的軌道，也就是在正常的發展軌道或與環境互動的軌道上，這種行為的解釋通常可以由行為的共同原則來賦予意義，這種行為只要以發展原則或與環境互動的原則來瞭解即可達到相當正確的判斷。例如孩子的依附行為、好問行為、好奇行為、遊戲行為、追求成就行為、社會適應行為等等，這些行為是孩子正常發展過程中會出現的行為，懂得兒童發展的成人，很容易便瞭解這些行為的意義，因為是正常的行為，所以不會引起成人的擔心，只要提供孩子適宜發展的環境，孩子的這些正常行為自然會出現，無需進行個別的診斷、輔導或糾正等措施。

每個孩子除了正常行為之外，多少也會出現一些個人意義的行為，這使每個孩子具有獨特的氣質及個性。個人意義的行為成因很難以行為通則來解釋，而需由個人的原因來解釋，例如個人的特殊經驗、個人的生活習慣、個人的興趣及能力等，若想用行為的通則來解釋，很可能就會導致錯誤的判斷。

教師的工作面對的學生不只一位，而是一個學習團體，包含許多位學生，教師有責任瞭解每一位學生。但是如果要求教師針對每一位孩子的個別特殊行為深入瞭解，實在是非常瑣碎龐雜的事，教師可能不易勝任。所以一般的教育機構中，雖然每位孩子多少都有一些獨特的行為，教師卻無法通通追根究柢，當孩子的行為是教師所能接受的尺度內，教師都會接納他「有一點怪異」的行為，即使教師想深入瞭解行為的成因也會因分身乏術而作罷。但是當教師發覺某位孩子的特殊行為已經偏離正常發展或社會文化的標準，不能以一般的行為

尺度來接納的時候，教師可能會研判這特殊行為是否造成該生發展阻力或者影響該班團體秩序，如果答案是「會」，教師才因輔導所需，在輔導之前先觀察這個學生特殊行為，以作為診斷、輔導或教育的依據。

教師不易針對每個孩子來瞭解其獨特性，除非師生比例降低。但是每個孩子行為都有其獨特性，這獨特性是孩子的個性及氣質，不論有無造成發展的困擾，父親、母親或照顧他長大的人都會很自然的進行觀察，這些人是孩子身邊的重要人物，他們是一輩子陪伴孩子成長的人。然而，父母對孩子的觀察不易理性及客觀，親子的感情及期望使這種觀察可能加入太多主觀情緒、態度、價值，所以觀察的判斷有可能會是偏差的，不能稱得上「教育專業的觀察」。倘若父母親觀察時較能尊重孩子行為的客觀訊息及善用自己的理性思考，那麼他們的觀察也是非常有參考價值的孩子成長資料。

教師的觀察不同於父母的觀察，教師的專業水準是必需的，才能使教育的效果落實在孩子的學習上，而不是把教育變成了成人自以為是卻又不一定符合孩子需求的一些無謂措施而已。

個人的特殊行為是不能以一般的發展通則或與環境互動通則來解釋，必須由個體本身的原因來瞭解，也就是蒐集當事人的行為事實資訊，由其中分析、歸納、整理或驗證行為的個別意義。行為的個別意義的瞭解包括：

一、瞭解當事者行為的慣性以解釋其個性、氣質或特徵等

在觀察時，被觀察對象常常出現的行為，比較容易引起觀察者的特別注意，而把它記錄下來，這些經常出現的行為，就是被觀察者個性及氣質特徵的指標。如果再進一步探討這些行為的關聯或共同原則，不難對被觀察者的個性有整體的瞭解。

二、瞭解當事者行為的背景、行為形成的過程及特殊的影響因素

大多數教師在探討兒童的行為原因時，喜歡由他的背景資料，如家庭因素、過去經驗、別的老師的看法等，去尋求原因或答案，然而，這些間接資料

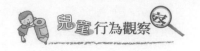

如果沒有客觀的行為事實來支持，是十分容易犯錯的，因為間接資料並不一定
正確無誤。正確的瞭解行為的方法，應該由行為本身去尋求線索及證據。行為
並不是出現在真空狀態的，行為和環境有互動，而且行為有連續性、程序性、
統整性，如果背景資料對當事者確實有其可靠性，一定也會反映在實際行為表
現的觀察情境上，觀察者自然可以由被觀察者與環境互動所表現的行為來尋找
他的行為的證據，才不致犯了資訊不全、以偏概全、瞎子摸象等錯誤。

三、瞭解當事者內在動機，其個人對行為的看法及詮釋

行為觀察可以用訪談的方法來蒐集資料，也可以在蒐集行為資料時，記錄
被觀察者的語言，用之以推測被觀察者內在的想法。如果觀察對象是純樸自然
的孩童，往往從他的表情及動作就可以推測出其單純的內心世界，但是推測只
是觀察者個人的主觀看法，還需要蒐集行為資料以作為證據。

個別孩子特殊行為的瞭解應針對孩子個別的行為表現來蒐集資料，其主要
的目的是解釋他的個別行為，是不必管其社會意義或與別人作比較的，也不必
以個別孩子的瞭解去推論到其他孩子的行為。

貳、團體中比較個別差異

孩子不是孤立的，而是在同儕團體中成長。在同儕團體中，也有一些行為
的共同原則，然而每位孩子在共同原則的行為上仍會有表現程度或頻率上的個
別差異。在同樣的行為原則下，有的孩子表現優異，有的孩子則不及標準，大
多數孩子都可能在平均上下。教育工作者為瞭解學生的個別差異，可以用共同
行為的原則來評量個別差異。教育工作者必須瞭解個別差異，在教材分配及學
習活動的安排上，可以做到適應個別差異之因材施教，而較不會使教育流於齊
一標準的權威方式，與適性教育背道而馳。因此，「在學生團體中比較個別差
異」也是教師的重要任務，也需要透過行為觀察來瞭解。

比較孩子的個別差異，除了由獨特的行為來瞭解之外，尚需要有衡量的指

標。瞭解學生同儕之間的個別差異必須由一些指標作為衡量比較的準繩。多數學生的行為比單獨學生行為更多變複雜，如果有衡量比較之指標就容易化繁為簡了。雖然指標在有些獨特的行為上並不一定適用，但每個孩子的大多數行為應該是可以用這指標來比較的，因為這些孩子年齡相仿，可能都在相同的發展階段，而且大多孩子在相同的社會文化背景下長大，除較獨特的行為之外，大多數行為應該可以依據發展或文化行為的共同通則作為衡量比較之指標，可以將這指標製作為觀察的工具來衡量每位學生的行為之次數、頻率、強度或程度，以便於比較出個別差異。在學校或班級同儕團體的行為衡量比較之準繩，可以由兩方面來尋找：(1)行為發展；(2)社會期望。

一、以行為發展為指標

根據發展心理學的研究，任何一個人類個體的行為發展過程是依據相同的發展模式來發展，有一定的先後順序及發展階段，只是行為發展階段的到來有快慢的個別差異而已。如果以行為發展的快慢來界定學生的個別差異，則可以找到行為發展的標準為指標來衡量比較孩子行為的個別差異。

二、以社會期望為指標

一群學生是在相同的社會文化背景中從事學習，社會文化是已經醞釀成的默契，對成員有一定的期望及約束力，社會文化對成員提供的訊息或環境刺激也應該是雷同的。學生是在學校團體中從事學習，學校團體就是一種次級文化系統，團體之所以為團體，必有共同原則、要求或共識的部分。這些「文化或團體的行為期望、訊息或刺激、原則、要求或共識等」，也是可以拿來作為衡量成員行為的準繩，衡量成員行為符合情形如何？或也能以觀察記錄的方法來瞭解成員對這些標準的看法、認同程度及踐行程度，以及成員對這些標準之適應情形如何？

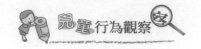
三、比較團體中的個別差異的目的

(一) 瞭解個別學生的行為在年齡常模或團體常模的等級

個別學生在團體中有百分之幾的人優於他，百分之幾的人劣於他，以之用來衡量他的行為發展是提早或是延後。例如動作技巧、計算能力、語文能力等的衡量比較。

(二) 瞭解個別學生行為之社會意義

個別學生的行為是否符合或偏離社會的期望水準或行為尺度，以此來衡量行為之優劣與對錯。例如同儕互動行為、親子互動行為、師生互動行為、學習行為、負責任行為、守法行為、幫團行為等的衡量比較。

(三) 瞭解個別學生行為對社會的影響

社會環境刺激如何影響個別學生的行為表現？個別學生的行為表現如何影響社會動向？例如電視、環保、交通、消費、休閒、補習、才藝班、親子旅遊等，個人與社會之間都有互相影響的情形，行為觀察的目的以瞭解學生行為如何被社會影響為主，以作為教學或輔導的參考。

想從團體中比較個別差異，此觀察通常需要一套行為的類目（categories）作為衡量行為的尺標。這衡量的尺標除了需要客觀記錄行為的工具之外，尚需以團體的平均數、標準差或百分等級來衡量個別學生的行為程度。

參、班級次級文化的瞭解

教師面對的學生是一個學習的團體，除了必須針對個別需求施予教育，要去瞭解每一位學生的獨特行為及個別差異，另外，教師的工作尚有「班級次級文化」的瞭解，這應該也是相當重要的。但是這種想法在一般的教育原理上並

不常被提到,最多是在班級經營時教師如何引導學生建立行為的規約時被略微提到,但是「班級次級文化」的瞭解並不只是行為規約的建立,它更強調的是多數成員共同的價值判斷或共同認同的行為溝通方式。

「班級次級文化」在一般教師的教學及輔導工作上並不被強調,其原因可能是:班級文化醞釀時,多數教師也是參與者,並非旁觀者,他雖然可能並不以「班級次級文化」來稱呼班級中集體的行為共識,但是他可能已經認識並接受班級共識的行為,這種情況下,「班級次級文化」就無需再提醒去注意。但是有些教師並未在班級成立之初就帶班,也有教師是科任教師,和學生互動的時間不久或不多,為促進師生之間的相互接納及互動,應由班級次級文化的瞭解來著手。能接受、理解、適應「班級次級文化」的教師比較能夠和班級團體有良好的溝通,在和個別學生的溝通上自然也會效果較好。

班級團體雖然在學校團體及社會文化的層層影響之下,但其成員每日相處在一起,也會慢慢形成其共同接受的溝通行為模式或價值信念等,例如俚語、手勢、遊戲規則、對老師的評價、對權威的評價或對學習的評價等,這就是班級文化,是在社會團體及學校系統之影響下,班級成員互動所形成的意識行為。

團體的力量很大,如果教師不接受、不適應自己班級的文化意識,可能會被學生拒絕或排斥,在教學或輔導上很難進行。而瞭解班級文化就是瞭解班級多數學生的互動行為情形及多數成員的想法,可透過軼事記錄、問卷或訪談等方法蒐集事實資料,再加以分析解釋。

第四節　行為觀察的歷史

綜觀教育上行為觀察的歷史,可以分為四個階段;第一階段是十九世紀以前的自然觀察;第二階段是十九世紀嬰兒日記的研究成果;第三階段是有計畫的研究階段;第四階段是近幾十年兒童觀察法的普遍應用。

壹、源起

由人類的文化表現來看，藝術家往往是透過敏銳的心思將觀察的心得以作品呈現出來，科學家則善用科學儀器來追究觀察中所產生的疑問；藝術是一種觀察的感情及心得的表達與表現，科學則是觀察的合理解釋。人類對人類的興趣很早就表現在小說、雕像、繪畫、史實紀錄及醫學、教育和撫育孩子種種遺跡上。

人類歷史最早觀察兒童行為的是父母親，對自己嬰兒的觀察是愛的表現，再加上醫學不發達的時代，嬰兒的存活率很低，父母親期盼孩子健康的活下去，不得不時時刻刻觀察嬰兒的一舉一動。

及至十八、十九世紀，人們才開始重視教養孩子的方法，有許多流傳後世的著作在揭示如何教小孩、教什麼、孩子如何表現他的行為舉止，最重要的是，將孩子視為社會的一部分來關心及瞭解，例如下列的名著：

- Locke 的《教育漫談》（*Some Thought Concerning Education*, 1693）。
- Rousseau 的《愛彌兒》（*Emile*, 1762）。
- Pestalozzi 的《葛洛德如何教養子女》（*How Gertrude Teaches Her Children*, 1810）。
- Fröbel《人的教育》（*Education of Man*, 1826）。

貳、嬰兒日記

有系統的行為觀察則是用傳記、日記或行為的詳細記錄，記錄孩子在自然的生活環境中所出現的行為，並將之作成解釋或評論，發表出版。

第一位認為嬰兒的生活值得做記錄的人是德國的 Dietrich Tiedemann，他在1787年出版了以自己兒子出生至三歲的成長情形紀錄，雖然這種日記法被認為是研究兒童行為的第一個科學方法，就教育的研究來說有其價值，但是有些觀

察可能犯了一些錯誤。

1774 年，Pestalozzi 觀察自己三歲半兒子的成長並做記錄。

1877 年，Charles Darwin 也出版他自己孩子的紀錄，Darwin 的另一本書《物種原始》中，提到嬰兒是動物和人類的融合，在觀察嬰兒的時候可以瞥見物種本身的發展。1890 年代，嬰兒日記很快成為兒童研究的方法。

在 Darwin 的紀錄中，我們很難找到描述行為的詳實資料，但是他根據行為觀察所作的綜合思考卻很有參考價值。大部分的評論及結論是相當正確有參考的價值，但是有些評論卻顯出推論的誇張不當，以至於所得的結論缺乏說服力，下面舉一實例：

> 「他兩歲三個月，變成常常將書本或木棒丟擲冒犯他的人，我的幾個兒子也有這樣的行為，我的女兒卻完全沒有這樣的跡象，這使我想到：男孩天生就有丟擲東西的傾向。」

由這段 Darwin 的敘述中可以看到日記法的缺點：由少數樣本的行為特徵就推論到全體兒童的行為是相當危險的，這只能說是待驗證的假設而已，在未獲大量樣本的證實之前是不能代表所有兒童的行為特徵。

Darwin 做了一些實驗，例如摸嬰兒腳底、靠近嬰兒背部來觀察嬰兒的反應；他也做了動物和人的比較，他得到的判斷是：人類的嬰兒比狗聰明。

法國人 Gabriel Compayre 於 1896 年的著作《兒童智力與道德的發展》（*Intellectual and Moral Development of the Child*）中指出：能夠觀察兒童行為的是父母，因為父母是照顧孩子成長的人，觀察必須掌握重點才能進行。

1881 年，德國生理學家 Wilhelm Preyer 的著作《兒童的心理》（*The Mind of the Child*），期望將母親納入複雜的心理科學工作，希望喚起母親對嬰兒心智發展的興趣。他指出，並不是每一個人透過觀察所敘述出來的都是事實，因為一個孩子是活動的，注意力每刻都在轉變、表情變化迅速、牙牙不清的語音表達，想要根據觀察來一探行為的究竟是非常不容易的。他指出觀察孩子必須要有生理學及心理學的研究基礎，還要有極大的耐心，才能將自己投注在幾個

孩子的觀察目標上。

然而，Preyer 也和 Darwin 一樣犯了一些觀察的錯誤，例如他在其著作上寫著：「每個孩子剛出生的時候是聾的，沒有一個嬰兒能聽到聲音，在他生命的前幾週內，他聽不到母親愛的語言，除非大聲單調的聲音。」

Milicent W. Shinn 觀察她的姪女出生後三年內的日記作為博士論文的一部分，並陸續發表了數篇論文，於 1890 年彙集出版《嬰兒日記——生命的第一年》（ *The Biography of a Baby: The First Year of Life* ）。她用傳記法（biography method）保存一個單一孩子的紀錄，她也以比較法（comparative method）記錄一群樣本的行為。她認為以單一孩子無法安全的下結論，因為個體的特殊性會被誤認為一般性，然而要得到人類個體發育史的證據，還是得由一個個案的發展階段之展開過程來瞭解；簡單的說，人類發展的軌跡必須在同一個孩子身上觀察所發生的連續過程才能深入瞭解。

Shinn 的觀察記錄已經表現一種客觀負責的態度，Michelle Irwin 和 Margaret Bushnell（1980）的資料整理出 Shinn 的一些觀察態度如下。

Shinn 也用實驗的方法來觀察嬰兒對特殊刺激的反應，但她特別強調實驗不應該干擾嬰兒的自然發展及反應，因此她做得十分謹慎。她的觀察記錄十分瑣碎，但卻保持相當客觀的事實記錄，記錄很寫實，評論也十分小心，且有事實支持。

視覺有很大的進步。第二十五天接近傍晚，爐火邊祖母的膝上躺著嬰兒，安寧而滿足，以注意的神情凝視祖母的臉，我走過去靠近坐下，向嬰兒傾身，使我的臉在嬰兒的視線範圍中，那時她把視線轉到我臉上，以相同的注意凝視著，甚至於由她的眉與唇之微蹙看出她有點用力來凝視我的臉，然後她把視線轉向祖母的臉，又再轉到我的臉，如此重複好多次。最後她似乎將視線盯住我的肩頭，那兒有燈投射來的強光，她不僅轉移視線，而且也將頭向後仰以便看得更清楚，看了一會兒，用一種新的表情——一種微弱的渴望。她不僅瞪視（stared）而已，她是在真正的注視（looked）。

Shinn 的傳記法將嬰兒的年齡、觀察時間、情境、身體位置、情緒狀況、行為、表情都做了詳細的描寫，而且也寫下結論。

Charlotte Buhler第一次嘗試以一群嬰兒為樣本來蒐集觀察資料，1926 年，六十九位嬰兒在生命之前四個月一起被觀察，其中有五位是每個月都有進行觀察的，1930 年出版《生命的第一年》（*The First Year of Life*）。自此以後，日記法較少使用，其他觀察法開始出現（Irwin & Bushell, 1980）。

參、兒童研究

1879 年，W. Wundt（1832-1920）在德國萊比錫建立世界第一所心理實驗室，以內省法研究意識中的感覺、知覺、觀念的聯想。研究人類行為的方法開始在直接觀察法之外，並以有目的之問題詢問、實驗、測驗等方法，兒童研究的主要目的是瞭解人類兒童的成長及發展，許多有名的研究大多以大量樣本來進行縱貫研究。

A. Gesell（1880-1961）領導耶魯兒童發展診所（Yale Child Development Clinic）研究兒童，他們對正常兒童進行成長記錄，包括家庭的記錄、母親的觀察、身體測驗，以及測驗時兒童動作的圖片和測驗資料等。六星期大的嬰兒以特製的儀器在家中測量，大一點的則帶到診所長期觀察，通常是每天下午放在照相室中的臥床上，對嬰兒的行為予以照相而嬰兒並不覺察。他們以統計的方法求出大量資料的平均值，製成「動作發展常模」（motor development norms）。

Gesell 和 H. Thompson 以同卵雙生兒為對象，探討訓練嬰兒某些動作的效果，他對雙胞胎之 T 施以訓練，另一位 C 則無，訓練的項目包括堆積木、爬樓梯和手部協調，然訓練的效果只是短暫的，隨著年齡增長，兩個雙胞胎的表現並無差異，因此 Gesell 的結論是：成熟對人類基本動作的發展具有較大的影響力。

J. Piaget（1896-1980）以生物學的科學方法探究人類求知歷程。Piaget 曾參

與比奈實驗室的心理測驗編製工作，發現同一水準的兒童在錯誤的答案中也會有反覆出現的類型。他繼續追究下去，最後獲得一個結論：即使兒童的答案是錯誤的，在錯誤中也有闡明該發展階段的心理因素，因此從標準答案去瞭解兒童的思考無益於事，必須由「臨床方法」仔細追尋兒童思考的歷程。1920 年代到 1930 年代，他對自己的子女進行觀察分析，而以「兒童智力的開始」、「兒童的存在之組成」公諸於世，這些研究使他深信思考並非來自語言，而是來自行為，因此在方法上就把重點從語言中心轉移到以兒童的具體行為為中心。1941 年以「保存」（conservation）為中心，研究兒童概念形成的歷程。Piaget 曾言：他原以為兩三年即可結束兒童邏輯的研究，卻費了三十年的歲月，才將認識論公諸於世，可見兒童研究的不易。

1958 年，美國 B. L. White 接受幾家規模龐大的基金會及聯邦政府有關機關的贊助，與十幾位研究員合作，展開了如何教養兒童的研究，花費了數年的時間在醫院及家庭以綜貫法觀察、實驗兒童的行為，由初生始觀察其行為的出現，他們會什麼、不會什麼，並以一連串實驗觀察幼兒在日常生活對周遭事物之強烈反應。White 的研究結果發現一個月的嬰兒已經對環境刺激有許多反應，三歲兒童已經由環境有所學習。

以科學方法有目的的研究兒童，不但使人類行為的發展之普遍原則逐漸露出真相，也使探究兒童行為的方法多元化。直接觀察雖仍無法忽略，但運用一些工具，如觀察表、測驗、實驗工具、照相、攝影及錄音等方法也被採用。

1920 至 1930 年間，愈來愈多人投入實驗兒童心理學，為使大量資料化為可使用的形式，發展出兩種解決方法：一是以行為取樣來縮減，一是以代碼來處理。由 B. Caldwell 和 A. Honing 所發展出的錄音觀察法，以錄音機為資料蒐集的工具，以代碼記錄方式配合電腦的儲存及分析直接觀察的資料。

為瞭解某種行為長期受環境影響的情形，或因成熟而使行為發展的情形，將所需瞭解的行為做定期的長時間觀察來蒐集資料，並為縮減複雜資料為有用的資料，將複雜的觀察行為界定為具體明顯的觀察類目，也以行為發生最多之情境或時間之抽樣方法（sampling）來縮減觀察範圍及時間，以此系統方法長

時間蒐集某類行為之資料，作為提出該行為的發展之解釋或理論假設的依據。

肆、兒童觀察法的普遍應用

「教育工作者必須進行行為觀察」的觀念已經漸入人心，以前的教育專業課程中不論必修或選修都少有行為觀察的課程，而近幾年已經由選修而必修，更突顯行為觀察已經是非常普遍的專業技能，可能是受兩種思潮的影響：

一、進步主義教育思潮的影響

在傳統的教育制度及教學方法上，以教科書及老師為中心，由於兒童的學習過程和學習結果已經被教科書事先決定，老師權威式的教條也管理或制約了兒童行為的產生。行為觀察由教師在教學要求的條件偶有進行，卻是教師主觀的判斷為主，即使老師有做一些行為觀察的記錄，然而，所記錄的可能是主觀的判斷，即使記錄的是客觀的事實，資料的分析卻不被強調，因此在判斷時仍難以根據事實來判斷。

二十世紀教育哲學思想以進步主義為主流。進步主義反對傳統的教育，特別反對傳統教育抹煞學生的興趣，桎梏兒童的心靈，以及僵化兒童的主動性與創造性，因此進步主義大膽的進行教育革新的嘗試，產生了新教育的波濤。

然而，進步主義的實驗學校因過分強調學生本位，忽視了學習的內容及過程，並未成功，但卻點燃了開放教育的理念，如何在尊重孩子的教育方法中讓孩子進入學習之軌道。1960 年代的開放教育同時兼顧學生與學科學習，使學習情境及學習過程的安排一方面適應學生的興趣及能力，一方面顧及學科學習的內容。

學生的能力及興趣有個別差異，尊重孩子首先必須瞭解他，基於瞭解孩子而產生的教育措施才能適應孩子的需求。瞭解學生勢必透過觀察才能獲得真實的資料。

二、人本心理學的影響

人類行為的解釋，已從行為主義的聯結論發展至認知論。以聯結論來解釋人類的行為，認為「行為」就是由環境刺激引起的「反應」，學習是刺激與反應的機械性聯結；認知論卻認為行為是個體主動的自我決定而產生，學習行為是認知的歷程，個體必須對環境事物有一認識和瞭解才能獲得學習，強調人是有主動意識的，並非被動機械的接受環境的制約。

近年來，心理學上的熱門話題即人本心理學（humanistic psychology），強調行為的個別性，心理學要研究的不再是大家對行為的客觀或一致的看法，而在研究個人對自己主觀的看法，也就是自我觀念，人本心理學就是要研究影響行為的個體主觀心理現象，我們要瞭解的不是客觀的事實而已，而是要瞭解主觀的體驗，因此必須設身處地去瞭解當事者的處境及其主觀感受（郭為藩，1984）。

伍、觀察法的典範

人本心理學改變了行為觀察的重點：原來的觀察重點希望由觀察紀錄中整理並提出普遍的行為原則作為解釋個體行為的依據，而現在的觀察重點則以尊重當事者的個別差異主觀詮釋，及由當事者自我意識層面作為個別行為的解釋，行為觀察的目的由解釋普遍的行為原則而至解釋個別行為的意義。

1960年代以來，在美國量化的研究受到很大的質疑，批評者認為人類行為及其生活情境變項繁多而且錯綜複雜，量的研究為便於操作測量工具，把錯綜複雜的情境加以分割，並將要研究的變項孤立出來，這與事實的原貌並不一致，而且量的研究以控制、解釋和預測某些變項為目的，往往忽略了意義的詮釋。針對量化研究的缺失，遂逐漸發展出新的研究典範，即質的研究法（高敬文，1988）。

質的研究是受到歐陸思想的影響，如現象學、詮釋學和批判理論、符號互

動論及文化人類學的影響，雖然發展時間不長，但已形成另一種研究風尚（陳伯璋，1988）。質的研究乃針對現象深入的探討、反覆的詮釋，重視行為脈絡的內涵意義，對複雜行為的來龍去脈有深入的解析，對人類行為的理論建構或模式解釋很有貢獻。

　　以上的分析得知：因為教育潮流的影響，使行為觀察在教育上的地位愈來愈重要，然而有關行為觀察的科學方法之分析在目前國內的文獻仍嫌不足，大多只針對資料蒐集的方法作歸類或論述，在分析及解釋方面仍嫌模糊不清，使行為觀察的工作仍然偏於以非專業的一般觀察來進行。

討論問題

1. 請闡述專業自主的教師在教育職場工作中行為觀察的必要性。
2. 專業教師在教育職場工作中應掌握哪些行為觀察的目的？
3. 質的觀察與量的觀察如何在教育史上找出其發展脈絡？

你可知她想什麼？說什麼？做什麼？

①

②

③

④

照片說明範例

- 圖①：好癢
- 圖②：嚇死人
- 圖③：呀
- 圖④：我愛你

教育研究之行為觀察法

1. 透過研究獲得的「知識」及「理解」雖有不同的內涵（知識是普遍的，理解卻是現象的），但都應該可以被合理說明之，也應該有其脈絡系統，所以可以溝通清楚。

2. 教育的行為觀察是研究心智變化的過程，目的在瞭解教育對象的心智現象。傳統上是想瞭解普遍知識，新的趨勢則是瞭解個別的意義。

3. 以主觀的思維來解釋客觀之心智變化過程，可能有不同理解，透過溝通也可以發現共同點。透過許多個案觀察結果的溝通，找到的共通處，可能就是可以用來解釋心智的普遍知識。

4. 由於教育現象中教師是觀察者，教師（觀察者）的主觀理解和學生（被觀察者）之客觀心智現象，是有交互作用的。教師必須能省思自己的主觀，才能進入理解學生客觀的心智現象。

5. 主客觀之互動在觀察時是複雜的，需加以澄清，所以教育工作者的行為觀察必須透過學習，才能使觀察有其信度及效度。

6. 教育專業的行為觀察必須有科學研究的態度，以理性思索現象可能的來龍去脈，形成假設，暫時解釋心智改變過程，依據假設才能有方向的蒐集更多行為資訊。

7. 教育的觀察都是由表面行為推估行為之內在道理，觀察的結果很難以正確與否來論斷，只能以合理與否來批判。行為觀察的「方法論」是十分必要的。

8. 行為觀察是先有行為事實的發生，再由觀察來研究行為的道理，最重要則是要瞭解在教育中行為如何發生及改變，以推知心智現象的變化過程。

9. 行為觀察的工作中，不僅強調資料蒐集的方法，同時也使資料分析、結果的解釋符合研究方法，則為教育研究的行為觀察法。日記法、軼事記

錄法、樣本記錄等可說是符合質的觀察方法,而行為檢核表、觀察量表等則符合量的觀察方法。

10. 為避免觀察的偏見或主觀,觀察方法是很重要的,也就是如何蒐集行為資料進行分析解釋的方法。

11. 教學中的行為觀察促進師生之間的心智與意念的互動,透過行為觀察來進行教學的方式,是以學生的意念為出發,帶出他們的心智活動,以獲得學習。

12. 學習評量是蒐集學生學習過程中的資料,以判斷學生的學習成效是否達到學習目標。蒐集行為資料來判斷學習的結果也是重要的評量方法。

13. 班級經營的觀察就是蒐集學生同儕互動的資料,以經營出優質的文化,促進良性的互動。

14. 行為觀察的研究法有兩種典範(paradigm),就是質的觀察及量的觀察。

第一節　行為觀察的教育研究觀點

壹、行為理解與科學知識

　　所謂「研究」就是以科學的方法驗證知識的過程，而科學研究的目的就是在以證據瞭解現象、獲得知識。梁啟超在〈科學精神與東西文化〉一文中談及所謂的科學精神是：「求真知識、求有系統的真知識、求可以傳授的知識。」真知識有其客觀的普遍性之純道理。

　　行為觀察是一種教育研究的方法，可以視為在教育工作中針對行為的研究。教育乃是透過啟發與引導，促進學生行為及觀念之改變而獲得學習的過程，教育工作者必然會搜尋學生的行為現象，來對教育的方針及教育的效果等下判斷。而這蒐集資料下判斷的過程，也就是教育研究的過程，照理來說，也必須符合科學之正確與邏輯的要求。

　　然而，行為觀察是對行為現象的理解，不同於科學研究之求真實的證據。科學必須根據完整充分的證據才能解釋，行為觀察卻常常只能對行為事實而推論，因推測而解釋。行為的推論是根據已有事實推測未知，使事實所隱含的理由或規則能被解釋出來。

　　教育工作的行為觀察經常無法找到完整的事實來證明，而是依據觀察者所接收的片斷訊息來推測。教育工作者必須判斷行為的意義，學生的行為卻是一直在延續的發生中，然而老師對學生行為之知覺接收卻只能針對明顯之訊息，大多不明顯又可能重要的行為訊息不一定會被看到或知道，因此行為時常會有混沌難懂的情形。於是「計畫的或系統的觀察」就會發生，也就是「有計畫的行為觀察」會發生在行為隱晦不明卻需作合理的猜測、推論、判斷之時。這種刻意的觀察就是由觀察者的主觀理解或暫時的假設出發，然後再去找支持的證據，必須在延續的行為發生的過程中蒐集行為資料以資證明。

　　找證據是科學研究的需求，行為觀察也需要有證據支持以使觀察的解釋能有客觀合理的道理，例如，以反射動作、遺傳基因的行為、習慣的養成、模仿行為等道理來解釋行為。大多時候行為的解釋卻不能這麼簡單，大多行為的解釋是用推測的模糊狀態，很難說都完全用普遍的知識來解釋。

　　觀察結果針對行為現象的理解，常是觀察者的企圖，他想要解釋行為現象之部分，常因證據不足，無法肯定自信。由於行為的解釋大多是推測而得，並不見得有肯定或明顯證據，再加上行為是有其個別特殊性，並沒有一定的公式，而且現象面的主觀及客觀間的複雜，所以行為觀察的結果大多時候比科學研究的結果更難正確及合乎邏輯。

　　雖然如此，行為觀察的「理解」還是可以用科學研究的「知識」來譬喻。那就是行為觀察所得到行為的理解，也可以由科學知識的三者來看：可以合理的用語言符號或圖表說明，有其脈絡系統，也可以溝通清楚。觀察的結果是對行為的「理解」，一種脈絡系統的「理解」，一種可以溝通的「理解」。但無論如何，行為的理解卻並不一定是能解釋普遍現象之真知識。

　　然而，一再提醒的是：科學研究的「知識」與行為觀察的「理解」有不同的思維。「知識」有其絕對的及普遍的，而「理解」則是現象的及個別的。現象的理解不能完全推論到別的現象，因為別的現象也有其個別性，不能套用，所以對現象的理解並不是普遍的原則，而是只能解釋這個特殊個別的現象。

貳、行為的個別性——心智變化的世界

　　教育研究也因目的不同而有不同的研究思維，究竟人的心智世界有無絕對普遍的原則？或心智世界是每個人私自的現象，每個人都不一樣，有其個別性及獨特性？

　　傳統的教育研究被視為社會科學研究的一支，目的在尋找普遍原則或情境，可以幫助老師或政策決定者預估可能發生的事情，這是由經驗法則歸納出達到教育的最佳途徑。這種研究最初是在「教育心理學」範圍，例如 Pavlov、

Watson、Thorndike、Skinner 等學者的研究，都企圖以增強或獎賞來找出教育經營的行為管理法則。如今教育心理的這些研究結果已經被冷落，最近則是在「社會學」範圍，例如行政管理、課程與教學、教材教法的研究對教育工作者變得重要了。

然而，傳統的研究所得到的結論，只能說明前因後果關係，卻不能說明過程發生了什麼事情。無論教育心理學或社會學的研究，都企圖以系統的、控制的、歸納的、批判的方法，在自然發生的現象中，事先假設相關因素，進行蒐集資料，以驗證因素之間的因果關係是否成立。這種傳統的教育研究企圖以驗證因與果之假設的方法，來解釋所有的普遍現象之假設。其觀點不只企圖用在對有效教育的解釋，也提供政策決定者以隨機或控制的測量結果為證據。然而自變項（鈴聲、增強物、教材教法等）如何導致依變項（行為、學習結果等）之變化，過程中如何發生，卻像黑箱一樣不得而知。

教育過程是學習過程，教育目的在使學習者知道、瞭解、判斷、反省，得以有智慧的在環境中行動，很難擺脫心智變化的過程。心智變化雖受環境影響，但卻是個別現象的變化。學習者的心智過程（mental process）是行動的動力，這是教育工作者非常重要的參照架構，然而這參考架構是否每一個人都相同？當教育活動進行時，師生之間進行互動及協議，目的在引起學習者在互動情境中能夠「看出」及「瞭解」，而獲得學習，這個過程有全體一致的原則嗎？也就是說，學習者在建構他個人的學習，他個人現在想法會影響即將的行動，即將的行動會和前一個行動再建構出想法等，這麼複雜的過程可以用普遍的社會科學之因果關係的思維來解釋嗎？

行為觀察的目的是在個人心智變化的過程，而不在普遍之環境與行為交互作用之表面現象。如果說個別差異是必然的，那麼，這裡有一個世界很難當作普遍知識來研究，那就是每個人心智變化的世界。行為觀察想瞭解的心智變化過程有非常明顯的個別差異，就像指紋一樣，每個人不同，由於個別差異，很難以研究「科學知識」的普遍原則之思維來研究。

參、行為的客觀現象與主觀思維

由此看來，行為觀察的研究形成兩種思想途徑，一種是瞭解普遍原則（客觀的現象），一種是瞭解個別特殊的心智變化（主觀的思維）。「普遍客觀原則」認為行為現象雖然是獨立呈現的，然而卻有共同一致的原則，例如：笑是高興、哭是悲傷，不同的人行為發生的現象是一致的，不同的人來觀察，得到的結果是一樣的，而沒有觀察的人也可以由閱讀研究報告來獲得理解。而「個殊主觀思維」則認為每一個人是在呈現他自己的心智變化過程，例如：悲喜交加、福至心靈等，是個人內在主觀的感覺，想由行為中看出來是非常細膩的。

每個人自己細膩的心智變化過程，其實在他的心態來說，也是很自然想呈現出來的部分。正常的人對他個人「自我」核心的部分，大都會想要呈現出來得到別人認同與支持，因為那是他自己的存在意義。然而，那常常是模糊難解的部分，他自己也很難去檢驗自己的表達是否清楚，是否可以呈現出自己想呈現的部分讓別人理解。

由觀察者的心態來說，他雖然在觀察別人，但是他自我的部分仍然不甘寂寞，蠢蠢欲動。因此對被觀察者隱晦不明又很細膩的部分，觀察者常輕易的會用自己的經驗來為別人解釋，因此形成觀察者與被觀察者心智現象的交錯混淆。自然科學研究的現象變化是針對客觀現象的變化來探究，主觀因素可以站在一旁來看客觀現象，主客觀之間的互動各自獨立不混淆，而教育工作的觀察中，由於主客觀的互動使得主觀及客觀混淆一起。

教育職場的心智現象主客體是交替影響，並不像自然科學探究客觀的現象。就觀察者之主觀理解和被觀察者之客觀行為呈現，兩者是交錯複雜的。人在觀察另一個個人的行為時，常常靠「推己及人」、「人同此心」的推理才能對行為賦予意義。但是，觀察者所推理出來的解釋，說給被觀察者聽，並不一定會被接受，因為「推己及人」、「人同此心」的結果，其中就會混雜了觀察者自己的自我意念，並不一定是被觀察者真正的心智變化。

教育現象是人與人的互動現象，老師是師生互動的角色，也是觀察者，老師是學生行為的詮釋者（觀察），卻又必須針對自己的行為來自我詮釋（省思）。這種主體與客體同時都必須被處理，就造成老師在觀察時主客體混淆一起。老師必須要有能力處理這樣的現象，老師在工作進行中必須觀察別人，也必須反省自己，才能釐清主觀部分，看到被觀察者真實行為的意義，不斷詮釋出被觀察者的心智變化。

肆、主觀之間的溝通產生客觀原則

心智變化及心理過程是個別特殊的，像每個人的指紋是獨一的，但是仍然異中有雷同或類似的情節，這就會形成解釋人類行為的客觀原則。因此在行為觀察上，主觀與客觀的差異就產生了新的界定：主觀是個人不被他人接受但是仍然自我堅持的部分，就像指紋，每個人有其獨特性及唯一性；客觀則是自己和大家的想法雷同的部分，可能會是大家都認可的客觀原則，就像指紋仍然可以區分為幾種類型。

每個人都有主觀，主觀之間如果透過溝通，會發現其實也有大家雷同或一致的部分。溝通是在協商人與人彼此的觀點，分享相同的觀點，期望找到共識的部分，也就是從每個人的主觀中找出共同點或相似點，就變成大家的客觀。因此，心智現象所謂的「事實」（或說對一般現象的解釋），常常就是諸多個案之理解互相發表之後，達到「共識」的部分。「共識」是彼此都願意接受的部分，如此一來，不同個體的主觀有時也可以形成大多數人都同意的客觀，最後達成大家接受的一般原則。然而這過程是慢慢熬煉的，透過彼此的同理心、互相體諒與瞭解、互相建構思維等漫長過程，調整或統整出大家都認同的結果。

教育研究中無法避免由研究者自己出發，作其主觀的價值判斷以及主觀詮釋現象，可能會備受質疑。Richard Pring（2000）所著的《教育研究的哲學》（*Philosophy of Educational Research*）一書中指出，英美國家政府投資要求老師進行行動研究，還是無法集結相關的知識來培養老師成為有研究基礎的專業

（research-based profession），教育研究無法像醫生一樣能用清楚的證據來支持其技術或知識，來表現專業的觀察或研究結果。因此，新的教育研究趨勢，較傾向於個別的教育現象中心智交互的過程之解釋。

伍、教育過程之科學研究

事實上，教育過程是緩慢與不確定的，導致科學研究應用在教育的失敗。科學研究講究證據與明確的測量，然而教育現象針對人的心智過程之解釋，較難有明確的證據與評量。因此教育很難真正的科學化，而是依賴研究者主觀看法，或直覺推理，以及無法驗證的觀點。就如 Piaget 的研究並非嚴謹的科學研究，而是得自於他個人的學識以及過人之推理，將人類認知過程以極少的個案深入蒐集資料，有所依據的解釋出來，說服人類，被推崇為解釋人類認知發展的理論。

研究者的推理與詮釋是研究心智活動必經的過程；若非如此，複雜的心智流動就無法賦予意義。複雜的心智正如冰山沉潛在海平面下的部分，必須由浮在表面的那一塊來推估其存在，如果教育工作者無法針對個別行為現象來作推理、透視，就無法解釋個別心智，也無法賦予心智過程的意義。無法由心智現象推論到心智過程，就無法透過溝通而解釋到心智的普遍知識。

然而，由已知推估未知，由現象推估內在的過程，在科學研究中也有一席之地，就是大膽假設。教育的工作也是一連串假設的過程，有了假設，才會設定合理的期望或目標，決定行動，並根據行動結果來評量是否達到目標，這一連串的工作都需要根據行為觀察的假設來進行，評量可說是驗證假設的方法，也需要透過觀察蒐集資料以獲得驗證。根據已知的資料推估未知的內在意涵，這是需要理性思維及推理，以及引用已有的知識才能做到的事情。這也是科學研究的重要態度。

陸、行為觀察的研究態度

所謂「研究態度」，就是在實務工作中時時講究依據資料來推理、繼續求實證及最後效果的態度。一般教育工作中的觀察，老師和學生互動可能會落入自以為是的判斷及行動，並未掌握學生的心智變化，這就不夠科學。行為觀察是為研究學生行為的心智變化，是要針對「學生行為事實的過程」之現象來瞭解，如果行為事實的資料蒐集不夠就產生判斷，就是沒有研究態度的觀察。

為某一問題找出解決之道便是「方法之尋求」。教育研究總是在教育問題發生之後，也就是說，教育實務進行中有問題發生再找方法來做研究，不像其他學科，先有研究結論之依據，才再有實務的設計或安排（賈馥茗，1988）。行為觀察是教育研究方法之一，行為是在教育工作進行時時刻刻發生的，主客觀之間的自然互動在教育處置中進行，並沒有被事先設計及安排，當行為發生難解之處，才會設計觀察方法，進行行為事實的蒐集，針對資料分析解釋。因此，行為觀察也是先有行為事實的發生，碰到難解之問題，再設計觀察方法來研究行為的道理。

觀察方法的設計就是要解決主客觀互動的混淆，主觀的解釋需要尋求客觀的事實支持。如何進行才能蒐集到行為的真實資料？如何分析這些資料，才能解釋在教育中行為如何發生及改變？在教育過程中，判斷心智現象的變化，及決定實務工作之進行，是需要方法才不至於落入主觀的窠臼。基本上，行為觀察就是針對行為之事實現象進行教育研究。

自從教育研究受到重視後，早已脫離哲學和史學的研究領域，加入了對教育現象或事實的瞭解。科學是運用系統方法處理問題，發現事實真相，並盡量探究原理原則的學問（張春興，1975）。科學是需要「大量量化」以求統計的驗證，然而教育的「品質」是否能以大量量化探究其過程？這是頗讓人深思的問題。其實，吾人尚無法確定教育是不是「科學」，並無法判斷以「科學方法」研究教育的效果，因此，教育的研究也企圖以人類學、社會學，甚至經濟學使

用的研究方法（賈馥茗，1988）。

行為觀察是教育研究的方法之一，教育研究並沒有特定的方法，但是研究的態度卻是可以比照科學研究之蒐集客觀事實，以及主觀大膽假設。行為觀察的資料蒐集應該忠於事實，但是為能蒐集關鍵及重要的行為資料，必須有所計畫而進行，也需要多方取樣，以避免先入為主或斷章取義。如果把方法當作工具時，一種工作需要多樣工具，每一樣工具不能單獨完成工作的目的，但是幾乎所有的研究只能選擇一種研究方法來進行研究，當然在結果的解釋上就有其不夠完整周延之處，因此「大膽假設」和「懷疑及求證」也是重要的教育研究態度。

柒、量化與質化的資料

基本上，教育研究是在探究心智現象，但是有兩種目的，傳統上是想瞭解普遍原則，新近的趨勢則是瞭解個別的意義。教育研究的方法有觀察、調查、實驗、訪談、內容分析、個案研究、行動研究等。如果想用這些方法解釋心智現象的普遍原則，就會用大量的資料作系統化、數字化的比較，以歸納出普遍的影響因素；如果用這些方法解釋心智現象的個別意義，就會以深入探討的質性文字作深入的描述、分析及綜合出個案心智脈絡的解釋。

教育研究因受自然科學量化研究典範的影響，也以量的資料作為客觀的實徵資料，量化資料的來源是以客觀有效的量表為工具進行事實的量化記錄，就像是以公分為單位來測量長度一樣，期望用相同的工具及量化的單位達到客觀化的標準。

1960年代以來，在美國量化的研究受到很大的質疑，批評者認為人類行為及其生活情境變項繁多而且錯綜複雜，量的研究為便於操作測量工具，把錯綜複雜的情境加以分割，並將要研究的變項孤立出來，這與事實的原貌並不一致，而且量的研究以控制、解釋和預測某些變項為目的，往往忽略了意義的詮釋。針對量化研究的缺失，遂逐漸發展出新的研究典範，即質的研究法（高敬文，

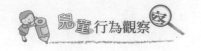

1988）。

　　質的研究是受到歐陸思想的影響，如現象學、詮釋學和批判理論、符號互動論及文化人類學的影響，雖然發展時間不長，但已形成另一種研究風尚（陳伯璋，1988）。

　　現有的行為觀察方法有日記法、軼事記錄法、樣本記錄、行為檢核表、觀察量表等，這些觀察法大多只重視如何蒐集被觀察者行為資料的方法，至於如何解釋行為的意義似乎仍渾沌不清。

　　日記法、軼事記錄法、樣本記錄等可說是符合質的研究方法，而行為檢核表、觀察量表等則符合量的研究方法。若在行為觀察的工作中，不僅強調資料蒐集的方法，同時也使資料分析、結果的解釋符合研究方法，則為教育研究的行為觀察法。

第二節　教育工作者的行為觀察

壹、專業觀察的要求

　　教育工作中必然會進行行為觀察，目的在瞭解教育對象的心智現象。即使並未將「行為觀察」當作每天例行的工作，但是在教育過程中，察其所以、觀其所由之事，時時刻刻都會發生，然而，帶有偏見的觀察也時刻會發生。行為觀察和教育成敗可說是息息相關的，正確合理的觀察是教育工作者應該有的專業能力。

　　教育工作中能稱得上專業的觀察，常是比較正式的觀察。在教育工作的正式觀察中，觀察者常常被要求學習專業觀察的技術。雖然觀察是人天生就會的本能，但是為求觀察的可靠及觀察的信度和效度，要求觀察必須客觀，避免主觀的過多介入。諸多原因，在比較嚴謹的工作上，觀察常會用觀察表，或者在觀察工作中列出一些基本要求。行為觀察是教育研究法之一，也是學習評量的

方法（Tyler, 1949），從教學來看，行為觀察是教師評量其教學及學生學習效果的方法之一，觀察可以判斷教學方法或內容的效果；從心理輔導來看，行為觀察可以分為旁觀的觀察及參與的觀察；就班級經營來看，行為觀察係學生團體互動行為及班級文化的瞭解。

　　經過觀察表或觀察指引而進行的觀察，會比較受到信任。一般人平時將自己的觀察說給別人聽，常常會被批評為這是個人的主觀，很難說服別人。一般人由天性或本能出發的觀察，很容易犯上濫用自己的主觀先入為主之知覺，或也會固著於客觀的訊息而以偏概全或斷章取義之觀察誤失而不自知。教育工作者的觀察如果以這種「自以為是」的觀察，那麼在教育孩子時就會發自自己的成見或偏見，這就忽視被觀察者自我層面，就是一種權威僵化的教育。教育專業的觀察基本上都會列出觀察的原則，以避免「自以為是」。在第三章已經列舉八項專業觀察的基本能力，或也可以說是專業觀察的原則。

　　由此而知，教育工作者的行為觀察，必須在觀察本能反應之上來重新學習。由於觀察就是由表面行為推估行為之內在道理，教育專業的觀察必須學習蒐集客觀資訊的正確方法，以及理性的思考及判斷，以在觀察過程中有所依循。其實，即使觀察過程中審慎小心，仍然使主觀介入很多，因此觀察的結果很難以正確與否來論斷，只能以合理與否來批判。然而即使求不著完全的正確，也要自我提醒主觀因素可能犯的錯誤，以避免武斷的運用不實的觀察結果。因此，行為觀察的「方法論」是十分必要的。

貳、教學的行為觀察

　　教學過程以心理學的觀點來分析，即「教導心理學」（psychology of instruction），是研究教學活動中師生的行為。目的在提供有效教學的原理原則，以說明、預測與控制教學行為，增進教學效果並達成教學目標（朱敬先，1987）。教學表面上係師生教與學的行為，事實而言，實乃師生之間的「心智」或「意念」之互動。教師對學生學習內容及方法有了瞭解，而產生意念、

觀點或看法，才能在課程設計、環境布置、教材教具等安排引導學生的學習；而學習不只是促進學生行為的改變，更重要的是內在動機、意念、價值體系之系統轉變或成長。

　　為使教學有效，必須強調學習心理學及認知心理學。教學的歷程是：教師的知覺與認知過程→教師的行動→引導學生的知覺與認知過程→學生的行動（吳靜吉，1988）。教學上認知問題有：教師的思考判斷、解決問題與作決定中如何產生教學行為？學生如何對教室中所接觸的教學刺激意義化？教學對學生所產生的立即的及中間的認知過程為何？如何將學生的認知策略運用在教學上等（張鈿富，1992）。教師要解決這些問題，除了專業知識及經驗之外，時時進行觀察、判斷、回饋、自省、調適也是非常重要的。

　　課程中兒童是主要的貢獻者，教師卻是作決定者，監控兒童經驗的輸入及輸出，是由觀察兒童的遊戲中決定兒童的經驗（Cassidy & Lancaster, 1993）。

　　為教學而進行的觀察也必須有專業的訓練，否則很容易流於老師主觀的泥淖中。Katz（1993）對一般人所言之「兒童中心」（child centered）提出評論，認為兒童中心的思想會導致教師對兒童的放任，所以 Katz 以「兒童感應」（child sensitive）來代替先前之兒童中心，教師在安排兒童有興趣的主題上，必須判斷兒童的諸多興趣中哪些有學習的價值，可以引導兒童步上更深入的領悟。然而，對兒童感應如果只透過教師的心領神會很難落實，教師的偏見也會影響結果，Spodek指出觀察目的及教育理論會影響觀察結果，教師所觀察的並不是兒童自然真實的內在，觀察中的兒童行為似乎總是反映出教師的價值判斷，因此，直接影響觀察判斷只是教師原來的價值判斷而已。

參、學習評量中的行為觀察

　　教師的責任在於促進學生的學習，透過教學與輔導來進行。然而，學生學習的結果如何？中途的困難？教育目的達到了沒有？則需要透過一道學習中的正式手續來瞭解或檢核，這道手續稱為「評量」（evaluation）。

評量的界定是：「記述、獲取和提供有用資料以評斷某種方案之效能而作決定的歷程。」「評量是獲取資訊，進而形成判斷，並據以作成決定的過程。」「評量是用科學的方法和途徑，多方面蒐集事實資料，在參照合理的衡量標準，加以比較分析與綜合研判的系列過程。」（簡茂發，1989）

觀察並做記錄是教學評量及學習評量的主要方法，如果想要真正瞭解兒童，觀察必須客觀可靠，有信度及效度，資料的蒐集必須確實可靠，資料的分析必須透過合理的思考，觀察的判斷必須有足夠的證據，也需解釋到行為過程或問題的真正癥結。

質的觀察是以文字記錄觀察者所覺察的現象，並分析及提出對個別兒童行為的解釋，教師在每日與兒童的互動中，將某些教師認為特別不易瞭解的行為真實描述出來（客觀事實的描寫不夾雜主觀的看法），以幫助教師客觀的瞭解行為的意義，或其延續的過程。

量的觀察則是以觀察工具（行為檢核表、量表、系統觀察表或測驗等）來記錄行為出現的對錯、次數、程度等，以比較團體中個別差異。「實作評估」（performance-based assessment），即在兒童的行動中進行評估，是要靠教師的每天觀察及判斷（Pierson & Beck, 1993; Schweinhart, 1993），Meisel（1993）提出以兒童的工作行為樣本製作發展檢核表（checklist）來記錄及解釋。透過教師之觀察及判斷，教師在教學的設計上更能掌握兒童的學習及發展，也能與家長作有效溝通，使教師的教學更具專業性（Bergan & Feld, 1993; Hills, 1993）。

肆、班級經營的行為觀察

老師面對班級團體時，要求其分別去觀察瞭解每一位學生會使工作十分龐雜。瞭解每一個成員也是老師的責任，以便因材施教。但是針對每一個學生的個性、興趣、能力及行為發展的背景來瞭解似乎相當複雜，而且速度太慢，有時對整個班級的經營會緩不濟急，所以老師在班級經營的工作，必須對班級整

體來瞭解。

　　班級就是一個團體，團體中有其文化的默契、規範的約束、行為的互動、作業分配、團體服務的結構等。班級經營的目的在於藉由這些團體因素促進以學生學習成長為目的的管理、支持及運作。

　　學生不僅在正式的課程及教學中學習，學生也受到環境設備、空間大小及同儕互動的影響，因此教師的任務不只是在教學上而已，更生活化的任務是幫助學生適應班級團體，使班級有良性的互動及發揮正向的影響。

　　行為觀察幫助老師瞭解班級整體的運作、影響的情形，以引導班級優良的風尚，及早去除班級不良影響的因素。

　　老師為了方便瞭解學生而作歸類，必須依據學生平常自然互動的小團體。如果老師對班級學生的歸類是以外在條件的歸類方式，例如：家族、父母職業或家庭社經水準、宗教信仰來歸類，很容易產生偏見，混淆了學生真實的行為或思想。老師必須以學生在班級活動時實際表現的互動行為來歸類，對常在一起的學生做小團體觀察，同時可以觀察到整體與個別。透過這種班級小團體的觀察，老師可以瞭解主要的班級互動自然產生的結構，或重要的班級行為問題，以作為班級文化之引導、班級常規之訂定或團體教學的參照。也就是說，適當的歸類是需要的，可以幫助老師由同儕互動中的次文化來瞭解班級的人際動力。

　　一個新任老師為使教學及班級管理達到效果，首要工作便是瞭解班級文化，以掌握與學生間的有效互動（Ruane, 1989）。而教師瞭解班級文化的方法即由學生互動中來觀察蒐集事實資料，或由訪談學生中來瞭解。

　　班級文化的形成，教師的介入有其「模糊不確定的角色」，因為教師不可能以權威的方式來引領班級文化之產生，這麼做反而可能「醞釀」成另一種「將老師排外」或「與教師期望對立」之班級文化。因此，教師在班級文化形成的過程更需要「停、看、聽」，以正確的推測多數學生的想法或行為反應等，作為因勢利導形成正向的班級文化之參照架構，這麼做才不至於會被「排外」。所謂正向的班級文化也並非教師事先策劃好以目標導向之發展，而是師生在教室及學校環境互動下發展出來的。

老師在師生互動中，想的及做的並不一定達到預期的後果。例如：想要把握感情氣氛的教師，卻不一定做到班級正向感情的氣氛（Prawat & Nickerson, 1985）。因此在師生互動之中，老師的角色不能只是發出訊息或掌控全局的人，必須還有一些智慧去瞭解學生對他的接受及反應，這就非觀察不可。

在師生互動中，介入同儕互動的師生互動較有其不確定性（uncertainty）及曖昧不清的（ambiguity），老師必須知道，這並不是做他已經知道怎麼做的部分，而是在介入的節骨眼中，老師必須憑他的感覺及思考來面對。McLean（1989） 提出六個介入同儕互動的範圍：(1)發展共識；(2)幫助兒童參與同儕遊戲團體；(3)介入兒童的扮演遊戲；(4)利用社會規則；(5)解決同儕互動的衝突；(6)安排物理環境以增進同儕互動。

任何班級團體的運作雖然有其常規的執行，但在班級團體中仍有許多行為或活動是在班級常規範圍之外可能發生的。如果這些行為雖違反班級常規，卻不會破壞常規，則可以由個別輔導來處理；如果這些行為足以造成破壞常規，或影響班級團體的學習運作，則需要由團體輔導來處理。

老師對班級行為的瞭解需要用觀察的方法蒐集學生的行為資料，有時也要以訪談的方法來詢問探究學生的想法。

輔導班級問題可以分為六個程序：覺察、診斷、處方、輔導、評量、追蹤（李錫津，1993）。覺察中，行為觀察的能力是不可忽視的，不僅要注意學生的行為，而且要不斷去分析、判斷，提出可能的假設，而不應該視而不見、聽而不聞，或以為可怕的事情不會發生。如果事情已經到了無法挽回的地步，老師必須負起疏忽的責任。

伍、心理輔導的行為觀察

輔導是一種教育的歷程，在輔導的歷程中，受過專業的輔導人員協助受輔者瞭解自己、適應環境，並且根據自己的條件、能力、興趣、經驗、需求等，尋找有益的生活目標。

行為觀察是諮商輔導工作過程中必備的技巧。諮商輔導的方法，常常並不是先作好計畫，再依計畫進行；而是由過程中觀察，由觀察所作的假設性判斷，才決定輔導方法。有觀察，有了假設性的判斷，才設計輔導方法，而輔導方法的進行，就是驗證假設的判斷是否正確。

心理輔導的方法很多，面對面的諮商是最基本的技術，諮商分為「指導式諮商」及「非指導式諮商」。「指導式諮商」的特徵為諮商員是主導的地位，指導受輔者如何瞭解自己、認識環境、計畫將來及解決眼前的問題等，指導式諮商重視心理測驗及分析受輔者的資料，根據這些資料，諮商員可以作指導性的建議。「非指導式諮商」將輔導過程視為受輔者自我成長的教育機會，諮商者所要做的事是讓受輔者感到被接納、被支持，而自願自己去澄清觀念、認識自己問題所在，自己主動解決問題。諮商者要像一面鏡子，幫助受輔者澄清、認識、發現，諮商者的技巧有傾聽、同理心、反映、引導等。

指導式諮商與非指導式諮商並非截然劃分的，而是互融在輔導工作中。會談、心理測驗、個人資料分析、引導受輔者自覺等是心理輔導的過程，在過程中，行為觀察雖未被強調，但卻是不可缺少的技術。專業的行為觀察可以幫助正確的行為判斷及建立信任關係，心理輔導中的同理心、反映、引導等都需要以「瞭解」為基礎，有瞭解才能作出適宜的同理心、反映、引導，適宜的同理心、反映、引導，才能被受輔者接受而建立信任關係。

心理輔導之行為觀察常常與會談有密切關係。「指導式諮商」之會談前，諮商者必須蒐集足夠的受輔者資料，特別是心理測驗的資料，諮商者以這些資料來協助受輔者。「非指導式諮商」諮商者則在會談當下透過傾聽、同理心或觀察受輔者的表情、肢體語言等而體會受輔者此時此刻的想法及情緒，諮商者對受輔者之體會是要用來反映給受輔者，使受輔者更能接納他自己。諮商者的觀察判斷止於受輔者此時此刻的想法及情緒，並不作過多的推論，否則就成指導式諮商。然而，輔導工作中指導式諮商與非指導式諮商非截然劃分的，而是互融在輔導工作中。

「指導式諮商」需要客觀的工具幫助諮商者下判斷，以勸導、說服的方法

來指示或糾正受輔者,「非指導式諮商」則需要諮商者進入受輔者的心靈世界,陪伴受輔者心靈的活動,使受輔者能自我澄清及自願自己決定解決問題。前者強調客觀正確的診斷,後者強調主觀的同理心以分享心靈的活動。

第三節 行為觀察的策略

壹、觀察策略的意義

　　教育工作者為瞭解教育對象而做的行為觀察,切切不可由觀察本能出發,因為由本能出發的觀察除了容易犯上觀察誤失之外,也容易犯上權威式的教育方式,忽視教育對象之主動性及自我層面。

　　觀察者在進行觀察時如果沒有事先的計畫與思慮,很可能產生許多困惑,不知從何著手,例如害怕蒐集不到主題有關的資料、害怕來不及記錄、害怕影響干擾被觀察者的行為反應、害怕主觀的介入等等。

　　現有的行為觀察的方法有日記法、軼事記錄法、樣本記錄、行為檢核表、觀察量表等,這些觀察法大多只重視觀察者蒐集被觀察者行為資料的方法,至於如何使資料達到客觀確實、如何分析資料、如何提出解釋等要點上,似乎仍渾沌不清。

　　要為某一方面找出道理便是「方法」,有系統的、客觀的方法就是科學研究的方法,教育學的研究方法早已使教育脫離哲學的領域,而對教育現象及事實加以有系統的蒐集資料、分析、提出解釋、有效推論等,這也就是觀察策略。

　　從教育研究法及學習評量來看,行為觀察可以分為質的觀察及量的觀察;從心理輔導來看,行為觀察可以分為旁觀的觀察及參與的觀察。量的觀察是透過工具蒐集客觀的資料,必須是旁觀的;質的觀察則以觀察者本身為工具,所以必須是參與的觀察。

貳、行為觀察的兩種典範

　　行為觀察的兩種典範（paradigm）就是質的觀察及量的觀察，傳統的量的研究典範，是承認「社會」比「個人」重要。社會是個人意識詮釋之外的客觀實體，也就是社會的實際現象雖然是由許多個人的行為交互作用而形成的，但是社會現實卻超越個人的勢力，而自成生命力量，個人的存在只不過剛好生活在這社會實體中，所以個人是受這社會的制約及控制的。有了這個假設，對生存於社會中的個體便可以用「客觀」的途徑去分析、解釋和預測。量的觀察方法便是發覺存在個體之外的可觀察、可記錄的行為變項，而以規律性及一致的標準來記錄其次數、等級或數量等，並以統計的方法作分析、比較及解釋、推論等。

　　然而，實際社會現象是複雜多變的，若被化約為固定的指標，這些指標是否能解釋所有的實質內涵？社會現象是否獨立存在於人的詮釋之外？而且不同個體的詮釋是否一致？這些都是值得懷疑的。量的觀察想要找到人類共同、一致的經驗，將之作為量化工具的根據，卻忽略了人類一致的經驗有其限制，而且相同的經驗也很難找到一致的詮釋標準。若找到的一致經驗只是人類經驗的一小部分，而且其經驗的詮釋又很難一致，又如何以這些標準解釋行為的意義？

　　因此，質的觀察並不事先訂定觀察的標準，而是以被觀察者個人經驗的自然展開為觀察的範圍，並注重被觀察者個人的詮釋為觀察的目的，由個人的經驗世界瞭解其內在的世界。

　　例如，學校中以分數來代表學生學習的結果似乎非常客觀，分數高代表學習結果佳，分數低代表學習結果差，事實上這種一致性的標準只能說明社會、學校或老師所期望的學習結果，並不能代表學生在學習過程中是否努力及其經驗成長的情形，甚至也不能代表他對學習的詮釋，例如是否喜歡這學科或學了這學科對他自己有無助益等，而這些在分數上無法表達的部分才是學習經驗的重要部分，也是決定學生是否真正達到學習效果的部分。另外，學生對分數的

詮釋也不一定一致,且與社會、學校或老師的詮釋也未必一樣。成績高的學生,有的認為自己已經學成而自滿,有的則認為是一種鼓勵而對該學科有興趣,願意繼續深入學習;成績低的學生,有的認為應再努力以迎頭趕上,有的則認為自己能力差而自暴自棄,甚至有的學生根本不在乎成績。質的觀察即針對這些量的觀察結果無法表達的部分進行觀察瞭解,真正瞭解個體的經驗世界及自我的詮釋。

行為觀察時,觀察者的角色也因為是否介入被觀察者的活動而有不同的效果:如果觀察者完全以旁觀的態度、不介入被觀察者的活動,甚至不讓被觀察者知道他被觀察,這種觀察者的角色維持著「冷眼旁觀」式的客觀資料蒐集及分析,但卻只能瞭解被觀察者的表面行為,而不能深入被觀察者的心靈世界。

質的觀察和量的觀察是以兩種完全不同的研究典範,其差異分析如下:

一、世界觀

量的研究將人類世界視作已被決定的客觀實體,其存在因其既有的法則,而不因個人的個別經驗及詮釋而改變。質的研究則將人類世界視作不斷改變的複雜歷程,因個人與個人、團體與團體的互動而不斷的變化。

二、觀察重點

量的研究是以相同單位的觀察衡量多數社會結構或多位個人經驗中的客觀存在的事實,例如班級社會互動行為的觀察,是觀察許多班級的人數、教室大小、師生比例、社會行為類別等。質的研究則觀察個別或特殊現象中的展開性變化過程,例如班級社會互動行為的觀察,觀察某一個班級情境中所發生的師生互動行為及同儕互動行為的發展。

三、觀察資料的蒐集

量的研究有其客觀的觀察工具以為觀察記錄的尺度,例如測驗、問卷、檢核表、評量工具等,這些工具必有其信度及效度以示其客觀性及準確性。質的

研究不使用任何測量行為的工具,最多是使用協助行為記錄的工具,如錄影機、錄音機、照相機等,但是不管使用什麼器材,觀察者本身是最必要的觀察工具,因為機器的行為記錄雖有其準確性及客觀性,但卻有其限制,機器無法作觀察角度或觀察要項的調整,因此機器所記錄的很可能是片面的、零散的,及無法作意義的聯貫,也許也不是重要的層面。觀察者本身是質的研究必要的工具,觀察者以其感官接收的行為觀察資料,以文字敘實的方法做記錄,為使觀察客觀、詳實及深入,觀察時間及次數較多較長。

四、觀察資料的分析

量的研究根據分類或序列來發現現象的外表特徵,以固定尺度來測量可操作、可觀察記錄次數或等級的變項,所以其資料分析的方法是以統計方式來計算團體平均,或個人在團體中的標準分數或百分等級等。質的觀察資料分析則是將文字所描述的要點摘要出來,並發現觀察未明之疑難問題,以作為下一次觀察的指引。

五、觀察結果的解釋

量的觀察結果是解釋被觀察變項行為的出現頻率及在該被觀察變項行為上,團體與團體、個人與個人間的比較。質的觀察結果則在於對個別的或特殊現象或行為發展的來龍去脈深入探究。

六、觀察的歷程

質是內在的、絕對的、不可分割的,而量是可分割並可重組計算的,現實的存在本是一種很難分割的,量的研究若要將之分割並利用統計處理,應先有完整的學說理論根據才使統計的結果具有意義。

量的研究歷程及質的研究歷程是完全不同的,量的研究歷程為:理論→假設→製作工具→以工具蒐集觀察資料→以統計整理資料→驗證假設→推理→通則。

質的研究歷程為：觀察者進入觀察情境→以文字詳實、客觀的記錄→分析記錄資料並繼續觀察工作→再分析、再觀察→整體的瞭解→特殊化的瞭解→假設性的解釋。

七、觀察結果的應用

量的研究由於蒐集大量資料作成統計結果，所以可以根據數字資料作推論及預測，但質的研究只就個別現象作深入探討，因此其結果不能套用在不同的個別現象上，故僅能就觀察的個別現象作瞭解與解釋，而不作推論及預測。

研究方法是「解謎」的方法，研究者以共同典範為基礎，也就是信守相同的研究規則及標準。由以上分析得知，質的研究與量的研究是兩種不同的典範，其觀念、價值及技術各有不同。

量的觀察容易犯的觀察誤失有不正確的推論、先判斷後觀察、期望的影響、社會分辨的影響、教育理論或原則的套用、觀察工具的誤用等。但是量的觀察有理論及工具，因而省時、省力，且可大量使用，在今日學校教育及班級教學的體制下，不失為瞭解團體學生的共通性行為傾向及鑑別個別學生的行為偏差的方法。

質的觀察有其缺點，例如費時、費精力，而且只能針對微觀的現象解釋。質的觀察容易犯的觀察誤失則為：過分鄙視數字或文件資料，而太強調詮釋與批判，因而容易忽略資料蒐集及分析的客觀性，使觀察結果的解釋落於觀察主題的實際現象之外。但質的觀察可以彌補量的觀察的不足，尤其在個別教學及個別輔導時，可以深入瞭解個別學生之行為徵狀及其心理現象。

參、結構式觀察策略

依據一定的觀察記錄表來記錄，觀察主題、觀察情境、觀察事件的項目、觀察時間間隔、觀察者的角色等都界定十分清楚，觀察必須按照這緊密的設計來控制。

結構式觀察策略對要觀察的行為都作好界定,而且也都預測什麼情境、時間會發生什麼類型的行為,行為的後果也作了相當程度的預估,因此事前可將觀察記錄的細節都作好決定,觀察的行為也都可以訂下操作性定義以及記錄的符號。這種觀察法的優點是:

1. 可以事先考慮觀察的信度及效度,在短時間就可以有效的大量蒐集可靠的資料。
2. 可以使用在不同的被觀察者,但是必須屬於同一母群的被觀察者。
3. 觀察者的角色屬於非參與的觀察,避免參與時的主觀及複雜,以維持客觀的記錄。
4. 以量的統計方法整理資料,相當客觀。
5. 可以驗證觀察之前所提出的假設。

這種觀察法的缺點是無法深入發現尚未被假設的部分。因為結構式觀察都在事先界定及控制,在觀察進行中只能按部就班來執行觀察的任務,雖然非常客觀,但卻未讓觀察者發揮其個人的敏銳度及判斷力,很難在觀察歷程中有新的發現。

這種觀察法事先的設計必須非常周密,否則所蒐集的資料有所偏差,統計出來的結果並不能針對主題來解釋或驗證到假設,那就功虧一簣了。

肆、非結構式觀察策略

對觀察主題的探究在事先並未作嚴謹的計畫,只作更具彈性及開放式的設計,整個計畫是在觀察進行中逐步展開,在實施過程之中,逐漸修改而明朗、具體及實際化。

非結構式觀察並非隨便為之,只是更依據觀察者在觀察過程中的敏銳及理性所作的判斷及假設,觀察者必須時時考慮資料的客觀及判斷的理性,以使觀察具有信度及效度。這種觀察法的最大特色是資料蒐集及分析是參差進行的,

而分析就必須由理智來執行，分析之後再去資料蒐集，再分析，使分析的過程中能不斷有資料來支持，不受支持的分析也許就會被修正。這種觀察法的優點是：

1. 能有深入的探究，發現一直未被發現的行為意義或原因。
2. 可以建立行為之落實理論（grounded theory）之方法，可以說明行為現象實質的、經驗的一面。
3. 可以產生理論，但並不能驗證理論。
4. 樣本少，大多以參與觀察為主，在互動的歷程中可以助長被觀察者的成長。
5. 不論參與觀察或非參與觀察，對觀察者本人來說都是智慧的考驗及成長，也能省思其個人的感情層面。

此種觀察法的缺點是：

1. 太依賴觀察者本身的理性思考，如果觀察者的動機不夠或感情用事就會流於主觀。
2. 只能針對少數被觀察者來進行。
3. 較耗費時間及精力。
4. 觀察結果只能就被觀察者本身之主題行為來解釋，如果要使之成為普遍的行為理論就必須透過結構的觀察來驗證。

討論問題

1. 教育研究法如何應用在行為觀察上，有何益處？
2. 教學、輔導、評量如何應用行為觀察？
3. 試比較質的觀察法與量的觀察法之相異處及相同處。

照片中教師正在研究什麼？

①

②

③

④

照片說明範例

- 圖①：如何晃動鐵盒使珠子在軌道中滾動
- 圖②：把菜葉分開一片一片
- 圖③：孩子看到這張圖的反應
- 圖④：孩子的行動
- 結語：

老師注意的焦點就是他研究的對象，老師需要時時刻刻研究孩子，而不是只研究自己的行動，多花時間注意孩子的行為，才會對孩子瞭解更多。

第三篇

[實作篇：
行為觀察之計畫與踐行]

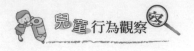

Chapter 6

觀察的計畫

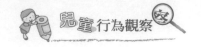

摘要

1. 專業的觀察並非隨興所至或嘗試錯誤的歷程，需事先設有目的和計畫。規劃出觀察主題、資料蒐集的時間、情境及方法等，以避免觀察蒐集錯誤的資料及誇張、褊狹，甚至歪曲的判斷。

2. 觀察對象：教師在班級中選擇觀察對象可能是個別學生，也可能是某事件的團體互動的學生。由於教師即時的判斷無法解決他個人疑慮，那些對象就會被觀察。

3. 觀察主題：觀察時為蒐集到重要的訊息，必須先有觀察主題，以便篩選及過濾。觀察主題是觀察範圍的劃定，使資料的蒐集及分析有聚焦方向，以提出有意義的解釋。

4. 觀察動機：觀察者必須先檢視自己的觀察動機，才設主題，觀察主題說明了觀察動機，以使觀察時之訊息蒐集會自動被其主觀篩選，並時時賦予暫時的意義。觀察動機會使觀察者自主自動投入在觀察工作中，願意理智的處理訊息，設想暫時的假設，也願意繼續求證，而不至於將觀察工作應付交差了事。

5. 觀察情境：行為是在互動的情境中發生，觀察情境分為自然情境與實驗情境。自然情境是被觀察者的行為在自然的環境中發生。實驗情境則是觀察事件不易在自然情境中發生，所以安排或改變環境刺激以引發他的反應，進而觀察記錄或訪談之。

6. 行為取樣方法：行為不可能全都錄，所以必須取樣。方法有二：時間取樣是觀察時間的界定，或是事件取樣是觀察事件的界定。如果主題行為發生的間隔久且頻率低，觀察記錄就可以採取事件取樣；如果主題行為發生間隔近且發生的次數頻繁，就採取時間取樣。時間取樣常用瞬間觀察記錄，也就是在指定的時間記錄下發生的行為，以分析行為的次數、類別、程度等。

7. 觀察者角色：教育上，觀察者與被觀察者都是處在互動關係上，因此之間的角色關係就在觀察者有無參與被觀察者的行為，以及被觀察者知或不知，形成四種觀察角色：局外觀察、觀察者參與、參與者觀察、完全參與。

8. 記錄與分析方法：複雜的行為訊息必須以記錄來整理，以文字來整理及分析稱為質的方法，以表格來記錄分析稱為量的方法。

9. 質的記錄與分析：忙碌的老師平常不太容易針對問題下判斷，但是記錄可以留住瑣碎的資料，以便有空時可以瀏覽與檢驗，找出行為之脈絡。

10. 量的記錄與分析：量的觀察記錄是以已經設計好的觀察工具來記錄行為出現的次數頻率、強弱程度、行為歸類等，以作為瞭解多數被觀察者的行為、比較個別差異、團體與團體差異等的方法。

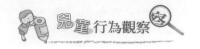
第一節　為什麼做計畫

　　一般生活中駐足而看、凝神而聽是經常發生的，為的是看到更清楚、聽到更明確，得以用得到的訊息來作出判斷。一般觀察無須事先計畫，大多以嘗試錯誤的方法來進行，即使錯誤也不嚴重。生活上即興的觀察大多沒有具體確切的目的，通常只是為了滿足好奇或為了生活問題而作決定。事情發生了，好奇被引發了，如果只是為了好奇，就會隨著興趣焦點而自在的觀察，當觀察者看著看著、聽著聽著，就得到一些端倪。如果看及聽所得到的訊息足夠作出假設或結論，他也以為自己的觀察判斷是對的，整個觀察就可能結束。另外，如果為了解決生活問題而觀察，有了結論還會再三檢查，因為問題必須根據結論來判斷及作決定，如果問題解決了，觀察也就結束，不論觀察結論是否真的合理，歪打正著的解決問題並不表示觀察一定是對的，但是當問題解決了，觀察可能就不會繼續找到合理的事實證據，觀察是否正確就不再受重視。

　　然而，在教育上表面解決的問題，並不一定是真的解決了。因為教育是在人的互動關係中增進成長，互動關係是錯綜複雜的，問題可能呈現的形式只是冰山一角，表面問題解決，潛伏的根源未觸及，又會以別種形式出現。唯有符合人的心理、社會之健康發展的問題解決，才能稱得上正確合理。

　　觀察如果不加以計畫，常常因為得到一個自以為是的判斷就結束了。觀察是為了要蒐集更多訊息來作判斷，可是人的主觀常常會將片段瑣碎的訊息加以牽強附會，連結成有意義的圖像或情節而以為找到判斷了，這樣觀察就完成而不會再追根究柢繼續查證。如果觀察者對自己的判斷並不滿意，還帶著懷疑，就會繼續觀察下去，以便蒐集更多訊息，來幫助自己下判斷。

　　以上的觀察是根據人的興致反應所做的觀察，並不需要負職業的責任，但在職業需求的觀察就必須達到專業的判斷，例如醫生、護士、法官、測量師、教師等。專業的觀察應該針對職業的需要，而需進行誤差較小或零誤差的判斷，如果誤差太大，就會產生嚴重的後果，例如醫生的誤診、檢察官的誤判、測量

師的誤測等，都會影響到工作的進行及結果。

專業的觀察並非隨興所至、嘗試錯誤的歷程，而常是事先設有目的。為達到觀察的目的，常常在觀察進行前就必須先有計畫，即對資料蒐集的時間、情境及方法作好思慮及策劃，以避免觀察資料蒐集的錯誤及過分誇張或褊狹，甚至歪曲的判斷。

教師的觀察也應該是一種職業的專業，但是由於教師職業的效果是在學生的學習成長，所謂的百年樹人，並非立竿見影，因此教師的判斷是否正確就很難斷定，所以常被說成「半專業」。教師如果犯了觀察錯誤，會影響他在教育工作上的判斷及作決定，雖然並無立即的後果顯現，也看不出職務上的缺失，但是對孩子的影響更甚，這種罪過雖無法律上的責任，但在道德或良心上卻是嚴重的沉重負擔。

教師在工作中大多可以允許依據專業知能、職場經驗或制度來執行教育工作，這使觀察的負擔減輕。如果教師的工作都需要根據專業觀察而來，或是教師的行動都需要根據他自己的判斷而來，恐怕也使教育的工作流於瑣碎凌亂而找不出規則、系統及頭緒，就會落入自由心證或嘗試錯誤。其實，大部分的教育工作確實是可以根據教師的專業知能、經驗及既有的制度來進行，然而，教育的事實現象並非如此一致及穩定，其中的變化或偶發事件等就需要觀察現象，才能判斷如何進行行動。

也就是說，教育對象之行為並非都如此一致性、規則性及制度化，有許多現象或問題是無法以規則、既有知能或教師經驗來作合理的判斷。當教師的專業知能或經驗無法作出讓教師自己安心的判斷及決定時，就需要加以有計畫的觀察。

觀察的目的常是為了要瞭解事實的真相，教育專業的行為觀察之目的除了瞭解學生的行為意義之外，尚有教育功能方面的目的，例如評量（學習評量或教學評量）、班級團體行為的分析、學生輔導的瞭解、教育研究工作等。根據第四章第三節對行為觀察分析如下：教育上行為觀察的目的大體上可分為三方面：(1)個別孩子特殊行為的瞭解；(2)團體中比較個別差異；(3)班級團體之次級

文化的瞭解。

　　為達到觀察目的，必須在觀察進行之前作出觀察計畫。觀察計畫要考慮的要素包括：

1. **觀察對象**：觀察對象可能是團體，也可能是個人，但是對象一定是固定的，在觀察未尋得判斷之前，不可能會變更異動。

2. **觀察主題**：觀察主題是觀察範圍的劃定，行為是複雜多面的，但是觀察者可能只對他所關心的層面有興趣，可以劃定為某一行為層面來進行瞭解，例如：同儕互動、學習行為、玩具整理、生活習慣、情緒表達，或在教室中的行為。

3. **觀察情境**：觀察的情境是自然情境還是人為情境也需事先考慮。

4. **取樣方法**：觀察取樣的方法是指觀察時如何截取資料蒐集的方式，觀察不可能把所有事實資料都蒐集到，為使所蒐集的資料具有代表性，因此蒐集資料的取樣方法必須加以計畫。

5. **觀察者的角色**：觀察者與被觀察者要採用何種關係，這是觀察者的角色界定，也需在觀察進行前就界定好。

6. **觀察記錄方法**：觀察資料必須記錄下來，用文字記錄或是用表格符號記錄必須事先有計畫。

7. **記錄分析方法**：以文字記錄的資料必須以質的分析方法來找出重要事實，以表格符號的記錄則需以量的畫記及統計來分析。

　　本章下列幾節分別就各觀察計畫的考慮事項一一說明。

第二節　觀察對象

壹、教育工作中的觀察對象

　　教師在教育的工作中，必須時時刻刻都在觀察著學生，但是大多時間教師必須馬上就針對學生作判斷，以決定如何處理教學或輔導等的行動。一般人也認為教師的判斷必須又快又正確才能掌握住問題的時效，然而教師在實際工作中，如果不是一般性、經常性的問題，許多問題之產生有其現場狀況及原因，要求教師馬上立即判斷，常常會使教師忽略現象、扭曲重點。

　　教育的情境不是單一不變的，所產生的問題複雜多變，幾乎沒有公式可套，判斷太快容易流於教條或制式。如果教師的反應太快，就容易使判斷只是反映服從教條，或順應他個人的經驗模式或他自己的價值判斷，能針對學生的特別情境問題之行為事實來判斷的部分就很少。如果教師真正做到針對事實的判斷，就必須經過觀察及省思之停、看、聽的過程，才不會落入自己的盲從或主觀。

　　大多數教師講究效率，會以比較自信果決的態度來下判斷。這樣的判斷會使教室中所進行的事情很順暢，似乎是一直都有現成的答案在那兒，幫助老師下判斷。教師反應出處理事情的速度，似乎普遍被認為是專業工作必備的條件。

　　其實不重視反應速度的教師，可能會以較審慎的態度來處理事情。不重視效率卻重視理性判斷的老師，往往反應慢半拍，但是事實上，卻給予被觀察之學生及教師自己較多的時間來接收事實現象，也思考如何針對現象來下判斷及行動決定。有研究報告指出，在判斷與作決定快速之教師的班級，自我要求很有效率而流暢的進行，然而卻常常未深探問題，因此和那些較猶豫不決之教師的班級比較，教室中會浮現更多要老師去解決的問題。因為講究反應的速度往往不是依據真正的觀察，而是依據教師個人的行為或想法，很容易流於教條式

或權威式的管理，學生的行為事實及真正需求被蒙蔽了，沒有真正解決問題，因此問題以各種型態又浮現出來；而節奏慢半拍的老師卻留給自己比較多的時間去接收更多訊息，所作出的判斷會較成熟，進入問題核心而直接面對及解決，問題就不會又以別的型態再出現。

對於那些有問題的學生或情境，常常很難馬上對其作判斷或決定行動。教室中所產生的問題往往非一般性或制度化的問題，很難以教師的專業知能及經驗立即下一個滿意的判斷。此時就是教師要界定觀察對象來進行觀察，有時是單獨的個體，有時是一個團體。教師要進行觀察之前，應該先將觀察對象界定清楚，才能針對學生的問題考慮用何種方法進行行為的觀察記錄。

有時在班級中顯現的問題並非一個學生，而是團體互動的結果。這時觀察的對象就不是一位，而是多位，而觀察對象之核心可能就不是個別，而是團體互動所產生的事件，觀察對象就是與這事件有關的人、事、物。

貳、觀察對象的界定

教育的對象是人，因此教育專業之行為觀察的對象是人，可能是一群人，也可能是一個人，也就是與教師有行為互動的學生。觀察對象在觀察計畫中應被界定出來，以使觀察者資料蒐集的焦點集中於這對象，不至於太擴散而不能對症下判斷。

教師在日常工作中的停、看、聽而下判斷，可以依據其專業知識及過去經驗，雖然不必講究反應的速度，但是也有其即刻性，教師必須馬上決定應該如何對觀察對象（學生）說什麼或做什麼以達到教育的效果，大多數時候被觀察者的事情不是太複雜時應該可以做到。但是也有許多情形，教師的專業知識及過去經驗無法下判斷，他便需要進行有計畫的正式觀察，這個無法讓教師下判斷的學生便是觀察對象。

有時，所發生的事情是團體的現象，是有些學生交互作用所引發的一些事件，例如班級讀書風氣、對玩物的喜好、對事物的態度等，並非單方面學生的

問題，而是互相影響，甚至明白表態的要求或盲從等，這時所要觀察的不只一位，觀察對象就是團體的，如此一來，老師所要蒐集的訊息，以及所要進行的假設及判斷就更複雜了。

　　行為的由來、發生、演進、變化的過程是非常獨特及錯綜複雜的，觀察對象的界定使觀察有了資料蒐集及解釋的對象。然而這只是資料蒐集時的鎖定對象，在資料解釋時，被觀察者是存在於與環境互動關係的，在資料蒐集及解釋時仍不免利用環境中其他人的行為資料，這就是下一節要提到的觀察主題之界定。

第三節　觀察主題

壹、主題界定的必要

　　行為的發生有其延續性，觀察主題是觀察範圍的劃定，可劃定為某一行為層面，以方便觀察者將資料的蒐集及分析聚焦在主題上，提出有意義的解釋。在被觀察者而言，他的行為是如何產生及延續的？應該是自發性的順暢和諧，當他表現行為之時是內外各角度都和諧一致的，他自己並不會區分他正表現什麼層面的行動，而只是按照自己的內在意識及外在刺激連續的、程序的、統整的表現他的行為。

　　觀察時也較容易接收順暢一致或表面顯現的行為。在觀察者來說，並不可能把所有的動作、表情、語言等都接收進入知覺，他的知覺極易接收到被觀察者外表的連貫行為，而且在接收被觀察者外表行動之時也很自然的會有遺漏。因此在觀察之前，如果觀察者未認清他自己所關心的行為層面，那麼所接收的行為訊息便會因為沒有「重點方向」，而被誤導到表演性之外表順暢行為上，不夠深入。有時觀察者希望自己看仔細而且深入，鉅細靡遺的全都錄所有行為，卻因這種企圖，使觀察者壓力加大，注意的事情又沒重點，反而使錄到的行為

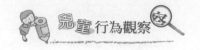

形成跳躍不連貫的複雜訊息，而顯得瑣碎零散很難組織得到統整的意義。

觀察的層面（主題）需要加以界定出來，作為觀察時對行為訊息篩選的依據。觀察時，不可能接收到所有的行為，即使可以，也會使訊息龐雜無法釐清意義。如果觀察有了主題的界定，就可以依據主題來篩選重要或關鍵的行為。可以決定該主題行為出現較多之時間來觀察，也可以在諸多行為訊息中，注意該主題行為之訊息做記錄。

主題之決定就是被觀察者的問題焦點，也就是觀察者意欲瞭解的行為脈絡。在這行為脈絡上，教師可以蒐集相關聯的訊息詳加瞭解，以此層面為觀察的主題，當資料的蒐集、分析及判斷進行之時，才得以有跡可尋。

例如生活習慣、學習行為、與人互動的行為、情緒行為、休閒行為等等，都可能是觀察的主題。雖說行為的各個層面彼此都有關係，是統整在人的人格之下的外在表現而已，然而觀察也只能就某一層面來著手瞭解，才不至於使資料龐雜零散，無法分析頭緒，作出深入的解釋。

貳、觀察動機與主題

觀察主題的決定總是和觀察者的觀察動機有關。觀察動機是觀察者想要進行觀察的原動力，也就是想要探究的事情、尋找的答案。而這個探究的事情及尋找的答案並非完整清楚的存在，而是隱藏在複雜多變的事實之中，而且和其他事情是混淆在一起的。

一般而言觀察主題要在觀察動機去搜尋。人會進行觀察往往是因為他所看到或聽到的不能使他的好奇立即找到答案，他便會集中注意力在那方面的事情上，以便蒐集更多訊息以瞭解或尋求答案，而那方面的事情就是觀察的主題了，也是觀察的範圍。

教師在工作任務中碰到瓶頸時就會去觀察。雖說教師專業的大部分工作應該能因為他有專業知識獲得相當程度的解決，但是學生的個別差異或教學條件的特別問題，有些時候並非專業知識或經驗就能解決，教師必須暫緩處理，先

以專業的行為觀察方法進行瞭解。有專業素養的教師遇到問題時，並不會由詢問長官或書籍中去尋求答案，也不會自以為有專業自主權就主觀的解釋，而應該會針對該問題情境來蒐集更多行為事實資料，以便真正解釋到該問題的緣由。為要解釋該問題的緣由，不是漫無邊際、徬徨無方向的尋求，而是有方向有範圍的尋求，這個方向便是觀察主題。

在專業工作中的主題，有的是照章行事，有的則是在職場情境中產生。為學習評量、為發展輔導、為教學效果等都可以照章行事，然而學生行為的獨特性及師生互動、同儕互動事件之偶發性，都需要靠老師的敏銳度。盡責的老師不會只做照章行事的觀察，而會由其敏銳發現他自己做為老師應該行動來促進孩子更優質或解決孩子問題的重點，而界定出觀察主題。所以盡責的專業教師的觀察主題應是他自己界定的，因為觀察的動機應出自於觀察者個人在工作上的需求，也許是自己的好奇，也許是工作上遇到瓶頸而產生的需求，因此觀察的工作是教師內發而自願從事的。

觀察的工作需要很多感情及推理等主觀的介入，如果觀察者自身的動機不夠，就不會用謹慎確實、深思熟慮的態度去面對。如果觀察是由行政人員或督導人員要求來做，很容易流於形式而徒具外表不夠確實，可能只為應付，在資料蒐集時草率敷衍，所蒐集的資料不夠真實可信，而在判斷及解釋時又易流於誇張的猜測想像，缺乏具體證據。

觀察者的動機非常重要，有了動機，觀察者才會心知肚明的知道他要瞭解的事情是哪一樁，這就是觀察的主題；如果動機不夠，觀察者會覺得觀察是一件不知由何著手的棘手事情。

第四節　觀察情境

壹、自然觀察與實驗觀察

　　行為個體在與環境互動中表現了行為，因此行為的發生必定有一個環境背景。行為觀察就是在這環境背景中進行，一般而言，行為觀察是在自然的情境中，但是有時為了使行為的發生更直接，就會有刻意設計的環境，以引發行為的發生，這就是實驗情境。因此行為觀察的情境可以分為自然情境及實驗情境。

　　大多數被觀察事件很容易在每日的生活中看到，因此大多是在自然情境的觀察。自然觀察是被觀察者與自然的生活環境中之互動行為，在未加以人為控制的情境中進行觀察，因此被觀察者的行為表現不會因為觀察的目的及進行而被影響改變，被觀察者的行為在自然的環境中發生，而且是自動自發的，觀察者並未安排任何誘因。自然發生的行為透露著被觀察者自然的本性或本能行為。

　　但是也有時候，必須由刻意安排的環境才使行為明朗化，就需實驗情境的觀察。觀察事件是隱晦不明的，或是被觀察者潛在的行為，不易在自然情境中發生，或發生機會極少，或是被觀察者有意隱瞞所以不易被覺察，這些行為都是要在刻意安排的情境中才會清楚表現，才會被看得到，這時就必須以實驗情境來進行觀察。

　　「實驗觀察」是觀察者為瞭解被觀察者更深層的內在意識而安排或改變環境刺激以引發他的反應，進而觀察記錄或訪談之。例如：動作熟練、語彙用詞、道德良心行為、說謊行為、幽默行為，或各種能力表現等行為，大多是針對某刺激或在某情境中而產生的反應，如果以自然情境來觀察，恐怕環境中的刺激不明顯或公開場合不易產生，要等待時機又不知是否能掌握到行為出現的恰當時機，所以要在自然環境中增添實驗的控制，例如：問題的提出、教材教具的呈現，或改變情境的布置等，來觀察被觀察對象在實驗情境中的反應。

考試及教學可以比擬為教育情境中的實驗觀察。考試由考題來提供情境因素讓學生來反應，由反應的正確與否來判斷學習的效果。教學也可說是一種教育情境中的實驗觀察，教師以學習情境的安排以引發學生的學習動機而進入學習，教師透過觀察來瞭解學生的學習狀況。

因此，教學實施及教學評量都是實驗觀察。

教室行為、班級管理、次級團體文化等方面之行為觀察即自然觀察，觀察的目的是瞭解學生的同儕互動或社會行為等，必須在自然的情境中來瞭解。做作業的行為、教室上課的師生互動、遊戲規則的遵守等，是經常可以在一般的情境中看到，所以可以用自然觀察的情境。

貳、實驗情境的安排

有些觀察行為不易在一般自然情境中看到，因為這行為能力可能是隱晦不公開的，也可能是在某種刺激出現之後才會表現，例如：表演、解決問題、各種能力的表現等。為了瞭解被觀察者的行為動機或內在意識，則在其活動中安排有關該行為之誘因，這種由觀察者刻意安排的環境就是實驗情境。

實驗情境是為瞭解被觀察者的行為表現而刻意安排，是有目的的，但這目的不能違背倫理，引導被觀察者之犯罪行為，也盡量不增加被觀察者的緊張壓力，以免引起被觀察者的防衛心或改變他的行為動機。

被觀察者被安置在這情境中被期待著行為的表現，被觀察者接收了這種刻意安排的環境刺激而有所行為的反應，觀察者則在這時候接收、記錄被觀察者的行為，作為分析、判斷被觀察者內在意識的依據。

觀察情境的安排最重要的是「誘因」，如果被觀察者的內在意識中已經有該行為的動機及意念，就會因為誘因的出現而引發行為的表現；如果被觀察者該行為的內在意識十分微弱，或有其他內在意識抑制行為的出現，該誘因就不會引起行為的出現。

環境刺激應如何加以安排才能符合實驗情境的要求，應注意下列原則：

一、情境的設計必須符合觀察主題行為的一般原則

實驗情境牽涉到效度問題，為達到效度必須使實驗安排能由被觀察者接收到的清楚刺激，而且盡量排除無關變項或干擾變項的影響。實驗刺激的設計則依據「刺激與行為連接」的一般行為原則來設計，如果違背了一般人的行為原則，那就是「刺激誘因」設計得不合理、沒道理，期望行為之不出現並不是被觀察者內在意識的原因，而是誘因不對，實驗情境沒有效度。

例如說謊行為的實驗情境必須安排當事者做出他不願承認的事情之後，再聽他如何解釋自己的行為。下面是「說謊」實驗之設計：

實驗室中有許多玩具，實驗者告訴受試者：「你可以玩任何玩具，唯有這部小汽車是小朋友寄放的，你不要碰。」實驗者走出去到觀察室，透過單向玻璃來觀察，受試者禁不住誘惑而碰了小汽車甚至拿起來玩。一會兒實驗者敲門進入，問受試者有沒有玩過小汽車，受試者的表情及語言都是被觀察的，以此瞭解受試者對不願承認的事情的說謊反應。

二、實驗情境必須與自然情境類似，或融在自然情境中，使被觀察者表現自然的行為反應

倘若被觀察者知道他自己是處於實驗研究之中，可能無法真實按其自我意識而表現行為。如果該行為是好的，則可能增強他的行為表現動機（霍桑效應），會刻意表現正向的行為，例如：創造行為的實驗情境若被受試者知道，他會努力表現他變通或獨創的形象。如果該行為並不好，也可能使他隱瞞該行為動機而壓抑行為的表現（防衛作用），例如：占有行為的實驗情境若被受試者知道，會刻意壓抑自己想占有的衝動，而慷慨放棄他所想要的東西。因此，在被觀察者活動情境中，讓該誘因很合理自然的出現，使被觀察者不覺察這是被刻意安排的，這是很重要的原則。

環境的誘因必須安排在被觀察者認為是自然的情境中，而且其他的環境刺激必須使觀察者不會有顧忌（例如旁觀者、刺激施與者等），使被觀察者不會

有所顧慮的自然表達其行為，如此觀察者才有機會觀察到被觀察者在面對誘因及其自己表達和解釋行為的過程。

道德倫理的考慮，切忌讓這環境刺激形成被觀察者的傷害，例如肌膚或生理之傷、引起恐懼或焦慮、產生不良錯誤行為、觀念上的歪曲混亂等。

參、觀察室

觀察的目的是觀察自然狀況下所產生的行為，觀察者不應以自身的活動影響被觀察者的行為。但是觀察者的活動不只記錄行為發生的過程而已，還必須仔細而正確的觀察，現場的觀察很可能會對被觀察者的動線造成干擾，影響被觀察者不能自然的表現行為。因此自然觀察法可以採用有單向玻璃（one-way glass）的觀察室。

觀察室是以單向玻璃為隔的兩間空間：較大的一間稱為遊戲室或稱實驗室，提供被觀察者活動的空間及玩具設施或實驗情境，大部分鋪以地板或地毯，有矮櫃放置各種玩具或必要的設施，吸引被觀察者展開活動；另一間是在遊戲室隔壁狹長的房間，稱為觀察室，容納觀察者透過玻璃觀察被觀察者的行為。

單向玻璃是在兩個房間之間，一邊是觀察室，光線較暗，另一邊是遊戲室，光線充足，因此在觀察室所看的玻璃是一面可以透視的玻璃，在遊戲室所看的玻璃是一面不能透視的鏡子。為協助記錄被觀察者的行為，在遊戲室的不明顯處可以架設攝影機或錄音機。

觀察室的主要目的是觀察被觀察者的自然行為，例如遊戲行為、同儕互動行為、師生互動的行為等。但是也有的研究以觀察室的設施來進行實驗情境的行為觀察，例如測謊的研究、分享的研究等（圖6-1）。

目前有些學校機構例如幼兒園或托兒所等幼教設施，為使幼兒不受參觀者的干擾，每天可以正常的生活、學習及遊戲，在教室的一側也設有觀察廊（observation corridor），以供參觀者觀察教學進行的狀況。

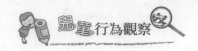

圖 6-1 單向透視設計略圖

上圖為觀察記錄情形，下圖為觀察室之縱切面

（採自張春興，1975）

第五節　觀察取樣

壹、觀察取樣的必要

行為觀察是透過行為事實之蒐集，再針對主題作解釋及判斷，但是要把觀

察對象的所有行為都蒐集到是不可能的，觀察者不可能時時刻刻注意被觀察者的一言一行而不休息，即使觀察者自願不休息的全天候觀察，所蒐集的行為資料也可能太瑣碎、不斷重複、大都與觀察主題無關，真正可以用來解釋主題行為的只有一小部分重要的事件而已。因此觀察取樣是必需的，以便能蒐集到可以代表主題意義的重要行為，也用來簡化資料蒐集的複雜歷程。

觀察取樣最重要的目的在蒐集與主題有關係的行為，主題行為不是很突顯的時間或情境就不必做觀察，以免浪費時間及精力。例如：主題為「觀察學生做作業的行為」，就必須在學生做作業時來進行觀察；主題是「同儕互動」，就必須在學生自由活動或下課時間進行觀察。使行為事實之資料的蒐集能真正代表主題，才能針對主題來解釋觀察對象的行為。

貳、取樣方法的選擇

觀察取樣的方法可以由兩方面來思索，一是觀察時間的界定，一是觀察事件的界定。

在決定如何進行資料蒐集時，任何一種觀察都牽涉到時間及事件兩大因素，事件的發生歷程是觀察記錄的核心內容。觀察事件的發生一定占用了某些時間，有的事件發生時間長（例如：吃飯、遊戲、學習等），有的事件發生時間短（例如：施予、求助、譏笑、收拾等）。有的事件發生頻繁緊密（例如：注意、情緒、人際互動、動作、語言等），就需使用時間取樣；有的事件不可能頻繁密集，只是偶爾發生（例如：遊戲、表演、工作、分享、吵架、破壞等），就需用事件取樣。

事件發生的歷程是觀察者要蒐集的事實資料，當事件發生了才來做觀察記錄，這便是事件取樣。但是，當事件同時發生或連續不斷發生，來不及記錄，或者因為觀察者還有別的任務（例如教學）或警覺心不足，無法覺察事件的發生，就需要以時間取樣來決定如何選擇時間片斷做觀察記錄。

因此，要選擇時間取樣或者事件取樣是要看所記錄的行為事件發生的間隔

或頻率，如果間隔久且頻率低，觀察記錄就可以採取事件取樣，當行為事件發生的時候才將之記錄下來。由於下一次的事件記錄沒那麼早發生，所以有的是時間將每一次的紀錄記完整。

如果要記的事件間隔近且發生的次數頻繁，就採取時間取樣。這種情形若還採用事件取樣的話，觀察者的知覺接收及記錄工作將無法趕得上，只有將觀察時間作設定，在該時間內來觀察記錄，觀察者才能做得到。

以時間取樣來規劃以時間單位為觀察記錄的單位，以求每次記錄的完整。因此，時間單位的長短要看一次觀察之知覺接收及記錄所需的時間來規劃，等待記錄完整之後再進行下一次的觀察。

也有些觀察取樣必須事件與時間融合來做。事件的過程太長，在該事件發生之時即以時間取樣來記錄，將事件中要記錄的行為要項製作觀察記錄表，依時間間隔來記錄。

參、事件取樣與時間取樣的比較

事件取樣是以事件為單位，記錄事件中的重要資料。可以在事件的現場來記錄，也可以在事件發生之後以回憶來記錄；但是時間取樣的記錄因為頻繁且複雜，如果現場不記錄可能就忘了，所以必須在現場記錄。

時間取樣與事件取樣因知覺接收不同，所以記錄方式也不同。事件取樣在該事件發生時來接收訊息，可以用文字敘述加以詳實記錄，也可以用已設計好的觀察項目以符號來記錄。但是時間取樣的記錄為爭取時間，所以必須用表格來記錄，或以符號來記錄，表格或符號的記錄是以設計好的觀察項目製表，以符號做記錄。時間取樣只有極少的機會用文字敘述，即使用文字敘述也必須先決定要敘述的是哪一項具體行為，否則太多次數的行為，或不同型態的行為會來不及記錄。

時間取樣與事件取樣因記錄方式不同，所以分析方式也不同。事件取樣之文字記錄可以用質的分析，深入解釋事件的原因及過程，也可以用量的統計以

瞭解行為發生的次數、類別、程度等；然而時間取樣大多以量的統計瞭解行為發生的次數、種類、程度等，即使用質的分析也因資料是片斷的而不能深入瞭解整個過程，也只能就表面的現象來推測因果關聯而已。

以上所言似乎都在強調事件取樣更具彈性的優點，然而事件取樣也有其無法顧全之處。例如：有些觀察事件如果不是在被觀察者注意的情境下（例如合作行為、禮貌行為），不易「驚動」觀察者覺察事件的發生，反而使觀察者務必提醒自己注意觀察事件之發生，而需要花更長的時間及精力；還有，觀察者無法在重要事件發生時在現場而錯失記錄機會也是事件取樣的缺點。也就是說，事件取樣並無法完全真正做到以事件取樣的方式決定記錄，因為還是會有遺漏之行為，為不遺漏就必須花更多的時間。因此，大多數事件取樣仍會有時間的劃定，以使觀察者能集中精神來接收並記錄事件發生的歷程。例如教師所做的事件取樣只能就學校之早上時間所發生的事件來記錄，園長、園方行政人員、研究人員的事件取樣就必須選定每天早上為觀察時間，或每星期一、三、五的九時至十時為觀察時間等，事件取樣觀察時間的界定必須比時間取樣要長些，而且開始及結束有彈性。

因觀察事件之發生密集而連續，所以以時間取樣來劃定觀察記錄的單位，在短時間內就可以透過多次的蒐集記錄而得到許多資料，在時間上較經濟有效率，但是在所蒐集的資料上卻不夠連續完整。

事件取樣的觀察例子：進食行為、如廁行為、爭執行為、告狀行為、哭泣行為、合作行為、收拾行為、禮貌行為等，這些行為都可以等待事件發生才做記錄，可以以文字記下所見所聞的事實，也可以以觀察項目來記錄次數、類別、程度等。

時間取樣的觀察例子：施予行為、專注行為、情緒行為、交談行為、離座走動行為、注視老師行為、習慣動作等，這些行為在學生的日常生活中表現頻繁，可以將觀察時間作好劃定，在所劃定的時間段落中記下觀察項目的次數、類別、程度等。

肆、瞬間觀察記錄

瞬間觀察記錄是一種時間取樣的方法。在觀察之前將要記錄之重要行為項目製作成觀察表，以方便記錄重要行為的次數、類別、程度等，並將觀察記錄的時間作間隔的規劃，在間隔時間內觀察者作瞬間知覺的接收以符號記錄在觀察表中，記錄完成即等待下一個觀察時間，而瞬間之外的行為或觀察項目之外的行為則不必管它，也就是以被觀察者在被觀察瞬間所表現的行為作為所取樣的行為。

瞬間的時間劃定是以做完一次觀察記錄所需的時間來決定，可能是一分鐘，可能是三分鐘、五分鐘、十分鐘等。如果觀察者做完一次觀察記錄結束而下一次時間未到，則可暫時休息等到下一次的瞬間時間再做觀察記錄。

瞬間觀察記錄可以同時記錄若干位受觀察者，輪流由一號、二號至最後一號，分別記錄其行為表現，記錄完一回合，可暫停一會兒，再做第二回合的記錄，以此類推。

瞬間觀察記錄在時間、行為記錄及觀察者的專注力上都做了最經濟有效的規劃，在極短的時間內就可蒐集到大量的資料，甚且可以用設計完善的機器來做觀察記錄，但以機器來記錄必須做到不干擾到被觀察者的行為反應。為使瞬間觀察記錄之資料蒐集對主題行為的解釋有代表性，所以應多記錄幾天，有可能的話可以延續好幾週，在一段時期中選擇幾段能代表主題行為發生的時段來進行。

瞬間觀察記錄的缺點是將行為記錄切成零碎片斷，而觀察者為達到記錄的正確無誤，必須集中注意力在觀察項目上，使其在觀察進行中只能做機械的反應，對觀察背景所發生的與觀察行為有關的事情都沒空去知覺，因此在結果的解釋上只能針對記錄的行為作次數、類別、程度等的整理，只能看到表面的現象，至於行為的過程、因果關係及來龍去脈只能靠推測。

第六節　觀察者的角色

壹、教育家的觀察

　　行為觀察的角色絕不是只滿足觀察者本身好奇的純觀察者，他一定肩負著其他教育工作的角色，例如：教師、父母、教育研究者、輔導者、評量者等。

　　在教育工作中必須先瞭解受教者，再因個別需要施教才能達到教育的效果，否則只是將外在的期望加諸於受教者身上，並未管受教者能不能夠接受及做到，都以「要求」來使受教者達成，這就不是教育，最多只能說是「訓練」，就像馴獸師所做的事一樣，不必讓動物知道為什麼要做，只要求牠的行為做出來即可；也像工人一樣，只要按工作流程來做工，而不太必要作思考判斷。

　　教育工作必須由「教育家」來做，而不是由馴獸師或教書匠來做，教育家的特色是懂得應用專業的思考及判斷在工作的進行中，而不是依樣畫葫蘆。

　　人的成長及各方面的發展是依據人的發展常模，但是人的個別差異，個人的興趣、能力及心理需求都有不同，不能全由發展書籍上的原理原則來解釋，而必須由受教者的行為來瞭解。所以也可以說，每位受教者都是一本難閱讀的活生生的書，教育工作者必須一遍一遍的讀，一遍一遍思考其中的意義，還不一定讀得通，最多只是瞭解行為的某方面而已。

　　成功的教育家勢必透過觀察來瞭解學生，也透過觀察來瞭解學生的學習情況。累積觀察的經驗可能有新的領悟及發現，有可能在學習、心理或發展的原理原則上有新的統整及新的解釋，而成一家之理論。自古以來，許多留名歷史的教育或心理學者，大多都是自他的教育工作或社會現象中有新的頓悟，而能發表出來啟發世人的省思或認同。

貳、觀察者角色的界定

觀察者與被觀察者之間的互動關係就是一種角色的關係，可包括兩方面的關係：

1. 觀察者是否參與被觀察者的活動。
2. 被觀察者是否知道他自己被觀察，即觀察者的工作是否公開。

社會學家 Roymoud L. Gold 將觀察者的角色分為四種類型（圖 6-2）：

1. 局外觀察者（complete observation）。
2. 觀察者的參與（observer-as-participant）。
3. 參與者的觀察（participant-as-observer）。
4. 完全參與者（complete participant）。

局外觀察者：局外觀察者的角色是完全不參與被觀察者的活動，也不讓被觀察者知道他自己被觀察，例如觀察室中被觀察者的活動是不被干擾的，觀察者透過單向玻璃，被觀察者並不知道正在被觀察；有的情境自然而寬廣，且被觀察者年齡較小，也不易覺察自己被觀察。

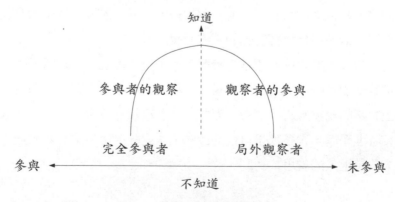

圖 6-2　觀察者的四種角色

　　觀察者的參與：觀察者的身分被知道，但其參與被觀察者的活動僅止於外人的角色，只有觀察時的一些必要的互動而已。觀察者被接受容忍的程度就像被觀察者參與一種表演與儀式等，可以容忍外人來看，但是比較深入的細節或隱私的資料則不易被觀察者看到。例如，統一命題的團體考試監考工作、比賽的裁判工作等。

　　以上兩種觀察者的角色都以觀察的工作出發，由於沒有實際的參與，所以對被觀察者的內心感受較不易接觸，也無從由同理心來正確推測。雖然表面行為的客觀記錄可以瞭解行為的種類、次數、程度等，但是對行為背面的真正意義就無從瞭解。例如透過考試來瞭解學生學習的效果，只是以學生所得的分數來判斷，卻無從瞭解學生學習的心理過程或情緒態度等。

　　參與者的觀察：觀察者是參與的角色（例如：師生互動、教學引導或回饋等），被觀察者知道自己正被觀察之外，而且也認為理所當然，因此有更多的互動及相互的影響，至少不會因為觀察者的出現而引起被觀察者的壓力或自我保護，被觀察者還是能將其自我作相當程度的表達，因此觀察者能蒐集到更深入的資料，對行為的成因也容易由被觀察者的言行中知曉。這種觀察者的角色在教育工作中最常見，父母、教師、輔導員或教練等為瞭解教育對象都時常兼有這種觀察角色，與被觀察者有許多的互動關係，也容易被接納為觀察的角色。

　　完全參與者：觀察者的角色不讓被觀察者知道，而在表面上被觀察者只知道觀察者是他們的一份子，觀察者和被觀察者的互動就像夥伴一樣非常真實而深入，觀察者在觀察進行之前必須透過建立關係的歷程，而且學得被觀察者的互動模式。近代有社會心理學家為要深入探討原始部落的生活方式，而和土著生活好幾年，使土著完全信任他，而將一些不為外人道的機密完全讓他知道，等他蒐集完整資料再回到文明社會。

　　「參與者的觀察」及「完全參與者」因觀察者參與的成分極大，因此觀察者與被觀察者之間的信任關係十分重要，否則無法蒐集到真實資料；由於觀察

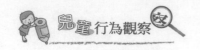

者的參與，觀察者較能以同理心站在被觀察者的心理來思考行為的意義，但在客觀的價值體系上較容易被忽略，因此在觀察結果的解釋上較易流於主觀的評價，愈是認同被觀察者，愈不能保有客觀合理的判斷。

　　無論是「參與的觀察」或是「非參與的觀察」，觀察者都必須時時提醒自己的角色，不可將自己的角色和觀察對象、觀察情境等混淆，在分析及判斷時應保持客觀的立場。

第七節　觀察記錄方法

壹、記錄的必要

　　觀察進行時，觀察者的知覺所接收的是行為的事實訊息，如果訊息很單純容易懂，觀察者就能夠很快的把行為的意義摘要出來，或將許多被觀察者的多樣行為整理出頭緒，觀察者就可以馬上下結論，而可以依據此結論將觀察發展下去，或者依據結論而作教學或輔導工作的處理。這時若做記錄，只是記錄一筆觀察事件，並不是在幫助資訊之整理，或作出資訊的分析判斷。

　　如果在觀察時，心理的判斷並未說服自己，心中的想法只是停留在假設，並未確信、心中有懷疑，就會願意以客觀或理性來蒐集更多訊息，這時，就必須做訊息的記錄工作。如果觀察的訊息流於雜亂瑣碎，就需以記錄來理出脈絡。事實上行為是延續不斷的，也沒有絕對的「結論」，但是在老師的教學或輔導工作上，有時確實有其必要將行為訊息統整出意義（結論），否則難以運用在其工作上。

　　老師面對的學生不只少數，而學生的行為有其個別差異，也有其獨特性及發展性，而且也不一定符合老師的預期、假設或專業知能，有時還相當複雜不易即刻將其意義馬上摘要或整理出來，也不容易在眾多學生的不同類型行為中清理出重點。所以在老師的工作中，觀察記錄是必需的，以便留住瑣碎的行為

資料，以幫助老師由不同角度、情境之行為中「覺察」整體表現或真正意義。

簡言之，也就是當觀察無法馬上作出合理的結論時，就必須將事實或暫時的判斷記錄下來，以便整理、分析、歸納或統計等，為的是幫助觀察者作決定。所以記錄的主要內容必須是「行為的事實」，或「根據事實的暫時判斷」，而盡量排除觀察者先入為主的想法、批評，或想像及感情等。

如果在記錄時已經可以下了確信的結論，那表示觀察已經有結果，既然有了結果，就不太需要做瑣碎的記錄了，這可由觀察者在觀察進行中的心理因素來說明：人對自己思慮而得之結果比較深刻不易忘記，但是對在心理上尚未「給予意義」的瑣碎事實就很容易遺漏或忘記，所以必須記下來。更何況如果已經有了確信的結論之後再做記錄，也容易偏頗，因為難免會選擇支持判斷的事實，而忽略與結論不符的事實（視而不見、聽而不聞等），所以有了結論後的記錄可能會有所偏頗，不做也罷（先有確信的判斷再做觀察就會犯了先入為主之誤）。

在未下結論之前觀察資料必須記錄下來，用文字記錄的方法大都針對被觀察者個別的特殊行為來做，有日記法、個案記錄法、軼事記錄法等，用表格符號記錄的方法，大都針對多數被觀察者共同的一般行為來做，則有評量表、行為問卷、檢核表、系統觀察表等。觀察記錄的方法可以區分為兩種：質的觀察記錄及量的觀察記錄。

貳、質的觀察記錄

質的觀察記錄就是以文字來記錄。當事實的現象不是一般的行為，而是某位被觀察者獨特的、複雜的行為，不容易即刻摘要出重要意義，必須經過仔細思考才能領略來龍去脈，則需用文字來記錄。

文字的功能在於表達意義，然而文字的表達可能是事實的描述，也可能參雜著主觀的想法或暫時的判斷，甚至包含抒情的感懷等等。質的觀察所需要的記錄是「事實的描述」，而排除先入為主的想法或感懷抒情等。

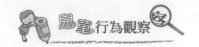

　　然而，人的知覺在接收外在環境之事實資料時，並不能像機器一樣，只就事實來接收，人無法「克制」或「消除」由內心而產生的一些感懷或思考，這部分常和知覺的接收混淆在一起，在文字敘述時，如果很忠實的記錄觀察者的知覺在頭腦中的運作，必定包括兩個部分：事實的知覺接收，及由內心產生的思考（可能是暫時的判斷或感懷抒情）。

　　因此，質的觀察記錄必須做整理，才能將知覺所接收的事實澄清出來，而將內心的暫時判斷或感懷抒情過濾一邊。

　　事實上，這也不是說只有知覺接收的事實資料才有價值，其實短暫的判斷及感懷抒情也有其價值。觀察者在知覺接收時，由於觀察位置、角度或內心的專注等因素，有時會對事實的發生無法清楚正確覺察出來，這時暫時的判斷甚至感懷抒情就有銜接彌補之效，使事實資料不至於殘缺不全，當然，這是主觀的介入，如果錯得很離譜，在以後的觀察進行中會被推翻或修正。

　　暫時判斷或感懷抒情如果十分強烈，也會形成觀察者先入為主的判斷，這時再繼續對事實接收可能會造成一些偏頗，對支持先入為主之判斷的事實接收清楚，卻對與判斷相左的事實忽略或模糊。

　　因此，質的觀察記錄資料是以知覺接收的事實為主角，然而，在知覺接收之時所產生的暫時判斷或感懷抒情也須忠實的記錄，以便覺察觀察記錄是否包含了主觀而影響知覺接收的事實。

參、量的觀察記錄

　　量的觀察記錄是以已經設計好的觀察工具來記錄行為出現的次數頻率、強弱程度、行為歸類等，以作為瞭解多數被觀察者的行為、比較個別差異、團體與團體差異等的方法。

　　當事實現象已經被理論化，或根據觀察者的舊經驗已經對事實現象有一些假設性的瞭解，則可以將事實現象化約為具體的行為指標，用來代表事實的重要意義。既然有具體的行為指標，在觀察時只需要針對這些具體的行為來記錄，

可以用簡單的符號來代表行為出現的次數、強弱、類別等。

行為可能由三方面來理論化：一是由人類發展模式來理論化，一是由人類社會文明的行為模式來理論化，或者是由觀察者個人的理性來整理其工作經驗而得到行為模式。已經理論化的行為就可以化約為幾個有代表性的重要指標。

當觀察者可以對行為指標發展一套衡量標準，便能將這些衡量標準化約為具體的一套簡單易寫的符號，在觀察進行時，就可以不必花太多時間在記錄工作上，而將注意力放在正確需要觀察的行為指標上，以便正確的做好知覺的接收。

量的觀察記錄簡化了文字記錄的很多繁複工作，它盡量的使觀察者由知覺的接收至記錄是經由客觀的過程，而不需要主觀的介入。能用符號來記錄比較簡單，可以在短時間蒐集多數被觀察者的行為。

量的觀察記錄須遵照說明，並且需要練習，以求知覺接收的正確及記錄的正確。觀察表之製作是十分重要的。

第八節　記錄分析方法

壹、分析的必要

記錄只是事實的蒐集，由於事實的複雜、零散、瑣碎，所以記錄的文件如果不經過思考、摘要、歸類、核計等，恐怕也很難看出被觀察者行為的意義。所謂分析，就是為得到事實資料的解釋之前的工作。

分析是觀察者思考的歷程，而思考必須由觀察者的主觀來運作，然而這是要由觀察者作符合邏輯的思考，就是理性的思考，而非感情用事。理性的思考包括創造思考及批判思考。

其一是創造思考，其特徵是「合理的生產」，也是大膽假設，根據已知的事實提出可能的解釋。另一為批判思考，其特徵在對事實問題訴求「合理的省

思」，也是小心求證，多方面反覆的再蒐集事實資料，以求取客觀重複的證據。良好的思考為專業觀察之分析工作的必備條件，根據良好的思考能力，主觀介入的成分才足以對客觀訊息發揮其創新、補充、質疑、求證據及判定等功能。

貳、質的分析

質的觀察記錄是文字的敘述，在閱讀這些文字敘述時，好像看小說，是敘實寫真的，腦海會浮現事實發生的過程。然而，如果停留在閱讀、欣賞或記憶，仍停留在外在行為層面而已，而行為之內在意識層面則不易浮現。因此，更重要的是要將關鍵的意義摘記出來，一方面簡化複雜的資料，一方面更容易掌握行為的要項，以便看出行為的慣性或內在意識的意義。

將行為的意義摘要出來，便是「分析」。分析時的大膽假設是「疑問」的提出，將意義不甚明確但卻有其重要性的部分摘要成「疑問」，這些疑問可以引導進一步事實資料的知覺接收；已被小心求證的部分則以「標籤」提出，標籤不但是重要的而且是經過理性的批判，也就是將行為意義用更精簡而具體的字彙來正確的表示出來。

疑問及標籤的摘記出來，將使龐雜的文字敘述「篩檢」成精要的若干重要意義，這些意義可能有重複出現、連續統合的地方，可以幫助觀察者更容易看出被觀察者行為表現的慣性或前因後果之內在意思。

參、量的分析

量的觀察記錄中已經將行為的重要意義標示出來作為記錄的依據，在量的分析時便是要計算記錄次數，或核計分數來代表頻率、強弱之程度，因此量的分析即資料量化及統計的過程。

統計分為描述性統計及推論性統計。描述性統計只就次數的多寡或分數的高低來看行為出現的頻率及強弱等，就觀察表的行為項目來瞭解被觀察者的表

面行為，或由環境刺激項目與行為表現項目之間的相關或關聯來發現一些行為的影響因素：例如老師的讚美是否增加被觀察者正向行為表現之次數、空間的限制是否增加被觀察者攻擊的行為等。推論性統計則就兩組被觀察者之行為作推論統計，以這兩組被觀察者為樣本來推論母群之間的差異情形：例如甲班和乙班的學生學業成績之差異、甲校及乙校社會行為之差異、男生及女生在語言表達能力的差異等。做推論統計時，樣本必須能代表母群體，以少數樣本的行為資料來推論大量母群的行為傾向。

討論問題

1. 觀察動機如何產生？舉例說明它如何決定了觀察主題。
2. 說明如何決定觀察取樣方法。
3. 說明質的觀察與量的觀察的記錄及分析方法之不同。

觀察計畫是協商出來還是個別設計？

Chapter 7

質的行為觀察

1. 質的觀察目的在蒐集行為現象的訊息，分析解釋行為的慣性、內在意識、潛在因素脈絡。

2. 質的觀察過程有三：訊息的接收與記錄（探索階段）、資料重點的分析（深究階段）、重點的統整與連貫（解釋階段）。

3. 質的觀察限制：必須是個人或小團體、有主題範圍、自然的行為、訊息詳實與客觀、同一個人進行的過程。

4. 在探索階段的工作為：主題的選擇、觀察者的角色界定、詳實客觀的記錄。

5. 在深究階段的工作為針對記錄的行為訊息作分析：摘要主題意義、產生行為標籤（重點類目）。標籤的原則為：由記錄中所描述的行為來推敲主題意義、可下操作性定義、質疑與繼續求證等。分析工作的瓶頸則是省思與用詞的貼切恰當。

6. 解釋階段是產生落實的原理，將資料分析所登錄的標籤重新整理出更進一步的解釋，組成可以條理統整的行為原則來洞悉被觀察者的主題行為。解釋的時機是觀察者自覺已經對觀察者行為的瞭解有了新的觀點，為要整理或找出這新觀點的證據，暫時停止資料的蒐集及分析，而進行整理及解釋，以決定是否需要再進一步的資料蒐集及分析。

7. 質的觀察是高推論的觀察，因此需要訓練以達到信度及效度。在觀察的系統步驟中，省思主觀成分是否合宜，符合兒童的發展及是否具有教育性。

8. 質的觀察結果必須有其實用性，用在教育輔導或教學等之溝通互動中。

第一節　質的觀察特色

壹、目的

　　質的行為觀察係將質的研究法應用於行為觀察上，其目的在於探討某個案例與環境之行為互動關係的脈絡意義。每一個案例的行為都是多面的、瑣碎的、展開的呈現，在日常的互動中，只會以個人主觀來看對方的行為，如果未透過觀察來蒐集重要行為訊息，並且將所蒐集的訊息關聯出行為脈絡意義，就很難由對方瑣碎零散的行為訊息中找出合理的、有證據支持的解釋。

　　質的觀察必須接收被觀察者的訊息，也需要檢視自己發出的訊息。如果觀察別人，稱為「觀察」（observation），如果反觀自己，就是觀察自己的行為意義或想法的工作，也就是「省思」（reflection）。質的觀察係由觀察者在可以專注且敏銳察覺行為的意境中，蒐集到被觀察者關鍵性之重要行為訊息，以其理性來發現行為過程中之獨特的意義，以及行為發展的來龍去脈。然而在觀察的當下，觀察者自己的想法及行為也會影響觀察的進行，所以觀察者自己也要省思自己的行為及想法對觀察進行的影響。行為現象的知覺接收是觀察的事實，而反觀自己的想法則是他個人主觀的部分，可能是現象的聯想、推理或暫時的判斷。

　　質的觀察要去「瞭解」行為的真相，找出表面行為的內在意識或意義脈絡。有些案例的行為一看就容易懂，有些案例的行為像一本深奧的書，必須一看再看，仔細思量，才能找出解釋行為的蛛絲馬跡。質的觀察之目的如下：

1. 針對案例之行為訊息來瞭解。
2. 瞭解案例的行為習慣（個性、氣質）。
3. 推判案例的內在意識或潛在因素。

4. 分析被觀察行為脈絡的原因。

5. 對被觀察者行為的問題提出輔導的假設策略。

貳、過程

　　質的觀察過程係以觀察者本身為工具，知覺、記錄、分析、解釋單一案例，或特殊事件相關的當事人之間的互動行為。觀察進行中，觀察者個人的主觀（知覺、經驗、感情、思考、作決定等）是重要的工具。在知覺接收的行為事實過程中，必須不斷澄清自己所覺察的事實真相，所以必須過濾暫時的判斷及感情因素，或不斷喚醒自己注意事實，使記錄的資料可以「聚焦」在客觀的事實。

　　所看到的事實如果不經分析也很難解釋，自省自己的主觀才能看清事實是否誇張、疏漏、歪曲，再根據那些「未被扭曲」的事實來分析及解釋。但是分析及解釋仍無法避免的需要透過觀察者主觀的思考，然而卻不是感情用事或執著自己的思考，是要透過理性符合邏輯的思考，不是牽強附會，也非跳躍不連貫。

　　由於質的分析及解釋也是主觀的，所以必須深思熟慮。觀察的解釋不只反映觀察者主觀的想法或感情而已，更重要的是能反映出行為的事實之真實意義。為使知覺的接收不致偏頗及不足，必須多次及多方觀察，以不斷補充和蒐集驗證資料來接收行為的訊息。針對複雜多變的行為記錄整理出摘要的意義，以瞭解個案行為的來龍去脈，以及深入當事者的心理因素、環境因素及深層的意義。質的觀察的過程分為三個階段：

一、探索階段──資料的蒐集

　　探索階段的主要工作是蒐集事實資料。觀察者進入觀察情境、建立信任關係、以知覺來接收行為事實，將事實記錄下來，以及記錄資料的整理等。在這階段中，觀察者必須以虛心、誠實、專注、敏銳的態度進行行為事實的蒐集，

可以用錄影機或錄音機等協助蒐集，但是觀察者親身經歷其境以知覺來接收是不可缺少的。每次事實蒐集結束後，在最短時間內觀察者的記憶尚清晰時，就將所蒐集的資料以文字整理為紀錄。為使觀察紀錄具有客觀性，必須將文字紀錄分為「主觀評論」及「客觀事實」兩部分，以便澄清在觀察時主觀知覺所接收的真正事實發生之經過，而將主觀偏見或猜測成分過濾出來。

二、深究階段——資料的分析

深究階段的主要工作即將文字記錄的資料作更重點、更聚焦的整理。也就是將零散多緒的行為事實記錄，整理出重點，摘要行為的意義或作類目的整理，使有關主題的行為意義能浮現出來。

其實分析工作在資料蒐集時便已經開始，它貫穿並影響整個質的觀察過程。觀察者在觀察記錄之前已經決定主題範圍，因此經由觀察者對被觀察者行為事實的蒐集所做的記錄已經經過知覺的篩檢，自然會傾向於接收與主題有關的事實，這就是第一道的分析。

但第一道的分析只是粗略的直覺反應，仍需進一步的深思熟慮。直覺反應不易真正抓到行為重點意義，故觀察者必須停下記錄的工作，來深思熟慮行為的意義，將行為的意義或疑點摘記下來。分析工作必須抱持著質疑及繼續求反證的心理，以使被觀察者之行為脈絡及觀察者本人的詮釋在不斷的知覺接收記錄及分析中浮現出來。最後的分析工作則在解釋階段對整體資料的統整性分析，以便作出主題行為的整體透視。

三、解釋階段——重點的整理及評論

當分析工作進行中，會有新發現，這種發現會使觀察者大感興趣，便進入解釋階段。當觀察者在分析過程發現在觀察前沒有察覺的因果或慣性，好像在亂線中找到線頭，就會想抓出來，整理它的來龍去脈。

實際行為的發生有其多面性的交互作用，分析之後抓出重點，必須解釋重點之間的關係才能做完觀察。經由觀察及分析，使行為的主要特徵被找出來，

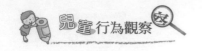

就像點出畫像輪廓，會引出整體形象，突然頓悟到一些意義。分析是找出行為的重點，解釋就是將重點關聯出變項，解釋出變項間的交互作用。

解釋階段可以將分析的結果以條列或圖表將行為要項或要項間關係簡明扼要的寫出，使整體的透視一清二楚，並且在整體概念之下能找到行為事實之證據。抽絲剝繭、層層解釋，俾使被觀察者的主題行為透過解釋工作有新的透視觀點。

參、限制

質的行為觀察的過程中，每一階段都有其範圍及限制，敘述如下：

一、觀察對象是個案或小團體

質的行為觀察只能針對一個觀察對象或一個小團體的互動行為來進行觀察。質的觀察必須面對行為的現象是很零散複雜的，為減少行為發生的複雜面，使觀察者的注意力有聚焦的對象，以及可以找到行為的脈絡、結果之解釋及運用，所以不能再增加互動的複雜面，只能針對一個或少數對象為被觀察者，其他的人與事就退居背景了。

二、觀察有其主題範圍

觀察的主題是觀察者想瞭解的行為層面。行為的表現同時具有許多層面的意義，例如，動作靈巧、情緒、社會互動、學習、語言等等，觀察者想要瞭解哪一層面的行為應是觀察之前便有的前提，這使行為觀察的複雜層面有一個可以使用的過濾網，由廣泛的資料逐漸匯集至主題範圍內。

三、觀察資料必須是被觀察者的自然行為表現

質的觀察必須深入被觀察者之日常活動情境中才能進行觀察。不論觀察者與被觀察者有無互動，或是實驗情境中的觀察，都要回歸到被觀察者自然的行

為反應。觀察者的進入情境觀察對被觀察者來說都會影響到其行為的自然表現，尤其在進行觀察之初，被觀察者很可能會刻意表現或有意隱瞞行為的真實面，因此觀察者應該盡量減低被觀察者行為表現的掩飾及蒙蔽。若不能做到，那觀察者的行為大都是扭曲刻意的，也只好放棄用質的觀察法。為求自然的行為表現，在資料的採用上，也應抱持著質疑及不斷搜求證據的態度，才會真正接觸事實真相。

四、觀察者的紀錄必須是詳實及客觀的

質的觀察進行中，應避免觀察者的以偏概全及先入為主，所以必須詳實與客觀。觀察如果不夠詳實，就會使行為的解釋以自己的主觀牽強附會，並未看得周全就以偏概全；為避免先入為主，則需分辨主觀及客觀的紀錄，在觀察者接收的訊息中，將自己主觀的成分過濾出來，也許在以後的觀察中再繼續觀察，則應針對客觀資料分析之。

五、資料分析與資料蒐集交替進行

觀察結束之後，在記憶猶新的時候進行分析，由分析中發現行為的意義或重複出現的行為，並發現觀察中未明確或有矛盾的疑難問題，在下一次觀察時，觀察者自然就會形成心理準備，使觀察的焦點逐漸濃縮在觀察者逐漸揭露的興趣焦點上。

六、分析結果必須繼續求反證

分析工作是觀察者對觀察紀錄所作的發現或評論，雖可以反省主觀的偏差，但是這種觀察分析仍不能避免的是：由觀察者角度所作的行為詮釋來取代被觀察者自己的行為詮釋（因為被觀察者自己的行為詮釋不易獲得），所以質的分析還是難以避免失之於觀察者的主觀。為使觀察者的主觀減到最弱，繼續的質疑及求反證資料是必須的。

七、由觀察、分析、解釋及結果運用都應由同一人來進行

質的觀察是觀察者本身對被觀察者行為的思索及瞭解的歷程,在這歷程中盡量避開許多矛盾衝突,這是一個個人的思索歷程,別人的意見可能觀點不同,無法相提並論;而且在觀察者來說,會迷失於多頭馬車,找不出方向,所以任何一個步驟都需由觀察者本身親自體驗,不可以由別人來替代。

第二節　探索階段

壹、主題範圍的界定

一、觀察的動機

行為的訊息瑣碎零散,質的觀察如果沒有主題,就不易接收到有關係的訊息。在無頭緒的觀察中,將會使觀察時沒有方向,觀察者的知覺很難將注意力匯集在重要的訊息,而可能蒐集一些不重要的事實而不自知。

觀察主題即觀察者有動機想去揭露的行為現象範圍。觀察者的觀察動機常是自己覺得自己無法判斷,或所知不足,然而並非對被觀察者全然無知,而是所知的部分不能讓觀察者很有信心的去解釋被觀察者的行為,因此必須停、看、聽來深入瞭解。觀察者對被觀察者的初步所知,可以幫助觀察者劃定行為資料蒐集的範圍及資料分析的方向,這便是主題的決定。主題的決定就是由觀察者的動機而產生。觀察者在其專業工作中,一般都是由其經驗或專業知識來對學生的行為下判斷,但是有時學生的行為不易以一般的常理來推測,而必須停、看、聽來深入瞭解。

二、主題範圍

主題的決定是資料蒐集的範圍及資料分析的方向，但是絕非觀察者先入為主的判斷。觀察者不可能在觀察之前，在所知有限之情況下就作結論性的判斷，否則就使整個觀察犯了先入為主的錯誤，導致訊息蒐集之偏頗。先有判斷才觀察，那些能支持先入為主的診斷行為訊息特別容易被看到，未支持行為診斷的行為訊息就很容易被忽略（視而不見、聽而不聞）。例如：遊戲、同儕互動、學習等，可以作為主題，而想像、合作、專注等太具體的判斷，就不宜為主題。

由另一角度來看，觀察主題是觀察範圍或目的的指引，太具體或偏頗就是太快跳進結論。質的觀察為深入探討行為的脈絡，如果在接收行為訊息的時候，就把訊息的複雜度簡化，可能就刪掉了重要訊息。如果觀察的主題太具體或偏頗，很可能使行為的複雜度已經被簡化成狹小的範圍或具體的指標，觀察記錄的時候，很容易就只針對狹小的範圍或具體的行為來記錄。而有些行為與主題表面無關但確實有重要影響，如果這些行為被忽略，可能很難找出行為的真正意義。

例如打人行為觀察、分心行為觀察、偷竊行為觀察等，都是已經對行為下了一種結論式的診斷，已有了診斷，如果以這種診斷為主題，在蒐集觀察資料時很難不受先前診斷的影響，而使觀察面一開始就濃縮在先入為主的判斷中，而極易忽略其他相關的行為。

三、由事件或時間取樣來決定

質的觀察主題最好由選擇觀察的事件或選擇觀察的時間來決定。質的觀察主題的選擇，其目的在於以時間及事件來縮短行為的延續，使觀察者的知覺及記憶能承擔觀察記錄的工作。主題的選擇就是觀察記錄是要採事件取樣或是採時間取樣有關。

以事件取樣的觀察主題是以事件之發生為觀察範圍，事件的發生有其開始與結束的一段時間，在這段時間中記錄行為的整個過程，例如：進食行為觀察、

做作業行為觀察、爭執行為觀察、看電視行為觀察等。

　　以時間取樣的行為觀察之主題，是因為事件發生及結束的時間不是那麼明確或事件延續很久，所以無法完整的記錄整個過程的行為，只能以時間為單位來截取某一段時間內行為的發生情形作為解釋的依據，例如：師生互動之行為觀察、同儕互動行為觀察、遊戲行為觀察等。

四、延續的主題

　　有了主題的觀察，使觀察的資料蒐集有了範圍，分析及結果的解釋有其重點，而不至於太廣泛難以過濾出具體的瞭解。但是從另一方面來談，主題也可能形成一種限制，在這觀察主題的範圍內，雖得到具體的解釋，但還未能真正達到觀察之目的，解決觀察者內心的疑慮。因此，觀察結果如果尚未完滿，可能使主題不符合，必須將主題做修改或擴大，以作為另一個「聚焦」的方向。

五、主題選擇的實例

　　例如某生和同學常有溝通不良的衝突事件，老師想幫助該生並想瞭解該生與同學衝突行為的形成，若從與衝突同學的會談中瞭解，似乎易有偏見而得不到行為的真相，所以老師決定以該生為對象作質的觀察。首先要找一個觀察主題，如果他找的觀察主題是「衝突行為的觀察」，則他的觀察結果可能得到衝突行為發生的時間、次數及衝突的內容等，但是衝突行為的原因及過程就難以觀察到，這也是已經先診斷後觀察的實例。若老師以衝突行為較易形成的時間進行觀察，以「下課時間同儕互動」為主題，即使並不一定觀察到衝突行為的發生，但可以從該生與同學互動所表現的行為中發現一些行為的線索，例如：如果由觀察的分析結果所提出的解釋得知，該生有獨占行為、遊戲技巧的失敗、自誇行為，以及直接情緒的表達行為等行為表現，而且頻率很多，而禮貌行為、退讓行為也有出現，但是頻率不多，根據這樣的觀察結果可以推測該生同儕行為的傾向，作為輔導該生改進社會技巧的依據。若想進一步瞭解該生對同儕行為的自我詮釋，也可用深度訪談的方法進行另一主題的探討；若想從其家人關

係中瞭解同儕互動行為的家庭因素，則在可能的範圍中，作「家人互動關係」的質的或量的觀察，可把觀察主題界定為某一段時間（如看電視）之家人互動觀察等。

上述例子正說明質的觀察主題應如何界定，以及觀察主題之功能，一個主題所得到的觀察結果解釋，可以作為下一個觀察主題決定的參照點。

貳、觀察者的角色

質的觀察是自然的觀察，觀察者必須進入被觀察者的行為情境才得以進行觀察，有時必須在現場就做記錄，有時無法在現場記錄，就需憑記憶來記錄，但無論何時記錄，「進入現場」及「互動參與」是必然產生的兩個因素。當觀察者在現場注意被觀察者，是否會干擾被觀察者？當觀察者為蒐集進一步的瞭解，而可能有一些移動或詢問等，這些動作是否影響被觀察者的行為？實際上，被觀察者的行為表現很難不受觀察工作的影響，所以必須使干擾減輕到最微弱。

「觀察行為是否讓被觀察者知道」及「與被觀察者互動的程度」都是需在觀察之前就要考慮好，而且在逐次的觀察中最好維持不變，觀察者保持一定的態度及參與，觀察情境也維持單純而自然，這樣才能使被觀察者的戒備心減低，而很自然的表現他自己的行為。

一、觀察行為是否讓被觀察者知道

觀察者在現場進行觀察最好不被觀察者所知，但是如何防其知？如果被觀察者的年齡小或是智能障礙兒童，對環境的覺察不是那麼敏銳，觀察進行對他的行為影響不大，在觀察進行中，他會純真無邪的表現出自然真實的行為，那麼無需據實告訴他他在被觀察。如果他對觀察者的「工作」感到好奇，觀察者可以告訴他：「我在寫功課。」很容易使他相信並不再追問。在這種自然情境中進行質的觀察，可說是一種「完全的觀察」或「觀察者的少許參與」，觀察者只要不做干擾的動作，很容易進行自然的行為觀察。

　　但是如果被觀察者較成熟或較好奇追根究柢，就很難蒙蔽不讓他有所感了，過分的防備及蒙蔽，有時會引起不必要的懷疑及自我防衛，更不容易看到行為的真實面。因此，如果觀察行為極易讓被觀察者知覺到，而且極易影響到被觀察者的自然行為，則應事先說明觀察者的工作（以被觀察者能接納的方式來說明），並要建立信任關係，讓被觀察者不感覺壓力及威脅，減低自我防衛，也讓他在習慣於觀察者的工作進行後，而自然表現其原有的行為反應。觀察者的態度則應是樸實的、輕鬆的、自然的。

　　在被觀察者對觀察行為易有所知覺的情況下，觀察者在觀察之前最好先徵求被觀察者的同意。例如觀察者想利用下課時間觀察某生的同儕互動行為，可以在事先輕描淡寫的告訴該生：「我對你下課時間的活動很有興趣，我會把你在下課時的活動記下來，作為參考，你不必擔心，我只是要瞭解你在下課所做的事，這和操行成績沒有關係，你認為如何？」也許被觀察者同意了，但是仍會引起他的不自在，在初次觀察時會刻意營造或蒙蔽某些行為，但是質的觀察不是一次、兩次而已，為使被觀察者放心，觀察者的態度應是不干涉也不隨便評論，被觀察者自然的行為會在這種不受威脅的情境中，在逐次的觀察中恢復正常，使觀察到達完全的質的觀察。

　　如果觀察者拒絕被觀察，或者無法自然的表現行為，這種完全的質的觀察及現場記錄只好放棄，這種情形大多發生在年齡較大的孩子，或自我防衛一向較強的人身上，也就是說，完全的質的觀察在某些情境及人物是無法進行的。也許可改用非現場記錄的軼事記錄，軼事記錄並不在現場做記錄，對被觀察者的壓力可以減輕。然而，也有不少成人平時便很善於虛偽裝飾，即使軼事記錄也不見得會看到真實的表現（除非更長時間的接觸觀察）。

二、是否參與被觀察者的行為互動

　　觀察者能否完全站在「觀察者的獨一角色」來進行觀察，也是影響觀察者態度的重要因素，如果觀察者能完全以觀察者角度進行觀察，而不與被觀察者有其他角色的互動，則觀察及分析較易客觀而詳實。如若不然，觀察者的行為

可能影響被觀察者的行為，而被觀察者的觀察角度及分析也易被同情及主觀所影響。

教育上的觀察者常常同時也是施教者，例如被觀察者的老師、父母或輔導者，因此兼有其他角色的人，如果要完全旁觀而不參與行為互動，不易執行。而且，在其他角色中與被觀察者互動的過程中，觀察者也是影響被觀察者的行為之重要的情境因素，必須引導、輔導、教導，或做各種安排及指示等，因此常不能兼顧觀察的工作，更不可能做現場的記錄。因此參與觀察的記錄需要在事後記錄，如日記法、軼事記錄等。

參與的觀察，在觀察情境中，觀察者扮演著一個互動的角色，例如教導的角色、協助的角色、合作的角色，或社會角色之一，如家人、老師等。有時參與的角色不能同時兼顧觀察記錄的工作，只能把注意力放在參與互動的行為上；有時參與的角色則只需要部分參與，這就可以同時有較多機會做旁觀的觀察。

然而，參與互動及觀察工作如果同時進行，往往會混淆不清，影響觀察情境的自然發展，因此參與的觀察最好在事後憑記憶做記錄。但是觀察者的參與互動時，他站在自己的角度，在外他表現行為，在內心仍有思想、情感等的進行，有的內心運作會在互動中表現於外，有的只是內心覺知而已，並未外露。在做觀察記錄時，這內外的運作很可能會混雜在一起，很難看清被觀察者行為被影響的部分。所以觀察記錄必須注意客觀行為表現的陳述，觀察者必須把「自己本身的行為表現」也當作客觀事實的記錄，而把行為發生時的內心想法過濾在另一欄，才能盡量避免主觀的干擾，而「記錄」行為互動的客觀事實。

參、詳實客觀的記錄

質的觀察記錄方法有日記法、軼事記錄法、現場觀察記錄等。日記法即針對某個案每天將其發展的重要事件描述下來，以瞭解他的行為歷史或成長的過程；軼事記錄法即在自然的經驗中將重要事件記錄下來，以瞭解重要行為的意義，對象可以一個人也可以多人，在複雜的互動歷程中，記下重要的事件；現

場觀察記錄是在事件發生之時同時觀察並記錄所知覺的行為，通常只能針對一個個案，最多只能針對極少數人來進行。

　　不論日記、軼事記錄或現場觀察等之記錄，在質的觀察記錄都需要做到詳實及客觀，實際的記錄工作如果做到詳實及客觀，需要一些訓練。因為觀察者是以他的知覺來接收行為的訊息，人的知覺是有其限制的，很難什麼都看到、什麼都聽到，總難免有疏漏之處，如果觀察動機不強烈而勉強為之，更可能視而不見聽而不聞，使觀察記錄十分粗略。再加上人的主觀是如影隨形的，觀察時隨時都會有一些感覺或判斷浮現心頭，主觀會參雜在知覺中，如果不加以訓練可能不易辨認，因此為使觀察記錄符合詳實及客觀，可以以兩個步驟來釐清，詳細說明如下。

一、原始記錄 —— 主觀且詳實

　　原始的記錄在旁觀的觀察時，是現場的記錄；在參與互動的觀察時，則是事後的回憶記錄。

　　質的觀察所要處理或過濾的問題有二：行為的多面及複雜，觀察者的主觀涉入。

　　行為是多面及複雜的，為使原始的記錄不會遺漏太多，必須盡量詳實周全。為使記錄詳實，記錄必須要快，觀察者要把所見、所聽的通通留下痕跡，以免在記憶中消失，所以必然是文字簡潔潦草、語句不完整。為使紀錄能看得懂，再回憶及補寫完整是必須的，而且要在觀察結束後最短的時間盡早做好回憶及補寫，也就是在短期記憶未消失前來做。

　　至於記錄時主觀的介入是無法避免的，主觀就是人的感覺及短暫的判斷，在第一手的記錄工作中不必勉強避開，因為主觀因素對觀察工作有正面的引導作用，特別說明如下：

　　雖說觀察記錄要詳實，事實上，即使觀察者用速記的方法，還是無法把行為的瑣碎通通留下紀錄，因為觀察者的知覺受到知覺閾的影響，在知覺閾之外的刺激是無法接收到的，知覺難免有所疏漏；有時疏漏之處會使行為的連續性

被打斷，而觀察者的聯想、猜測、推理等主觀的介入會使被觀察者的行為不至於瑣碎零散不連貫。另一方面來說，主觀使觀察者在觀察時之知覺接收有選擇及過濾的作用，使觀察者注意到重要的訊息，而使記錄不至於龐雜沒條理要點。

雖然主觀不一定正確，但是質的觀察不是一次而已，觀察之後的分析將使觀察者在下一次觀察知覺更能掌握要點，在幾次觀察記錄分析之後，使觀察時的知覺接收逐漸修正到較為正確的層面。

每一次的原始觀察記錄工作不可能在現場一直作理性判斷，因為如果記錄要快及詳實，時間根本不允許仔細思考，或選擇哪一點需要記、哪一點可以不記的工作，知覺接收及記錄是人的自然觀察本能的反應，而人無法避免的先天知覺、感情等，也隨興所至的跟隨著觀察知覺的接收，但是經由觀察者在觀察之後的分析，自然又修改了先天的知覺、感情，使之引導下一次的觀察，逐漸揭露觀察者所要瞭解的真相。

因此，若要達到觀察的深入，每一次的觀察記錄資料都須是詳細的，而且也是誠實不扭曲的，最重要的還是由觀察者的主觀來引導觀察時知覺的接收及主觀的想法。

質的觀察透過不只一次的資料蒐集及分析，逐漸由廣泛而深入至重點上。資料蒐集時，廣泛資料的記錄是必經之途，分析工作只是替觀察者尋找下一次的觀察知覺閾而已。

二、事後整理——清晰且客觀

原始的記錄是知覺所接收的事實資料，但是記錄中除了包含行為事實之外，也會夾雜著觀察者主觀的好惡、判斷及評論，因為主觀是人時時刻刻無法丟棄的包袱，在觀看事實的時候也不太可能完全丟得掉。

觀察的事後整理，是針對原始紀錄作整理，除了把文字寫清楚之外，還需把行為的客觀面過濾出來，以去除主觀成見的影響。

在事後整理的紀錄紙上，必須在紙的中心偏右之處畫一線，客觀的事實發生經過抄在左邊比較大的空白，而將事實觀察進行時的個人想法、主觀看法抄

在右邊比較小的空白上，且將同時發生的主觀及客觀並列寫出，以作為分析時的參考。

「主觀」與「客觀」的劃分，粗淺說來似乎不難，「客觀」表示由一般不帶感情的句子去敘述，不作評論或先入為主的判斷，例如：他的嘴角微笑、他的拳頭握起、他沉默著、他注視著遠方等等，都可說是客觀的敘述；而「主觀」的敘述則是感情的、評論的敘述，例如，他的穿著華麗，他滿臉埋怨、他面帶殺氣、他無可奈何、他動作靈巧等等，可說是比較主觀的敘述。

「主觀」與「客觀」實際分辨起來，卻是很難釐清界線，因為「客觀」的標準實際上也是存在於每一個人的主觀意識中，而且每一個人的標準也不一定全都一樣。如果採取一般的觀點，大多數看法一致常常就被認為是客觀的論點，然而，偏偏就有人因為他的看法與大家有所不同而認為大家積非成是，除了他自己之外，其他人都犯了盲從附眾的錯誤。事實上，這種孤傲的想法也有時候偏巧是真實而且正確的，因為可能此人真的是有先見之明、先知卓見。

如果事件是可以測量、計算、重複的，這種客觀的標準測出的結果較易被大家同意為具有客觀性，但是人的行為中有許多是很難用標準尺度來測量的，如表情、情緒表達等，即使動作之快慢、肌肉的軟硬可用儀器來測量，也不可能在觀察時進行測量。

「主觀」及「客觀」既然無法界線分明，其操作的定義只能放在大家都可能會接受的敘述，不會有許多疑義的敘述，則為「客觀的敘述」；若只是出自於個人的觀感，無法確定是否會被質疑的敘述，則為「主觀的敘述」。「客觀」表示被大家認定的事實，「主觀」表示個人的看法，還需要被「客觀事實」來支持或證明。

肆、行為觀察探索階段的範例

實例一　小傑同儕互動行為的軼事紀錄

林小傑在班上是常常引起爭執的小孩，老師以軼事記錄的方法摘記林小傑同儕

互動的行為，可以在小傑的特別行為發生後摘記之，也可以用回憶法摘記對小傑印象深刻的行為，累積幾次的初步行為證據，就可以下初步判斷。

性別：男。

年齡：四歲（中班）。

排行別：老二（老么）。

特徵：高大、活動力強、不喜歡別人觸碰。

主題：同儕互動中的衝突事件。

家庭背景：父親、母親、一兄（年齡差距約九歲），母親年紀稍大才生老二。

事實行為	心得
1. 上課中一直插嘴，並不時地逗弄身旁小朋友和弄椅子。	△吸引老師的注意力，但因專注力不持久，因此就開始弄小朋友或椅子。
2. 排隊時拒絕和其他小朋友牽手，也不和老師牽。	△自幼即不喜歡母親以外的人摸他。
3. 上廁所後，爭著要排在第一個位置，並推擠其他小朋友。	△社交能力差，以其高大的身軀代替其較差的同儕互動，以此自覺比別人棒。
4. 吃點心時，眼睛不時地注意其他人，並吃得很快速，一吃完就告訴老師說：「還要吃一碗。」	△觀察力敏銳，食量好，深怕在吃點心時輸給他人，並試探老師點心是否還有。
5. 戶外活動時，常更換遊樂項目，並大叫其他小朋友的名字。	△吸引同學注意其英雄式的表現，展現其勇敢、大膽的一面。

初步判斷：社交能力差，經常以武力引起別人注意，並以良好的語文能力來解釋自己行為的產生原因，自覺自己比別人好。

實例二　小萱發言行為的軼事紀錄

　　有時老師的觀察對象並未那麼突顯出來，因為每個孩子似乎都在正常軌道上，老師並未發現有什麼特殊的孩子需要老師進一步瞭解的，這時，老師可以就全班比較特殊的活動寫軼事紀錄，從中去省思比較需要特別瞭解的孩子。

活動：過關活動。

規則：每班的小朋友一起到各個關卡參加活動，回答關主所提的問題。

場地：班級教室、體能區、廁所、教室外的空地。

事　實	感　想
老師帶著小朋友們到廁所裡，大唱童謠、唸童詩，並一邊拍手營造氣氛，同時趁此機會教育告訴小朋友們，上廁所時應該注意的一些事項。	大聲唱出童謠、唸出童詩，可宣洩孩子們的情緒，亦可藉機培養小朋友們對文學的興趣。
在遇到關主時，老師帶頭喊隊呼：「皮卡丘，皮卡丘，加油！加油！加油！」小朋友們齊聲附和，並一起向關主問好、道謝，與關主互問互答，唱歌給關主聽。之後，由關主進行講解物品的活動，小朋友們抽拿袋內的物品。有位小朋友抽到國旗，關主問些有關國旗的問題，小朋友們問答相當踴躍。活動結束後，小朋友們紛紛向關主道謝、說再見，也向國旗說再見。	參與活動時，齊喊隊呼能凝聚團體的氣氛，使人人都具有參與感，亦可增加活動的趣味性。幼稚園裡的小朋友們多半會對自己親身經歷的事件以及自己親眼見過的東西感到印象深刻，因此有具體的實物呈現於眼前，並且有老師從旁解釋與協助，能讓小朋友們對事物有更進一步的瞭解。
老師使用鈴鼓來集合小朋友們，並且和小朋友們齊喊尚未集合好的小朋友們的名字，督促其盡快加入集合隊伍，一直重複至小朋友們全數集合好為止。	老師使用有技巧的教學方法，不僅可以讓小朋友們達到有效的學習，亦可令老師獲得事半功倍的成效。老師用不著大聲喊叫著小朋友的名字，要他集合排隊，只要使用鈴鼓與利用同儕間的影響力，即可迅速地將隊伍集合完畢。
在過完每個不同的關卡後，全班回到教室。老師使用好寶寶貼紙來獎勵小朋友們在過關時的優良表現，並且檢討小朋友們在過關時所犯下的缺失，例如：要有禮貌、要注意聽老師說的話、注意安全、過關時應該慢慢走，而非快速跑過………	在活動結束後，徹底地展開一番經驗分享與檢討，可及時鼓勵小朋友們的優良表現，並且修正小朋友們所犯的缺失，使其在下次的活動中，能注意之前曾犯過的缺失，以發揮導正小朋友們的言行舉止之效。

因為目前尚未確定欲觀察哪一位小朋友，故於此暫先略述數位小朋友的行為舉止。

事實	感想
♂：小可在班上顯得有些奇特，常會表現出許多異於一般小朋友的行為舉止。當老師正在上課時，他總不安於座，在教室裡面到處亂跑，說著讓人聽不懂的言語，無視老師的勸阻，有時會突然又叫又跺腳，對老師撒野，弄壞了老師的眼鏡，馬上又跑開了。之後，又對著我們幾個觀察者發出「吚、吚、吚……」的聲音，令人不知如何是好。	小可的行為舉止表現出他似乎是個不容易教導的孩子，很需要老師多一點的關心和照顧，班上的老師好像也已經對他的所作所為習以為常了。想要好好教導有這樣特殊情況的孩子，可得努力地下一番功夫了。
♀：小萱正在畫圖，突然有另一個小朋友跑過來和她說話，干擾到她畫畫，她不發一語，只是用直直的眼神一直盯著他看，並拿著彩色筆對著他，直到他離開後，才又自顧自地畫著自己的圖。	小萱不以言語的方式來傳遞她受到打擾的訊息給另一位小朋友，而是以另外一種情緒表達方式來傳達她的不滿，同樣達到了遠離干擾的效果。
♀：小琪是一般人眼中逗人喜歡的類型，在剛進入教室觀察時，她即跑來和我說話，問我拿著筆在寫些什麼？寫好了沒？之後，又跑到別處玩，接著又跑過來問我說：「可以放學了嗎？」我向她解釋：「還沒到放學時間，要再繼續上課呀！」她便點點頭，一副十分能理解的模樣，隨後即回到位子上坐好。直到快要放學時，她又跑了過來，告訴我她要回家了，問我是不是也要回家了，之後，笑笑地向我說再見，便走了。	我認為小琪所表現出來的主動行為，會讓她在人際關係的協調上，較少出現問題。

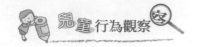

被觀察者：蘇小萱的軼事紀錄

事實	感想
在活動進行時，為了拿小椅子來墊高拿小紙牌，而與同學起了爭執，臉上充分地表現怒色，與另一位同學僵持不下，最後，另一位同學離開了，她拿到椅子後，便露出了笑容。	她和一般小朋友會產生的反應不同，她並沒有大聲叫罵，只是用生氣的眼神看著對方，使另一位同學知難而退。
活動期間，小萱時常落後於隊伍之外，有些心不在焉，而且不時地自言自語。黝黑眼圈，不停地流著鼻涕，可能因為感冒而引起身體的不適，導致睡眠不足。	生理是會影響心理的，一旦身體有了不適，做起事來就會力不從心，成人即是如此，更何況是小朋友。在這樣的情況之下，小萱應該要有充分的休息，直到有足夠的體力參加活動，才使其加入。
在體能區活動時，有個小女孩和一個小男孩因爭相玩繩索而起了爭執，小男孩推了小女孩一下，小萱安慰著被推的小女孩，並且帶著小女孩去找老師，隨後又回到繩索區，玩得很開心，而且霸占著繩索，不想讓其他的小朋友玩。	小萱懷有同理心地安慰著被推的小女孩，使人感受到友情的溫馨。然而，之後所產生的行為，並不體貼他人，不想與人分享。因為老師並沒有看見，因此無法進行機會教育，立即勸導其行為。

心得：小萱的發言行為是否達到效果是老師關心的。

第三節　深究階段

壹、分析之含義

　　觀察記錄之後如果不經過分析就提出解釋，將無法知道是否犯了主觀的錯誤，因為人的知覺或思考常常會將不清楚或不周全的資料以「想當然耳」來自以為是的補充進去，人也會將自以為不重要的資料過濾，補充進去的又常常以自己的經驗感情來決定。因此如果不經分析就提出解釋，可能所提出的解釋是以自己補充的部分為主，不一定是真實的事實資料所支持，經由資料的分析才

可以幫助觀察者的主觀找到客觀事實的證據。

分析工作即在觀察記錄中之「行為的客觀實況記錄」尋找系統脈絡，將複雜的行為與主題有關係的重點行為用簡明的語句摘要並登錄出來，以問題（question）或編碼標籤（coding label）將行為的意義以簡明的詞彙摘要出來，並登錄在記錄上。

質的分析就像運動場上散了一地的玩具需要分類整理，首先要發展出編碼類目（coding categories），就是玩具的歸類方式，例如依大小作歸類編碼、或依顏色來歸類編碼、或依玩的方式來歸類編碼、或依玩的場地來歸類編碼、或依學習內容來歸類編碼等。玩具的類目很多，質的觀察行為的類目也很多，例如依情境來歸類、或依事件來歸類、或依關係來歸類、或依活動來歸類等。以情境歸類為例，把不同情境的資料用不同的標籤、號碼或符號來登錄，如「獨處的情境」、「安靜的情境」、「偶發事件的介入」、「吵雜的情境」等不同情境的登錄，結果可以整理出在各種情境中所發生的事情；以活動歸類為例，把不同活動的資料用不同的標誌、號碼或符號來登錄，如「獨思」、「語言溝通」、「合作」等，結果可以整理出在各種活動中所發生的行為。在質的觀察行為分析時，同一段紀錄可能有好幾個登錄。

在進行質的觀察記錄分析之前，就必須決定如何摘要行為的意義，也就是由主題的行為來摘要意義。主題是觀察者的動機想要瞭解的範圍，主題範圍中的「行為詞彙」就是要從觀察記錄的思索中想出的行為意義。不同主題整理出來的行為意義將會有所不同，觀察者需要針對自己在觀察前已經界定的主題來思索行為意義，以適切合理且簡明扼要的詞彙來摘要之並登錄出來。

行為觀察的類目也就是將行為的意義依照主題的範圍摘要出來，可以分為「標籤」和「問題」兩種登錄方式。「標籤」是行為與主題有關係的行為意義，必須使用言簡意賅的文句，或說簡短易懂的詞彙，將行為紀錄中與主題有關的意義登錄在行為紀錄之空白處或文後。如果該行為的意思是非常明確清楚的，就可以將之登錄為行為的「標籤」（以 "C"：的符號後寫出摘要的行為意義），如果行為意義尚在假設猜測中，並不一定正確，則以「問題」登錄之（以

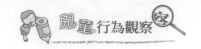

"Q"：的符號後寫出摘要的行為意義），作為下一次觀察的蒐集資料的心理
準備方向。

　　非專業的觀察常常會犯的錯誤是將標籤加在一個人的個性上，認定他就是
這樣的人，這是對學生下標籤，會扭曲學生的學習或輔導。實際上常常被認為
吝嗇的人有時也會出現慷慨的行為，如果一般時候也許他讓人的感覺是吝嗇，
但在某時機又變慷慨了。所以將標籤下在被觀察者的個性上就會犯錯，要避免
這種錯誤，最重要的是要將標籤加在行為上，而不要加在人的個性或人格特徵
上，標籤不能用來區分人的類型，因為人的行為不是一成不變的。

貳、分析歷程及原則

一、行為記錄的摘要——產生主題意義的標籤登錄

　　行為標籤的登錄在行為訊息的紀錄中必須清楚，可以不同顏色的筆寫在行
為訊息的行間，也可以寫在該段落之前或後，總之標籤登錄的紀錄應在資料中
易被看到，且能立刻找出是由哪一段資料所產生的標籤。

　　行為觀察的標籤是以觀察主題的行為來思索適當的意義，將有關主題的行
為意義以簡短易懂的文字摘要並登錄下來，所登錄的標籤用詞是在主題的意義
範圍之內。例如「同儕互動行為的觀察」，可能產生的標籤有：「幫忙別
人」、「求助」、「接受意見」、「反駁」、「自誇」等；又如「做作業的行
為觀察」，可能產生的標籤例子：「專心」、「分心」、「考慮」、「找字
典」、「詢問」、「查書」等；「看電視行為的觀察」的標籤例子：「交
談」、「模仿」、「意見」、「批評」、「轉台」等。

　　質的分析的登錄工作，是將觀察紀錄的多面性，亦即錯綜複雜的交互影響
關係，以標籤的方法整理出重點。行為觀察質的分析，也就是將行為的複雜面
以所登錄標籤的方式將主題意義摘錄下來，使行為有關主題的意義被濾出。但
是行為的發生有其連續性、統整性、程序性及個別性，要將行為的過程分割成

一片一片，再將每一片的意義以標籤標出其意義，很可能會產生張冠李戴、過分誇張、過於褊狹及主觀意識的重點登錄，使觀察資料的真實面因而扭曲。

二、登錄重點標籤的原則

分析即將行為的重要意義登錄出來，必須將行為分辨出幾個重要的意義，將重要意義以簡短的語言詞彙表示出來，使複雜的行為現象簡化為容易瞭解的重點。但是如果所使用的詞彙並不能妥當的將意義表示出來，會使行為的整體意義被扭曲誤解。為避免分析時將行為意義摘記出來卻是不太正確的，所使用的標籤詞彙必須符合下列條件：

(一) 符合主題的觀點

行為的發生有其多面性及各個因素的交互作用，例如說話的行為，有思考層面、情緒層面、動作層面、內容層面、關係層面等，如果在分析時每一層面都要兼顧，可能會使簡單的說話行為變成一團亂線，無法整埋出條理。若在分析之前就決定某一層面（主題），則使分析時有脈絡可尋，但也非完全濾掉或拒絕接收其他層面的問題，而是以主題層面來透視整個行為。

例如以「情緒」來分析說話行為，主要的目的即從說話行為中瞭解情緒的變化及前因後果。可以由動作、內容、關係等的行為來登錄其情緒的表現，可能登錄之標籤重點有「微笑招呼」、「微笑聆聽」、「詢問」、「皺眉沉默」、「跺腳」、「揮拳敘說」等。由有關主題的行為標籤登錄中，再審查各個標籤的出現頻率、時機及各個登錄之間的關係等，則可以整理出說話中的情緒表現。但是真正情緒是內心感覺的，所以若要真正瞭解被觀察者隱藏的情緒，則需經多次的觀察繼續蒐集反證資料，或以深度訪談蒐集資料。

將行為摘要出標籤意義登錄出來，如果不符合主題的意義，將使分析及解釋無法針對主題來瞭解，那麼這種質的觀察就失去其效度——未能滿足觀察動機所產生之觀察主題。

（二）由描述的行為來推敲主題標籤用詞

質的觀察的主要目的是要去深入探究或「發現」被觀察者行為的來龍去脈，必須以被觀察者個人的行為脈絡來分析瞭解，不能用現成的用詞來套用。因此在行為重點標籤登錄的用詞是要由觀察者根據所記錄的行為去思考被觀察者的行為意義，這是批判性及創造性的思索，而非有一套現成的字彙可以套用。因此，分析的工作是需要文學造詣及創造思考能力，有這兩種能力才能把行為的意義正確的標籤登錄出來。

如果分析之前已經有一套現成的字彙來套用，這就犯了先入為主的錯誤，因為在分析時就會刻意去「附會」這些詞彙意義的行為，而有些不符合之重要意義的行為很容易被遺漏，這樣就無法發現行為發生的真正意義。其實，如果已經有一套詞彙，這表示在觀察之前已經有一些解釋主題行為的原則、理論或看法，這時所需做的觀察是以「驗證」這些原則或看法為主要目的，則可以將這些詞彙發展為量的觀察記錄工具，可以在短時間就蒐集大量的行為樣本，而不需要以質的觀察法費時又費力。

（三）不遺漏

分析是把意義標籤登錄出來，好像把連續的行為分為片段來標記，然而觀察者在分析時，很容易順著行為的連續性及表面意義而迷失了，忘記主題意義的思慮及掌握，當主題意義並不明顯之處，往往主題意義會被掩蓋住看不出來，因此在標籤登錄時極易疏失，有些具有主題意義的行為被忽略未被登錄出來。

在尋找重點登錄時就必須仔細推敲，尋找「主題意義的行為」，將其一一找出，不遺漏的登錄出來。如果分析時遺漏太多，就會使觀察失去信度及效度。

（四）客觀

行為的意義不容易在表面上看出來，而是觀察者主觀給予的意義，但是如果觀察者所給予的行為意義不能代表被觀察者行為的真正意義，只是觀察者個

人的偏見或情緒投射，那就不夠正確真實。

有些標籤之用詞所代表的行為意義則較明確，且表明的是行為的表現層面，較不涉及內心層面的意義，比較不會產生內外相違的情形，同時也不會涉及程度上的差異之爭議。例如：沉默、求助、批評、發問、模仿、自誇、打人、挑食、抱怨等等，這些用詞很容易就可以在表面的行為判斷出來，也就是說很容易下操作的定義。標籤登錄所用的詞彙應盡量客觀，主觀的詞彙應盡量避免使用，而用客觀的詞彙代替。

但是，標籤登錄的行為如果都是行為表面容易界定的意義，這樣的分析也有其不完整之處，因為使內心意義的行為都被忽略了，而行為的內在意識才是觀察真正想瞭解的，也是代表被觀察者個人行為的重要意義。

所登錄的標籤意義必須真正代表被觀察者個人的行為意義，這和在觀察時被觀察者的隱瞞程度有關，純真的兒童或智慧不高的被觀察者比較不會刻意隱瞞，其行為往往就是其內心的表達，因此直接用表達心情的詞彙來登錄比較不會犯錯，然而對刻意隱瞞的行為，用表達心情的詞彙就要小心了。

行為的內在意識有時是很曖昧不清的，尤其是被觀察者內心感覺的意義，例如：和善、敵視、憂愁等，這些用詞所代表的外在行為都不是很表面的，必須由觀察者主觀去推測，然而主觀包含太多分析者自己的感情及經驗的投射就容易有錯誤。例如：「他笑容滿面的拍拍朋友的肩膀。」若以「和善」來登錄，表面上似乎並沒有錯，但是並不知他的表現是內心和善的表現，或是有目的的表面行為，而內心卻是敵視，但以「偽裝和善」也不一定正確。若要知明確的意義，必須再繼續看這行為之後的後續行為，也就是如果分析者以「推測」來標籤行為的意義，其正確與否必須有持續的「證據」，才能真正把行為的客觀意義標籤正確，否則斷章取義很容易犯了主觀之誤。在這種情形的登錄，最好先用「問題」來登錄，待其意義已經被證實之後再改為「標籤」。

有關行為程度的形容或描述也不易客觀，常常是以觀察者的經驗來判斷，例如：過動、魯莽、斯文等。「他不停的從椅子上跳下又跳上，連續做了約十幾次。」若以「過動」來登錄，則不知這種行為是否達到「過動」的意義，如

用「連續的反覆動作」則更客觀。

(五) 不誇張

行為的意義是否貼切，必須要看行為的連續、程序及統整才能確知，但是在質的分析時，重點標籤卻需把行為切成段落來登錄。人在判斷時常下意識的把不完整的片段作補充，使之趨於完整。這種藉由想像來補充，而不是以真實行為發生的連續、程序及統整來審視行為的意義，所產生的重點登錄很可能會犯了不夠貼切的問題。

例如，「他轉過身，注視著同伴，在同伴臉前揮舞著握著的拳頭。」若以「攻擊行為」來登錄，似乎已經確定下一個行為就是揍人，但是事實並不一定如此，必須要再接下一個行為才能完整看出這行為的意義，選擇正確的標籤登錄。

「他轉過身，注視著同伴，在同伴臉前揮舞著握著的拳頭，用勁的說：我想打人了。」若以「攻擊性」來登錄標籤，則犯了過分誇大的錯誤，因為從這行為的片段並不知被觀察者是否具攻擊性，只能說是「攻擊念頭」。如果從觀察紀錄上登錄了頻率很高的攻擊念頭，才能在觀察的評論中提出「攻擊性傾向」的結論，但仍應以質疑的態度繼續尋找攻擊行為的成因，及被觀察者是否也有與攻擊行為相反的行為，如友善行為、同情行為或退縮行為等。

(六) 不褊狹

在重點登錄時，有時也會犯了過分小心的錯，而使行為的意義過於褊狹而瑣碎，例如，「他轉過身，注視著同伴，在同伴臉前揮舞著握著的拳頭，隨即又放鬆拳頭，哈哈一笑的雙手用力拍同伴的手臂。」標籤登錄為「轉身」、「注視」、「舞拳」、「鬆拳」、「大笑」、「表示友善」，這些登錄都只是動作而已，單獨的動作很難看出意義，即使幾個動作登錄聯合來看，也會覺得一頭霧水。因此在意義不明確的客觀資料中，不必過分小心的作過分褊狹的登錄，而可以加以觀察時的主觀成分，寫成疑難問題：「壓抑攻擊念頭？」待這

一段行為的意義在後面的觀察中獲得肯定之後，再寫成標籤重點登錄。

再舉一例：「他將盒子中的積木通通倒出來，用眼睛尋找一會兒，拿起一塊紅色半圓積木放在作品的頂端。」如果標籤登錄為「尋找紅色半圓積木」，也嫌太瑣碎具體，如果標籤登錄為「尋找」，則已經符合不誇張的原則了，而且也可以和別處有關「尋找」的登錄互相綜合統整，以瞭解被觀察者的整體行為。

（七）用詞可下操作性定義

所下的標籤登錄，在用詞的界定應可以就行為層面來解釋，在不同的行為記錄但具有相同的行為界定時，可用同一用詞來登錄，則使同一用詞的意義是一致的，這種觀察分析所得到的解釋才有效度，否則相同登錄之用詞有不同的意義，在該標籤行為的解釋時就不能統一明確。如果就所標籤的用詞可以依據所發生的行為事實下操作性定義，則表示用詞客觀貼切，前後一致，這也就是行為的「標籤」，代表被觀察者行為過程中與主題意義有明確關係的行為。

例如，「專心」的操作性定義可以界定為「全身的知覺及動作反應都朝向某焦點」，「分心」的操作性定義可以界定為「由於外在刺激之介入而打斷原來的專心，使專心中的某項知覺及反應朝向新刺激」。如果用詞界定清楚，老師在判斷孩子的行為時才能客觀，不至於以其主觀的期望要求孩子一定要注意到他自己所安排的事情才是「專心」。

又如，「撒嬌」之操作性定義可以界定為「有意放棄自己可以作決定的事情，期求別人來代替他做，以滿足他被保護的心態。」用這種定義來觀察孩子的行為，就會「覺察」到孩子很多時候不願嘗試或有意退縮，都是一種撒嬌，老師可以用其他方法來滿足他的被愛需求，但仍要他去做他該做的事情。

操作性定義使用詞的意義十分明確，在重點摘要登錄時，才不至於模糊不清、前後矛盾的情形發生。

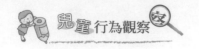

(八) 質疑與繼續求證

在觀察紀錄整理完之初的分析，倘若資料之行為似乎顯現出某種意義，但是因事實資料不夠完整，分析者仍不確定其客觀性、適切性時，就不應該武斷的將之登錄為重點標籤，應以疑難問題列出，以作為下一次觀察蒐證的參考；若蒐證確實之後，再將之列為重點標籤。這種登錄稱之為「問題」。

三、分析者的評論──下一次資料蒐集的準備

在重點登錄工作做完之後，必須作分析者的整體評論，以整理出暫時的觀察結果，也是為下一次觀察作好心理準備。

分析者的評論應針對下列問題來思考：

1. 是否可以針對主題意義來思考，能在心中浮現主題行為的觀感嗎？
2. 登錄為「問題」者是尚未被確定摘要出來的意義，需要什麼證據才能變成「標籤」？
3. 下一次觀察的期望。

四、分析工作的瓶頸

在分析過程中，觀察者可能有兩種心路歷程：省思與用詞處理。

(一) 省思的工作

分析工作中不要害怕主觀思考，生手可能有點罪惡感，因為一般人的想法總認為要根據事實來說，否則就是毫無根據的無稽之談。但是在質的分析中，主觀的思考是一種省思，是對事實產生主觀解釋的方法，在經過思考而產生解釋，並不需要證明，這是經過觀察者本人的理性思考有其道理的。然而特別要強調的是，省思是有根據的，根據行為觀察的事實資料不斷澄清思考而「生出」以摘要意義來解釋行為，省思是創造及批判的思考。

(二) 用詞貼切合理

　　資料分析的工作雖有其根據，但也是根據事實而「創造」出其意義，是一種重新認識、掌握行為要義的過程。在這種創造的歷程中，分析者因為有了新的心得及認識而會感到興奮，興奮感使他產生發表的欲望。一般發表有兩種方式：和朋友溝通分享，或用文字登錄下來。這裡需要提醒的是：如果把想法告訴別人，那是一種用語言去陳述的過程，可以閒聊到很滿足，閒聊時別人也會接受或認同，但是重要意義重點仍然模糊。質的研究是一種學術研究的歷程，必須產生適切的用詞，強迫進一步的思考及分析來化繁為簡，所以最好的發表方法是在紙上記錄及腦中的再思考。

參、行為訊息分析的範例

實例一　小傑同儕互動行為的紀錄與分析

一、計畫
1. 觀察對象：
  (1) 姓名：林小傑（代號 S）。
  (2) 性別：男。
  (3) 年齡：四歲（實歲）。
  (4) 排行：老二。
  (5) 就讀班級：中班。
  (6) 外表特徵：高大、活動力強、不喜歡別人觸碰。
  (7) 行為：具攻擊性、語言能力強。
2. 觀察主題：同儕間的互動關係。
3. 觀察動機：社交能力差，經常以武力引起別人注意，並以良好的語文能力來解釋自己行為的產生原因，自覺自己比別人好。希望藉此行為觀察瞭解其行為背後的發生原因，進而輔導改善與同儕間不良的互動行為。
4. 觀察情境：自然情境。
5. 觀察者角色：觀察者參與（代號 T）。
6. 取樣方法：時間取樣。

觀察記錄　　　　　T：觀察者（帶班老師）　　　T1：合班老師

客觀事實	主觀判斷
日期：89 年 11 月 8 日 時間：10：00～10：30 　　T 將點心放在桌上，距離S很近，S：「好棒喔！今天的雞塊是我最愛的。」選了一盤看似較大塊的一盤，放在自己的桌前。 　　T 告訴 S 我們尚未享用點心，請 S 先將點心放在中間，S 點頭。 　　T 告訴所有小朋友今天吃雞塊請大家要遵守吃點心的規則，並於吃完後要擦嘴，若還要可再告訴老師，但吃的時候需細嚼慢嚥，吃完後可參與分組活動。 　　S 大口塞入雞塊，T 請其細嚼慢嚥，但 S 依然狼吞虎嚥；T 告訴 S 這樣會不消化，S 說：「好吧。」 　　S 對隔壁小玉說：「吃那麼慢，看我有多厲害，一下就吃完了。」小玉說：「不要你管。」S 快速去選分組。 　　T1 對 S 說：「希望你下次能慢慢吃，不然就取消你選分組活動的權力。」S 說：「我知道了。」	Q 宣告自己所需 C 占有 C 被告誡 C 接受 Q 迅速以得到更多 C 被告誡 C 接受 Q 炫耀 C 被告誡 C 接受

S 在速度上經常想贏過人家，並以很快的「速度」將食物用完，但經老師提醒後，便立即改進；但維持時間並不長，應於速度上給予多次的溝通。

客觀事實	主觀判斷
日期：89 年 11 月 15 日 時間：9：00～10：00 △團體討論時，S 將腳放在別人的椅子上，被告狀；在討論時，S 舉手要回答，但 T 先請別的小朋友回答，S 就生氣跺腳。T 再次請小朋友回答問題，這次請 S，S 卻拒不回答。討論後，T 告訴 S 他不該如此，S 說：「T 都不選我。」T 說：「大家都有機會呀！你想要說 T 一定會給你講話的機會，但是你用生氣的跺腳方式，T 不喜歡喔！」S 說：「我下次不會了啦！」T 說：「那我下次再看你是不是會表現好喔！」	C 招惹　C 被告狀 C 爭先 C 反抗 C 拒絕 C 反駁 C 被告誡 C 接受

（續上表）

客觀事實	主觀判斷
時間：2：30～3：00	
△起床時，T 請大家穿外套，S 將棉被、枕頭丟到同學的頭上，和兩、三位小朋友玩得很高興。當 T 問 S 為什麼沒穿外套，S 說自己不冷，T 說：「那你有沒有聽到老師說的話？」S 說：「有啊！」T 說：「那 T 說什麼呢？」S 不回答就跑開了！回到教室途中，風很大，S 開始打噴嚏，T 就告訴所有小朋友因剛起床，離開被窩，穿上外套不易吹風著涼，S 就神氣的說：「我的身體很好，不怕風。哼哼哼！」小朋友說：「你剛才都打噴嚏了呢！所以還是要聽 T 的話才對。」	C 招惹 C 反抗 Q 拒絕接受 C 反駁 C 被批評
日期：89 年 11 月 16 日 時間：9：00～10：30	
△美勞活動，T 教大家摺紙飛機，先利用白紙畫上自己喜愛的圖樣；S 與同組的小朋友搶彩色筆，別的小朋友先拿到紅色，但 S 要用就搶過來，小朋友因此而告狀。T 來瞭解情形，S 說：「我要塗翅膀（飛機）要紅色呀！」T 說：「那你應該要等一下。」S 說：「那他也可以先畫別的顏色呀！」T 說：「你這樣不對，因為是他先拿到的。」S 說：「好吧！」 開始摺飛機時，T 按步驟來摺，S 因專注於著色而未跟上步驟，就問身旁同學說：「再來怎麼做？」小朋友不告訴 S，S 就生氣說：「不告訴我，我就不跟你好。」小朋友說：「不好就不好。」S 動手打他。小朋友告訴老師，T 請其先到角落休息一會兒。 當其他人開始準備到戶外射紙飛機時，S 開始大哭起來。T 請他先停止哭泣再請 T1 教他如何摺，再告訴他下次要專心聽，S 說：「我知道了。」	C 搶奪 C 占有 C 被告狀 C 反駁 C 反駁 C 被告誡 C 接受 C 尋求支持 C 威脅 C 打人 C 引人注意 C 尋求支持 C 被告誡 C 接受

（續上表）

客觀事實	主觀判斷
日期：89 年 11 月 16 日 時間：2：30～3：00 △T將點心放在桌上，S張大眼睛看著桌上的點心說：「好棒喔！我最喜歡吃的，我要吃很多。」並馬上動手要拿，	Q 宣告自己所需
T 說：「還不行，我們要等大家都準備好再一起開動。」S 點點頭，將點心放	C 被告誡
回。T 引導大家唸兒歌，S 隨便唸著兒	C 接受
歌，當 T 說可以用時，S 以很快的速度吃點心。當 S 吃完時就開始在桌邊遊	C 爭先
走，S 對小宇說：「快吃，你還不趕快，	C 招惹
我比你快。」又對小廷說：「每次你都慢吞吞的。」T 對 S 說：「你吃完應先	C 被告誡
坐下休息。」S 說好，卻又將餐具弄出	C 接受
聲音，旁邊的小朋友說：「好吵。」S	C 招惹
說：「誰叫你們吃那麼慢，真討厭。」	C 批評
T告訴S不可再吵，S默默地接受。	C 被告誡
	C 接受

二、新觀點

　　S 在做任何事時經常爭先恐後，急著搶用，與同儕間的關係不良。經觀察後發現，S 與同儕間還是有許多正向的行為出現，負向的也有，卻沒有原先以為的嚴重，在被告狀後都能接受告誡；喜歡爭奪搶先，但倒也會接受老師的指導。S 在語言上常與同學互相鬥嘴，原因只因他想要贏過別人，若能仔細說明解釋，S 仍虛心接受指導。

實例二　小萱發言行為的紀錄與分析

一、計畫

1. 觀察對象：
　(1) 姓名：蘇小萱。
　(2) 性別：女。
　(3) 班級：紅班。
2. 觀察主題：個人發言行為。
3. 觀察動機：欲瞭解小萱與班上同學、老師之間，以言語的方式產生互動之情形。
4. 行為特徵：較文靜；會積極參與老師所進行的課程與活動；在班上有幾位較固定的朋友。

5. 觀察情境：自然情境（紅班教室內）。
6. 觀察者角色：觀察者參與。

二、紀錄與分析

客觀事實	主觀判斷
老師說明所要進行的課程內容。老師說：「因為聖誕節就快到了，我們要來做一些有關聖誕節的活動。」小萱與其他的班上同學一起大聲歡呼：「YA！YA！YA！」老師說：「我們現在要進行的活動分為三組，有製作蠟燭組、包裝禮物組、設計卡片組，每個人要告訴老師，你想要參加哪一組？然後，在活動進行的過程中，不要打擾到別人，不懂的問題或是有任何困難要隨時問老師，還有，使用剪刀與其他的工具時，要特別注意自己和別人的安全。聽懂了嗎？」全班回答：「聽懂了。」老師說：「好，大家可以開始選組了。」剛開始的時候，小萱在三組之間走來走去，最後選定了製作蠟燭組。老師正在將塊狀的蠟片以熱水泡軟，老師說著：「熱水很燙，要小心一點，不要燙到了，再等一下就好了。」小朋友你一句我一句地講話，其中有位小朋友說：「老師，我幫你。」老師回答：「好呀！你幫我把塑膠袋拿去垃圾桶丟掉。謝謝！」小萱說：「老師，我也要幫忙。」老師：「好！你們一起去。」小萱與另一位同學一同去丟垃圾。之後，老師發給每個小朋友一人一塊蠟片，小萱對坐在她旁邊的一位同學說：「我不喜歡藍色，我的跟你換紅色的好不好？」那位同學說：「不要，你自己去向老師換。」小萱向老師要求換紅色的蠟片。由於蠟片已經變軟，可以型造成各種形狀，老師說：「每個人可以把蠟片押成你自己喜歡的形狀。」有位小朋友說：「我要捏成湯圓。」另一位說：「蠟燭是長長的啦！」也有人說：「三角形的比較漂亮。」小萱一直捏著她的蠟，最後，她捏成一個圓球體。她對身旁的人說：「看！我的蠟燭圓不圓呀？」身旁的同學回答說：「好圓唷！我的是長方形的蠟燭。」小萱說：「你做的蠟燭也很漂亮。」活動進行到最後，老師說：「大家都做好以後，我們要來幫蠟燭插入中間的蕊，每個小朋友都要幫自己的蠟燭加上蕊喔！來老師這裡拿蕊，要一個一個排隊來拿。」小萱拿到蕊之後，看了左右邊的小朋友許久，之後，她拿著蠟燭和蕊去找老師。小萱：「老師，我不會裝。可不可以教我怎麼裝？」老師說：「你先用塑膠棒在蠟燭的中間插一個洞，然後，再將蕊放進洞裡面，把蠟向洞附近的縫隙壓緊，就可以了。」小萱：「謝謝老師。」老師：「不客氣。」每個小朋友	老師說明 C 附和 老師說明 C 觀看 Q 考慮 C 附和 C 自動幫忙 C 表達 C 協商 C 另求支援 C 專心 C 徵求意見 C 讚美 C 觀看 C 另求支援 C 禮貌

（續上表）

客觀事實	主觀判斷
都完成了，老師：「大家都做好了，我們要一起把東西收拾乾淨，把桌子擦好喔！」最後，每位小朋友都幫忙收拾桌上的物品，小萱拿了抹布幫忙擦桌子。	C 自動幫忙

三、新觀點

　　小萱的語言表達是很清楚的，語言表達是否可以幫助她達到人際互動的效果呢？需分析證明之。

第四節　解釋階段

壹、解釋的意義——落實的行為原理

　　個人行為雖然是多面及複雜，但是行為必能像拍電影或寫小說一樣，連貫出連續、程序及統整的意義。若不加以瞭解，個人的表面行為是複雜多面的，不易很快的看出意義，就像有些大人會以「搗蛋」、「孩子氣」等詞彙來形容孩子的行為，如果經由客觀的觀察及分析，他才會知道那些搗蛋行為或孩子氣行為背後的獨特道理。使主題行為的主要特徵及常有之習慣行為顯現出來，並找出習慣行為發生之一致處，則可以使觀察者對被觀察者之主題行為由淺至深有整體的概念。解釋階段即是將分析的結果以條列或圖表扼要的解釋出個人行為的脈絡。

　　行為是有其原則或道理的。行為的產生有其習慣性而重複出現，也有其前因後果而依序出現，亦有其目的性而統整為有意義的。一般的實證研究是在驗證已推論得到的行為原理或理論，然而質的觀察則要「發現及探究」為某個體的行為原則，可以藉由系統分析產生落實的行為原理（grounded theory），來解釋被觀察者的行為脈絡及原理原則。

落實的行為原理則是從實際現象所發現的道理，不似行為的一般原理在說明普遍行為原則。一般解釋行為的道理：如社會化過程、班級文化對學生的影響、賞罰的行為效果等，這些原理可以解釋一般的行為原則。落實的行為原理只是用來解釋這一個行為的現象，它是自有脈絡的，但是只能解釋被觀察者獨特的行為脈絡，而不能隨便使用來解釋其他的行為現象。即使要成為推論別人行為的依據，也要十分小心去求證，不能當作「人同此理」來隨便套用。

若想從事「落實原理」的整理，則需從事實的過程中產生概念，再將概念之間的關係建構出來。所謂「概念」，即從行為現象所抽離出來的重點，也就是分析得到的標籤或重點類目，可以回到事實現象去理解，也可以下操作性定義。可以將標籤或重點類目之間的關係發現出來，就是解釋事實現象的道理了，也是落實的行為原理。

解釋階段的工作即將所登錄的標籤整理，將資料分析所登錄的標籤重新整理出更進一步的解釋，組成可以條理統整的行為原則來洞悉被觀察者的主題行為。

貳、解釋的時機

質的觀察中，行為事實的記錄及質的分析是交替進行的，進行到什麼地步才能停下來作整體的解釋呢？理論上行為是持續不斷發展的，除非生命的停止，否則行為會一直繼續發展下去，但是行為觀察必須有中斷的時候，不可能隨著個體行為或事件發展一直觀察下去。

質的觀察記錄及分析什麼時候可以結束？這要看觀察者是否從紀錄及分析中對觀察主題發現新的心得或看法，而且這新的心得或看法是真正得之於觀察及分析過程之中，並不是得之於觀察者在觀察之初先入為主、理論套用的看法。

質的觀察有其目的，大都是為要瞭解個體行為的脈絡或其行為的原因。如果經過行為之資料蒐集及分析，已經有了足夠的事實資料及分析，足以理出脈絡了，對行為的瞭解就很容易摘要行為的意義，不致迷失在紛亂的行為訊息中。

因此，質的行為觀察中斷的時機是：觀察者自覺已經對觀察者行為的瞭解有了新的觀點，為要整理或找出這新的觀點的證據，暫時停止資料的蒐集及分析，而進行整理及解釋，以決定是否需要再進一步的資料蒐集及分析。

參、解釋工作的步驟

觀察結束時再作整體的分析，分為下列步驟：

一、解釋前的準備

1. 將已經做好整理及分析的紀錄紙，按先後次序編頁碼。
2. 重新閱讀全部資料，並考慮登錄之標籤及問題是否適宜，將相同意義的重要行為以相同標籤來表示，相同標籤的意義必須有相同的操作定義。有些登錄為「問題」者，如果經過幾次觀察已有信心而不再懷疑其為「問題」，則可以將之改為「標籤」。
3. 整理標籤：從紀錄紙的第一張開始，將標籤寫在卡片上，一張卡片寫一種標籤，相同的標籤不必重複，只要寫一張卡片即可，在每一張卡片上必須將標籤行為出現的頁次記錄在卡片上，這樣在卡片上可以知道該標籤行為出現了幾次，分別在紀錄紙的第幾頁。

二、行為傾向之解釋

1. 決定標籤歸類的類目：在觀察記錄及分析過程中，對被觀察者主題行為所發現新的整體印象作為歸類的類目，以這新的印象作為正面的類目，而與這印象對立的意義為反面的類目，必須有對立關係的正反類目，才能在解釋時得到正面及反面的證據，而不至於被偏見導引到只選擇符合觀點的證據而已。
2. 標籤歸類：依據正面及反面類目的意思，逐一批判判斷每個標籤卡片應歸屬哪一面類目，就將該卡片放在該類目之下；如果很難批判而作出歸

類判斷的標籤，就放在其他類。可以整理出與正反類目有隸屬意義的標籤行為，比較正反類目之標籤行為出現的累計次數，可以解釋被觀察者的行為較傾向正面（或反面）。也就是行為其實沒有絕對的正面或反面，只是看某類行為出現機會較多，此人的行為意義便可以解釋成較傾向於正面類目的行為（或反面類目的行為），可以以那一行為的特徵來解釋他的行為的傾向，也就是他的哪一種傾向的行為較主導。

三、行為之進一步深入

1. 決定次類目：如果在正類目（或反類目）中的標籤有很多個，可以再進一步分析這類目行為的傾向，以發展次類目來進一步瞭解行為的傾向，過程如同第二點。
2. 標籤行為的深入：如果有些標籤的次數很多次，則表示這些行為是被觀察者經常出現的行為，可以再回到紀錄紙去檢查該行為發生的共通原則，例如：行為發生的情境、對象、動作等等有無每次一致的狀況，如果找出每次一致的狀況，就可以大致推測影響行為產生的原因。

肆、主題的整體解釋

一、觀察者新觀點的求證

在觀察資料蒐集及分析之時，觀察者的主觀也無法避免的會介入。所謂「主觀」，第一章曾談過，不僅是感情或想像的，而且也可以有理性的推測或假設。因此觀察者在資料蒐集及分析的過程中，也有一些判斷，這是觀察者根據觀察之事實而產生的假設性解釋，是有待驗證的。所謂「行為觀察的解釋」，具體的說，就是觀察者在觀察資料蒐集及分析時所產生的觀點之求證，如果得到證明，表示觀察者的見解是與事實符合的；如果未得證明，表示觀察者的見解應修改或推翻。

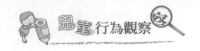

(一) 觀察者觀點及類目的產生

所謂「類目」，是行為的類別，以這類目所歸類的意義可以將個別的標籤行為歸類。

如何作歸類？歸成幾類？這也是分析者要將分析而得的標籤作系統的整理。觀察者做了一連串的觀察與分析後，對被觀察者的主題行為產生新的看法及觀點，為求證實，必須將所登錄的標籤依照這新的觀點逐一作批判，是否吻合這觀點？吻合的標籤歸為一類（正類目），不吻合而且有相反意義者歸為一類（反類目），無法判斷歸於正或反類目者歸為另一類（其他類目）。

例如觀察「遊戲中同儕行為觀察」的過程中，觀察者可能有新的觀點，例如他可能覺得被觀察者有點自私，那麼觀察者在作行為的歸類時就可以「利己」為主要類目以求正面的證據，另外為求反證，必須要去找與自私相反意義的為另一類目作反證的類目，而以「利他」為反類目，而以中間意義的為「其他」或「互利」第三類目。

這三個類目至少其中兩者應是對立的，以便可以找出正面及反面的行為，證明觀察者的初步判斷是否正確。

(二) 標籤的歸類

依照正類目、反類目、其他類目三者來判斷標籤的意義，將標籤一一作好歸類：

觀察主題為「遊戲中同儕行為觀察」，由觀察紀錄之分析所產生的標籤有：分享、給予、教導、自誇、辯白、幫助別人、求助、接受意見、批評、等待。這些標籤依照「利己」、「利他」、「其他」作歸類，來幫助分析者有統整性的瞭解。將每一個標籤仔細考慮這種行為的意義是利己、利他或互利，分別歸為三個行為的類目，例如：

　　•利己行為：自誇、辯白、求助、批評。

- 利他行為：給予、教導、幫助別人、接受意見、等待。
- 互利行為：分享。

(三) 求證

根據歸類，觀察者可以從標籤的歸類中整理出三種行為類目出現的頻率、時機，及行為重點之間的關係，以體會被觀察者的行為脈絡，可作為下一次觀察蒐證的準備。

如果歸在觀察者觀點之類目的標籤累計次數最多，則可以說觀察者的觀點被支持；如果歸在觀察者之觀點相反類目的標籤累計次數最多，則可以說觀察者的觀點不被支持，而且還被推翻；如果第三種類目的標籤次數最多，則可以說觀察者的觀點不是重要的類目，可能需要另定主題進行另外的觀察。然而，不論觀察者的觀點是否被支持，至少也使觀察者警惕自己是否必須修正對被觀察者的觀點，以免被偏見所蒙蔽。

二、分析主題行為的來龍去脈

為深入瞭解主題行為的來龍去脈，如果只對觀察者觀點作了驗證，尚並不足以深入瞭解行為的原因。行為的來龍去脈可以由下列兩方面來進一步瞭解及分析。

(一) 尋找次級類目

第一級的類目是以觀察者初步觀點作為類目之區分點，歸為三類，而將分析得到的標籤以此三個類目作歸類。如果歸為某一類目標籤次數最多，則可以說被觀察者以該類行為傾向最為明顯，以這種方法作為觀察者初步觀點的驗證。

如果在第一級類目中，其中有的類目的標籤個數有多個（約十個以上），表示被觀察者這類行為之出現有各種不同的行為表現，尚值得進一步分析。分析的方法與第一級類目相仿，可以就這多個標籤再思考次級類目，再將這多個標籤再作次級歸類，以將被觀察者行為出現的另一層意義抽離出來。

例如，第一級類目是以利己、利他、互利為歸類，如果以利己的標籤次數最多，則表示被觀察者的行為比較為自己著想，利己之類的標籤有十多個，也就是被觀察者利己的行為種類有很多不同的表現，便可以就這十多個標籤再思考次級類目，以觀察者就標籤的意義歸納整理作出次級類目的判斷。例如觀察者仔細審視這十多個標籤，看出有許多標籤的意義都有一些攻擊別人以利己的傾向，則可以將次級類目定為「攻擊性」、「非攻擊性」、「其他」，再將這十多個標籤以其意義區分為這三類；如果歸在攻擊性之標籤較多，而且在標籤的累計次數也最多，則表示被觀察者之利己行為有表現攻擊性的傾向。

(二) 尋找習慣行為

某標籤的次數很多次，則表示這標籤行為是被觀察者經常出現的行為，是被觀察者的習慣行為。任何人的行為必定有其習慣之表現，如果找不出習慣行為，可能是觀察次數不夠多，或是在分析時下的標籤前後不一致，導致相同意義的行為以不同標籤來登錄，習慣的行為無法顯現出來。

(三) 以觀察紀錄資料思索習慣行為之共通性

習慣行為是常常出現的行為，行為出現必有一致的地方，可能是環境引起行為的原因一致，也可能是行為表現的方式一致，或也可能心理的期望一致等等。可以再回到紀錄紙去檢查該習慣行為發生的共通原則，例如行為發生的情境、對象、動作等等有無每次一致的狀況，如果找出每次一致的狀況，就可以大致推測影響行為產生的原因。例如：求助次數很多，回到原始資料查一查什麼情形？對誰？求助的動作語言等等，是否每次求助都一樣的，如果是，則可以解釋被觀察者求助行為的個人因素，以作為評價他的求助行為、輔導他的求助行為，或安排學習活動的參考。

三、疑難問題的整理

觀察的解釋做完之後，是否有些疑問尚未澄清？這包括：

1. 有的行為意義不是很肯定的，在下標籤時以疑難問題寫出。

2. 資料記錄除了現場的行為事實資料之外，觀察者的記憶、思考、評論、頓悟等，不論是否記錄下來，也會影響事實資料的接收，有時是補充客觀資料之不足，使之暫時能得到完整的觀察結果，這些被應用上的主觀資料在紀錄紙中都應已記錄在「主觀評論欄」。這些主觀的資料對資料蒐集的影響情形在最後也要作反省，以評鑑所蒐集之客觀資料是否有代表主題行為意義。

伍、行為觀察解釋階段之範例

實例一　小傑同儕互動行為的解釋

標籤統計與整理

標籤	出現頁次	出現次數
爭先	1、3	2
被告狀	1、3	2
拒絕	1	1
被告誡	1、2、3	9
接受	1、2、3	9
招惹	1、3	4
反駁	1、2、3	4
被批評	1	1
搶奪	2	1
占有	2	2
尋求支持	2	2
引人注意	3	1
反抗	1、2	2
威脅	3	1
批評	3	1
打人	3	1

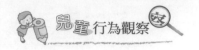

（續上表）

標籤	出現頁次	出現次數
遊蕩	3	1
命令他人	3	1
批評他人	3	1

標籤之類別與整理

標籤	次數	慣性
一、正向行為	18	
接受	9	
被告誡	9	被要求遵守規則而接受
二、負向行為	18	
爭先	2	搶先去拿物品
招惹	4	為自己高興而惹別人
反駁	4	維護自己，反駁他人意見
反抗	2	不如己願而以肢體抗議
搶奪	1	搶奪物品
占有	2	占為己有
打人	1	
威脅	1	要對方照他的話做
批評	1	
三、其他	6	
尋求支持	2	
被批評	1	
被告狀	2	
拒絕	1	

解釋：根據以上標籤之歸類與整理可以知道在正向行為共計十八次，負向行為十八次，其他六次。

　　1. 在正向行為——被觀察者S會以接受來接受告誡，雖有時會解釋理由，但無非是想要引人注意，是一位可接受他人告誡的孩子。

　　2. 在負向行為——被觀察者S雖會爭先、反駁或告狀，並產生占有、搶奪的行為，但願意接受他人建議來修正自己。

3. 在其他類目——被觀察者S會尋求支持，並接受批評、告狀，也會拒絕，
　　顯示他亦有緊張之情緒反應，若能多與其溝通，相信行為會更正向。

輔導：培養S能不以武力解決問題，並多以語言來與人溝通。發現S以武力搶奪或
　　　是爭先時，多是想要展現自己的能力或要贏過別人，因此在輔導中多加說
　　　明，使其認同，並多講述自己的感受。平時多以故事或戲劇扮演的方式來讓
　　　其練習，並介紹溝通的技巧，如假設活動，讓其回答遇到各種情形時該如何
　　　處理；並訓練他將話解釋清楚，讓別人瞭解他的意思。請家長配合，一有好
　　　的正向行為就給予鼓勵、讚賞，促其正向行為的表現。

實例二　小萱發言行為的解釋

標籤統計與整理

標籤	出現頁次	出現次數
附和	1、2	2
觀看	1、2	2
自動幫忙	1、2	2
另求支援	1、2	2
表達	2	1
協商	2	1
沉默	2	1
徵求意見	2	1
讚美	2	1
禮貌	2	1

標籤之類別與整理

類目	次數	慣性
一、主動	9	
觀看	2	觀看別人以求瞭解
自動幫忙	2	配合環境自發的幫忙
另求支援	2	第一步驟未得答案就向老師求援
表達	1	
協商	1	
徵求意見	1	

（續上表）

類目	次數	慣性
二、被動	2	
附和	2	配合別人行動
三、其他	3	
專心	1	
讚美	1	
禮貌	1	

解釋：

1. 由此次觀察紀錄中，可得知小萱是個相當積極主動的女孩。
2. 她並不會像有些小朋友一樣，不知自己所云何物，在進行活動的過程中，她很清楚自己的問題在哪裡，並且能立即詢問老師，獲得解答，而非到處問其他的小朋友。
3. 與老師、小朋友們的相處很有禮貌。
4. 小萱會主動向他人求助，也會適時幫助他人。

第五節　質的行為觀察之信度及效度

壹、信效度的必要性

　　質的行為觀察的主要工具是觀察者本身，則需要靠觀察者的省思來檢驗自己觀察結果的信度及效度，同時也可以以觀察的文字報告來檢驗過程的合理與否。觀察者以其知覺來蒐集訊息，有時是隨機的軼事記錄，有時是有計畫之主題訊息的記錄，如果觀察是從訊息接收立即跳到判斷，而未交代分析的過程，或者判斷與事實訊息之間的關係不合理，就會犯了沒有信度及沒有效度的問題。

　　Roberson（1998）整理多位學者的看法，認為在教室中的觀察可以分為高推論（high inference）及低推論（low inference）。質的觀察就是高推論的觀察，比較容易犯上觀察者偏見或直覺，信效度就很低。信度是看觀察者是忠於事實或是自己編造情節；效度高則表示觀察結果的可用性，可以用在輔導、教

學或師生互動的情境中，這是需要觀察者的對兒童發展及教育專業知識為背景來判斷主題的適用性、觀點的教育性（Martin, 1996）。

專業的質的觀察必須考慮到信度及效度，就會增加自然觀察的複雜性，所以必須經過省思的訓練。Bens（1996）提出不經訓練的觀察者很容易犯下列問題：(1)對觀察的訊息並未加以澄清與界定；(2)為方便先下定義，卻侷限了觀察；(3)自我矛盾，前後觀察範圍（主題）或重點並不一致。在行為觀察的課程中，可以用錄影帶的觀察來互相檢驗新手的觀察是否有信度及效度。更重要的是，將質的觀察步驟系統化，以引導新手在每一步驟檢驗自己。

貳、信度

信度（reliability）是可靠程度，通常是用在測驗工具是否可靠，由兩方面來考慮：測驗工具之施測結果是否一致，測驗結果能否反映真實的數量或程度。測驗的信度愈高表示誤差愈低。

質的觀察之工具是觀察者本身，觀察者的紀錄、分析及解釋是否可靠，這就是觀察信度。被觀察者的行為是持續不斷的，也是發展變化的，質的觀察是想要深究行為的來龍去脈，但卻找不到可用的機械或電腦等工具，記錄到行為的複雜、變化及發展，所以必須由觀察者本身為工具，來知覺到行為的連續及多面變化，做記錄並分析解釋之，使行為的意義揭露出來，教育工作者能真正瞭解及掌握重點。在質的行為觀察來說，信度指的是在觀察過程中避免犯了觀察誤差，期使觀察結果盡量代表行為發生的真實意義。行為觀察是否客觀可靠，可以由兩方面來檢討：第一，即使不同的人來觀察也不會有太大的差異；第二，同一人的觀察結果前後會一致不互相牴觸矛盾。

然而，質的行為觀察係由觀察者本身一個人的知覺及理性的分析來瞭解行為的意義。不可避免的，質的觀察還是要透過觀察者的知覺、想法、分析、判斷及綜合，雖說人的理性部分許多思考的準則是一致的，然而人的經驗部分及感情部分每個人卻十分不一致，在某情境中的知覺接收也有所不同。對某人來

說，有些行為訊息很容易被他的知覺接收而做了記錄，有些行為訊息卻十分遲鈍，視而不見、聽而不聞，這是因為人在知覺接收時是受到個人的心向（mental set）影響。心向就是個人在心理上所具有的準備反應或適應的傾向，此種心向是長期學習的經驗累積，形成個體在某種情境的習慣反應。在觀察的資料記錄及分析、解釋中，很難避免人的心向之主觀觀點的影響。

質的觀察工作就是：透過主觀來賦予事實以有脈絡的解釋。如何讓觀察者的主觀找到客觀的支持？如何使觀察者的主觀是有道理的？這是要靠觀察者在過程中不斷求證及思索，不隨意論斷。也就是讓觀察者由接收事實資料中去辨識自己主觀的部分，以及使所接收的訊息維持客觀，由事實資料的分析中去摘要主題的重要意義（下標籤），由標籤的意義中去統整行為的深層意義（即表面看不出的意義）。

為了減低質的觀察誤差，觀察者的訓練是必要的。訓練的目的並不是質的觀察追求絕對正確的答案，而是質的觀察者能合理的解釋對行為脈絡的瞭解，可以運用在教育職場的教學、輔導及評量等工作，幫助個體成長及發展。因此觀察的訓練工作主要是使觀察者在各個過程中能掌握原則，避免錯誤，如果這些錯誤都能避免，則使觀察的結果會更趨近教育原理，但也不能說絕對符合，因為個別特殊的現象有其深奧之處，也可能觀察訊息不全，也可能觀察時間太短，也可能觀察結果只能用來推翻觀察者的主觀觀點，所接觸的訊息還尚未完整。

質的觀察各個過程的原則已經如前文的敘述，如果每個過程都能掌握好原則，自可避免觀察的誤差，而觀察的信度就可以達到。質的觀察避免觀察誤差的原則，列舉如下：

1. 記錄盡量保持事實的客觀面，釐清主觀的成分。
2. 記錄盡量保持詳細，以免遺漏重要的行為訊息及連續意義。
3. 觀察記錄及觀察分析必須像漏斗一樣，記錄資料詳細確實，經過分析的篩選，選出行為的重要意義，也劃定下一次的資料蒐集及分析的方向，

而且在重要的行為意義上不斷找證據。

4. 分析時所登錄的標籤及問題必須符合原則。

5. 標籤行為的意義作歸類時,必須正確合理。

6. 解釋必須根據標籤意義的歸類分析而產生,而非觀察者離開事實資料之分析,另外產生的臆測。

參、效度

效度(validity)是命中目標的程度,一般在測驗工具上表示所能測定的功能及程度。效度即言某種測驗在使用時確能達成其測驗目的者,方為有效。人格測驗所測結果確實能代表受試的人格,智力測驗所測結果確實能代表受試的智力,否則測驗結果就是沒有效度。測驗的效度有三種類型:第一種是內容效度,由測驗題目的一致性及代表性而決定效度;第二種是效標效度,以另一種標準來比較,求相關程度來說明效度;第三種是建構效度,指以理論為依據而決定效度。

行為觀察的效度指的是觀察結果是否解釋到觀察者所要瞭解的主題。這和觀察者的動機很有關,觀察者不是毫無目的就來做質的觀察,對被觀察者也並非毫無所知,只是觀察者對自己瞭解被觀察者之處並不滿意或不放心,覺得還必要進一步深入瞭解,他的觀察目的就和他的原始瞭解及觀察動機有關,透過質的觀察來觀察動機及目的是否達成就是觀察效度的問題。

信度是效度的必要條件,信度不佳的觀察必然效度不佳,有了信度之後,再檢視效度的條件:觀察過程及結果是否一直都有針對主題或命中主題。

質的觀察命中主題之條件如下:

1. 觀察者的動機是內發的,而非外在要求的,即他自己知道「為什麼觀察」。

2. 觀察者對主題的界定是由其觀察動機而產生的,即他自己知道「觀察什

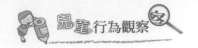

麼」。

3. 觀察情境的選擇是主題行為容易表現出來的情境。

4. 觀察者的心向是集中在主題範圍之中,當他進入觀察資料的蒐集時,自然而然就會知覺到與主題有關的行為。

5. 在資料分析時,能將與主題有關的行為意義摘要且登錄出來,不遺漏、不誇張、不褊狹,可下操作性定義。

6. 解釋階段時,觀察者能覺察自己的假設性判斷,這假設性的判斷是想要瞭解到與主題有關的行為傾向,而決定出主題行為之正類目及反類目,也就是標籤之歸類是根據主題的正類目、反類目及其他類目三項。

7. 標籤之歸類必須作合理正確的批判。

8. 由歸類結果而產生觀察者的假設性判斷之正面證據及反面證據,由證據來解釋觀察者的判斷是否獲得支持。

9. 主題行為之深入解釋也需要由第二層的歸類而來下判斷。

10. 登錄次數多的行為是被觀察者的「慣性行為」,可以由觀察資料中去省思該行為的共通原則,由此推測被觀察者之重要行為的原因。

肆、省思與觀察

一、省思的意義

　　一般教學進行中,教師同時也在進行觀察,但是他並不一定做記錄、分析、解釋,而是同時發生在那當下。教師必須有能力在事實現象發生的當下,覺察重要點連接形成教育意義,來發現並框架問題、界定問題或提出問題的假設,並作出若干可能選擇的判斷,決定出最可行的行動、有效能的行動以持續他的教學。這種在現場的深思熟慮能力,為現場的「省思」。質的觀察訓練,是有助於教師的省思。

　　依據Schon(1983, 1987)的看法,省思是對行動隱喻意義的瞭解,以及他

處理表面行動中之批判、重建，及對進一步具體行動的期望。在面對實務工作時，現場的複雜性、不確定性、不穩定性、不一致性以及價值衝突等，必須先界定問題，才可以有進一步的判斷與決定。在界定問題時，是需要現場判斷（行動之知），很難套用公式。大多數教師依循舊經驗，由現場狀況引出教師經驗過的判斷及決定，這是最簡單的方法。然而每一個現況的發生可能有其特殊性、多面性以及牽連前因後果，舊經驗的應用是否恰當也需要加以認識，這種認識就是「省思」，可能在行動的當時產生認識（reflection in action），或在行動之後產生認識（reflection on action）。如果教師可以將經歷過的雜亂無章經驗作分析、整理、歸納，以從中淬取出行事的通則、原理原則的能力，而這種由經驗中淬取以形成行動意義之心理活動（reflection for action），也是「省思」。

接受過專業訓練之後的師資，對學術知識的省思層次有三種：(1)學術層次：心理上接受專業知識，也認同專業知識，然而在面對事實的時候，由於覺察不到專業問題的存在，所以仍然可能是從表面現象來反應，學術知識並不套用得上，也不一定可以針對問題來思考及解決。(2)實際行動之省思：在現場經驗中會主觀的框架出或覺察到符合學術知識的現象，也就是可以辨認問題的存在而產生解決問題的思考，可以分為行動中的省思及行動後的省思，前者是與行動同步的賦予意義，後者是行動之後的賦予意義。(3)批判層次之省思：表現開放的心靈，考慮到道德倫理及社會文化，以教育工作者的客觀理性，聚焦在支持個人知識環境及教育真實意義，這是為未來行動而對現在或過去行動的意義之批判省思。

以經驗為背景的省思及以學術為背景的省思有不同，前者是內在的、直覺的、隱喻的，可能也是老師自己意識型態中浪漫的思考；而後者則是外加的、完整的、有系統的，可能也會落入文化意識型態的模糊。然而，如果以學術知識的技術理性用在實務工作，也可能不易落實，套用不佳使思考僵化，可以說並沒有省思的成分。如果能察覺到現場的問題，用上技術理性或者由自己產生出實際知識，才能稱得上有省思；如果由職場的經驗中也能看得到教育哲理，

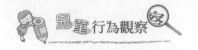

那就是做到了批判省思。

二、省思範例

教學省思紀錄

主題	動物
教學流程	幼兒來園→自由活動→升旗律動→點心時間→團體討論→角落活動→午餐午休→點心時間→體能活動
活動內容與省思	◎團體討論：因為在自由活動時，有兩位幼兒打架，所以我們利用團討時，把這個問題提出來跟幼兒討論，以尋找解決途徑。接著，再繼續進行我們上禮拜的方案討論。 T：剛剛有兩個人打架，請他們自己站起來（庭瑋和啟禎站起來）。現在我們來訂一個規定，以後如果打架時，你們覺得要怎樣處理？凱婷：換名字。T：哦！那就是以後庭瑋就叫啟禎，而啟禎就變成庭瑋（但他們兩人一直說不要）。T：好，他們兩人說這樣不好，那你們還有其他的好方法嗎？馥宇：送他們去廚房跟阿姨作伴。祖賢：送他們去別班。T：嗯！這兩個方法都不錯，但老師想到了一個更好的方法，就把他們送到警察局，你們覺得這個方法好不好？S：好！T：好！所以以後我們就這樣規定了，不乖、不聽話或打架一律送到警察局，那今天要不要原諒他們兩個？S：不要。T：因為這個規定今天才訂，所以我們先原諒他們一次好了，下次他們如果再犯，再送他們去警察局好了。S：好。T：請問一下，上次請你們回家做的葉子，今天有沒有帶來？S：沒有。T：哦！老師知道只有兩個人很用心，回家有做並帶來，你們知道是誰嗎？S：宜曄和意晴。T：對！他們兩個很棒，有帶他們自己做的作品來，現在我們一起來看看他們兩個人做的葉子。T：你們看，宜曄做了幾種形狀的葉子，來，我們一起來數！S：1、2、3、4、5、6，她做了六種。T：我們請宜曄來跟我們分享她是怎麼做的。宜曄：先拿一張色紙把它對摺再對摺，然後在上面畫出想要的葉子形狀，最後再把它剪下來就完成了。T：好！我們再來看意晴的，意晴還在葉子上面用蠟筆塗顏色！有咖啡色、綠色、黃色各種顏色，你覺得漂不漂亮？S：好漂亮哦！T：好！我們請意晴來跟我們分享她是怎麼做的。意晴：先畫葉子的形狀，再剪下來，然後再塗上顏色。T：好！請問斑馬區的小朋友，你們今天想繼續完成哪一部分呢？S：把樹上的葉子貼滿。T：那獅子區的小朋友呢？馥宇：把花移到中間，才不會又被踩壞。宜曄：還要做岩石。T：我們上次已經討論過岩石要怎麼做了，有誰還記得嗎？啟禎：用咖啡色的紙包住箱子或紙盒子，就是岩石了。T：好！那我們現在就分兩組開始進行。

（續上表）

活動內容與省思	◎角落活動： ▲斑馬區：因為之前做的葉子都已經貼上去了，但是還是不夠，於是老師再跟幼兒討論還想加什麼顏色的葉子。S：黃色、淺綠色、深綠色。T：那葉子的形狀，還想要跟之前的一樣嗎？官昀：要。祖賢：不要。T：那不要一樣的人，還想再加什麼形狀呢？祖賢：這種形狀。瓊文：三角形。忠祐：可以拿宜曄做的葉子來描。T：嗯！這是個很好的方法，你們覺得好嗎？S：好。於是他們紛紛拿宜曄的葉子來描，然後再把它剪下來，剪下來之後，他們再把自己做的葉子黏到樹枝上面，有些比較高地方，老師則拿高架椅，讓他們站上去黏，在大家的分工合作下，終於完成了這棵茂密的大樹。 ▲獅子區：他們除了把花移到中間外，大家又去找了很多紙盒子和箱子，用咖啡色的紙把它包起來，做成一個一個的岩石。做完岩石之後，他們又討論出想要在岩石上面做一些比較大的花，於是他們就拿布丁的盒子，然後把色紙剪成圓形，黏上去布丁盒子的四周當花瓣，然後再把它們黏在岩石上面，如此一來，即完成他們今天的進度。 ◎體能活動：為了讓幼兒更熟悉早上的律動，並且活動他們的筋骨，於是我們帶他們跳「健康操」和「張牙舞爪」這兩首律動，幼兒都非常喜歡，而且一面跳，一面大聲地唱，並且重複跳了五、六次，可見他們的喜愛程度。 ◎省思：今天跟幼兒一起完成大樹的葉子之後，自己跟幼兒都有很大的成就感，幼兒們對這棵大樹也都很滿意，在製作這棵大樹時，覺得自己跟幼兒的互動情形良好，而且跟幼兒的距離又拉近了許多。而下午的律動，讓我深深地感受到音樂真的可以使每個人忘記煩惱和一切，一起陶醉在其中，看他們賣力地揮動手足並且引吭高唱，一副很滿足的樣子，看得連我自己也很滿足，音樂真的是心靈的催化劑。看他們融入在其中而且天真活潑的模樣，讓我不禁想到一句話，「學音樂的小孩不會變壞」，所以音樂真的是幼兒一項不可或缺的精神食糧。（音樂可以「轉換情緒」）

　　在上一段紀錄中，可以看出老師對幼兒的暗示及引導，孩子雖然有他們的想法，但是在討論之中就被淡化。一般老師都會反應得比孩子快，老師的行為對愈小的孩子愈有影響，因為他們接納度高，在年長的孩子，就較容易出現與老師針鋒相對的事情。觀察時，如果老師也在和孩子互動，就很容易只看到老師的行為，省思時也較以老師自己的感覺為主，而非真正察覺孩子的行為。

三、省思對行為觀察的影響

如果要真正觀察到孩子，觀察者必須省思自己的觀察角色是否集中在孩子身上，自己的行為是否影響孩子的行為表現。

觀察信度及效度的檢查是要靠觀察者的省思。省思是在觀察過程中不斷進行的，會受三方面的思考而影響（黃意舒，1999）：

(一) 教師個人教育觀念

省思會受個人教育觀念的影響，一般人都會堅持自己的核心價值，問題是核心價值是否真正符合教育學生的理想？還是維護個人的模糊或不協調的意念而已？也有的個人教育觀念是搖擺不定的，這是因為他自己沒有堅持，沒有理想，所以會因環境而改變。

教師個人的教育觀念必須是落實可行的，也是理論與實際關聯的，而且可以圓融統整、穩定一致，逐漸由調適中成長。

(二) 教師的教育經營規劃

課程設計、環境規劃、情境安排、教材資源應用等都需要教師的經營。教師在經營教育時，都會有他依循的道理，這些道理也是教師省思的依據。在教育經營時必須面對實務的需求使教育運作系統化、規律化、目的導向，但不僵化，而可適應個別差異、突發現象等。也就是說，教師在處理教育工作的運作是會配合環境而預設反應的彈性、權衡現況、多元資訊之應用及統整，而不是虛應其事、依賴官僚、瑣碎零散、效果短暫的。

(三) 教師在職場現場判斷

教師每日的工作中都不是機械化的，時時刻刻需要下判斷、作決定。教師的思維必須是能拓展學習機會、注意學生經驗之意義、應付多方面變化、引導思考等，而不是用舊經驗、現場效果，取悅學生或家長、匆促應付而已。

四、質的觀察的省思

質的行為觀察省思架構表

項目	感想	需修正嗎
軼事記錄 　事實的列舉是否真是學生的行為 　綜合的感覺是否有客觀的訊息支持 　行為的判斷是否適合學生的發展意義 　問題的察覺是否掌握發展階段		
個案的觀察計畫 　觀察對象之初步印象是否深刻 　觀察動機是否符合教育觀 　觀察主題範圍可以蒐集到行為訊息 　觀察主題的界定是否就已經是結果的判斷 　觀察情境中是否有主題行為出現 　觀察者角色是否不影響學生自主行為 　行為取樣方法是否符合主題行為之出現頻率		
質的觀察記錄 　是否身歷其境、親身體驗 　是否專注觀察 　是否接收詳實延續的行為訊息 　紀錄跟得上觀察嗎？如何補救？ 　記錄的整理時是否有重回現場的感覺 　能分辨客觀事實嗎？ 　能從紀錄釐出觀察現場的主觀感覺嗎？ 　能從紀錄釐出先入為主的看法嗎？		
質的觀察分析 　能由不斷閱讀紀錄體會行為脈絡嗎？ 　能由片段資料摘要重要標籤出來嗎？ 　調整標籤的用詞以顯現出主題意義 　調整標籤的用詞以顯現出發展的意涵 　調整標籤的用詞到能下操作性定義 　調整相同意義之標籤的用詞一致 　再三思索疏漏的標籤 　檢驗標籤的意義可以被紀錄之訊息所支持		

（續上表）

項目	感想	需修正嗎
質的觀察解釋		
由摘要訊息產生標籤的工作中會有新的領悟嗎？		
會有強烈動機去說明新的領悟嗎？		
會想找到證據去證明自己的新發現嗎？		
會從整理標籤中找出脈絡意義嗎？		
能產生正向行為類目及反面行為類目嗎？		
能再檢視標籤使其正反類目的標籤都存在嗎？		
自己作標籤的歸類時是否合理？		
能從諸多標籤中看到行為的慣性嗎？		
能由同類別的標籤中產生行為脈絡之標題嗎？		
整體的解釋是否可以產生教育的策略？		
觀察工作的整體意義		

第六節　質的行為觀察之應用

壹、由訓練至應用

　　質的觀察是由觀察者的主觀來賦予行為以意義，為求觀察具有事實的根據，以及探討到被觀察者之特殊行為意義，所以要由過程中的每一步驟不斷審視及檢查事實與主觀是否不相違背，並深思熟慮的去分辨事實資料中之部分行為是否可以歸納統整共同意義，以解釋被觀察者的個別特殊行為。

　　本章所提出之質的觀察的方法，主旨在提供一種教育工作中的行為觀察之思維過程，以避免主觀的錯誤，然而這種過程是需要學習的，學習的歷程是有些艱苦，會有許多的嘗試錯誤及自我修正，因為學習者必須不斷自我調適以適應質的觀察要求，這與平常進行觀察的過程有很大的差異，一般的平常觀察過程不會那麼複雜，但是，專業的觀察之要求為求正確往往就顯得有點複雜。

學習的歷程中必須按部就班，這是培養思維的過程，因為新手對這種思維方法還很陌生，如果思維過程經過幾次的練習已經熟練了，思維的基本要求就會內化為觀察者的觀察基模，也培養出觀察時的基本能力（見第三章第三節）。有些步驟就不必都要形諸文字之形式，只要在頭腦中可以做到清楚運思，繁複的文字記錄過程就可以簡化，文字記錄可以簡化至重點的記錄，使觀察的思維不致偏離正確的事實依據即可。

貳、教學或輔導中之軼事記錄

質的觀察記錄方法有日記法、軼事記錄法、現場觀察記錄等，其中最實用的是軼事記錄。因為教育工作者要進行質的觀察是有限制的，質的觀察費時又費神，教育工作者不可能針對所有的對象都來做質的觀察。如果用日記法，日記法是要以固定對象來每天記錄，在一個班級中，只能集中於極少數的對象做每天連續的記錄，其他大多數學生就被忽略了，造成教育機會的不公平。如果以現場觀察，教師的教學工作必須進行，也不可能有許多時間來做現場的直接觀察記錄，現場的觀察必須全神貫注的，教學與現場記錄不能同時進行；即使教師在教學中也有觀察學生的機會，但是那是必須針對教學評量的需求做全面性的觀察，不能只針對某些對象做現場的詳實之觀察記錄。

軼事記錄是在自然的互動經驗中將重要事件記錄下來，以瞭解重要行為的意義，教師在教學進行中也可能一方面知覺學生行為之表現，尤其教師與學生說話或互動時，教師不可能不去注意學生的反應，教師所注意而知覺到的資料就是軼事記錄的資料。因此軼事記錄的方法是可以在教學的進行中兼顧全體學生的觀察與個別學生的觀察。教師在與全體學生、分組學生或個別學生的教學互動中，將自己所知覺到學生行為較特殊的事件記下來，也許每天不只針對一個學生，每天所記錄的對象也不一定都一樣，那些行為比較特殊的學生被記錄的機會可能會比較多，而一般學生如果出現比較突出的行為時，也可能是軼事記錄的主角。

　　如果教師已經能夠熟練記錄時之客觀事實及主觀看法之區分，在軼事記錄之第一手的記錄中就可以將兩者分開記錄，而不必先將事情經過敘寫出來之後在第二次的整理才區分兩者，這樣可以簡化一些工作。而且在將客觀事實寫出時，自己也是其中與被觀察者有互動關係的人，因此自己的行為往往也要誠實的寫出來，在寫出這些事實時，自己說的話、做的動作也都據實寫出。雖然當事實發生時伴隨著有主觀，但在記錄時都需要將主觀釐清在另一欄，與客觀事實區分開來，因此教師很容易以超然的眼光（超脫自己的角度及觀點）重新檢視事實的一面，觀察者很容易看出自己的話及舉止對被觀察者所產生的意義。如果軼事記錄用在別的教育工作者，例如家長、輔導人員或家庭教師等，也一樣有以上所言的功能。

　　本書一再提到人是無法丟掉自己的主觀的，最多只能用覺察或自省的方法來「看到」自己的主觀。教育工作者也是人，在教育工作正進行的時候，其行為反應也是按照一般人的行為原則，主觀仍是免不了的，因為人如果沒有主觀，就會使行為反應非常不連貫，甚至非常空洞無意義，因此主觀仍會決定了教育工作者之行為。在教育工作者與被教育者互動進行中，能在現場就覺察到主觀而能即時找到事實證明之部分畢竟有限，主觀常是依據觀察者個人的感情或經驗之推測，主觀如果看不到事實根據，主觀就成了危險的，只是觀察者自己進行的，難以「看到」被教育者之行為真實意義。為了使教育工作者時時刻刻會去「尊重」被教育者，知覺被教育者行為事實是很重要的。

　　軼事記錄就是使教育工作者以事實的記錄來「檢查」自己的主觀是否有事實根據，可以真正覺察：自己對學習者的影響是在教育他的本質上？或只是發揮自己主觀的權威，而壓迫到被教育者的獨立自主的成長？是以自己的期望來取代被教育者獨立自主的學習機會？或是根據學生內在的動機及需求來安排學習活動？

　　軼事記錄的方法可以分為兩種：

1. 先記錄事實，再根據事實下判斷，有了判斷之後，再回到事實尋找正面

及反面的行為事實的證據。

2. 先寫判斷，再根據判斷來思索平時與他互動中的行為事實證據，也是要由正面及反面來思考，以反省自己的「判斷」是理性的還是感情用事的。

　　第一種方法是教師尚無法下判斷之時，則需蒐集更多事實資料來下判斷；第二種方法是教師已經產生了判斷，必須檢查這判斷是產生自事實的累積？或是教師先入為主的觀感？

參、以行為意義的摘要應用在溝通上

　　質的分析的登錄工作，是將行為事實的多面性，亦即錯綜複雜的交互影響關係，以登錄的方法整理出重點。行為觀察質的分析，也就是將行為的複雜面以所登錄的方式將主題意義摘錄下來，使行為之有關主題的意義被濾出。所摘錄的行為意義稱為「標籤」。

　　行為觀察之標籤是要針對行為，千萬不可針對一個人的個性，因為一個人的行為有多面性及發展性，沒有任何行為的標籤可以代表這麼複雜的現象。在一個人所表現的行為下標籤，就會促使關心他的人以多面的分析方法來瞭解這個人的整體性，而不會以偏見來認定一個人。

　　教育工作者（教師或行政人員等）無法避免的要在家長或關心學生的人前面批判孩子的行為，質的觀察之登錄工作可以幫助他以行為分析的方法來批判孩子的行為，而不必作人格上或個性上的批判，這樣比較容易提供客觀可靠的訊息給關心的人瞭解。事實上，那些關心孩子的人（家長或其他老師）對孩子也不太可能一無所知，也不會希望以「別人的判斷」來作為「自己的判斷」，因此，他所希望知道的應該是正確的行為事實之資訊，來幫助他自己對孩子行為下判斷，而不是已經作好的判斷。

　　但是在溝通時如果提供行為事實發生的過程，那就會十分瑣碎而且需要很

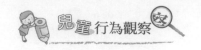

長的溝通時間，更可能說了後面忘了前面而抓不住重點。因此在溝通時以行為登錄之標籤可以更具體容易進入瞭解的狀況，如果標籤之溝通有不一致之處，再以事實來說明，這樣的溝通容易瞭解並且不浪費時間。當然，所登錄之標籤必須符合基本的原則（符合主題、不遺漏、客觀、不誇張、不褊狹、可下操作性定義、質疑性等），才能使溝通不致離開主題或有所偏見。

肆、習慣行為之深入瞭解及輔導

個人行為雖然是多面及複雜的，但是必有行為的原則，這是個人行為的習慣。觀察時，應該能將被觀察者行為之慣性部分找出，這也就是在分析時某標籤行為出現次數有許多次的行為，出現次數多的行為表示是被觀察者之重要行為或習慣性的行為；如果這就是習慣性行為，行為之出現必有它一定的方式或原因，找出行為之習慣性或原因，就不難瞭解個人行為之來龍去脈，在輔導工作中是非常有利的訊息。

習慣行為的出現，在質的記錄中的客觀事實都有描述其發生的經過，所以回到事實記錄的資料中去思索或「推敲」該行為出現的慣性是可能做到的。因此質的觀察，不論現場觀察或軼事記錄，都有助於「發現」習慣行為出現的「儀式」；如果想要「增強」行為的發生，可以安排有利的情境，如果想「削弱」行為的發生，可以安排不利的情境，俾使行為的修正做到學生的自動自發、自主決定，而不是教育工作者的壓迫及強制。

討論問題

質的觀察記錄問題：

1. 觀察記錄時的注意事項有哪些？

2. 主觀及客觀如何區分，舉例說明。

3. 如何掌握觀察的主題？

質的觀察分析問題：

1. 說明質的分析之過程。

2. 質的分析中，下標籤及疑難問題的原則有哪些？

3. 質的分析者的心理問題如何面對？

質的觀察解釋問題：

1. 何時要進入解釋階段？舉例說明之。

2. 解釋中，如何大膽假設及小心驗證？

3. 解釋之後如何應用在行為輔導上？

質的觀察信度、效度及應用問題：

1. 如何掌握質的觀察的信度？

2. 如何掌握質的觀察的效度？

3. 如何在教育工作中進行質的觀察？

你能說出她的心情嗎？

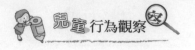

Chapter 8

量的行為觀察

摘要

1. 量的觀察目的在以設定的行為變項來比較團體間或個體間或不同時間的行為表現。

2. 量的觀察最先要考慮的是工具，而工具是要有學理分析或個人哲理為背景，製作出觀察記錄的表格。

3. 量的觀察限制：觀察記錄必須是多次的、必須有其主題範圍之理論或觀點之支持、觀察項目必須是具體客觀可以即刻下判斷的行為、只能就表面之行為特徵來解釋。

4. 量的觀察主題是由職場工作現象中發現，因而產生有系統的記錄行為之動機。

5. 有了量的觀察動機，就會浮現主題以表示觀察的範圍及觀察的項目。主題之下，因應邏輯的想法，而決定出觀察的行為項目，以理論與行為事實之間的關係，形成架構，以決定觀察的行為及其解釋架構。

6. 量的觀察者角色：被觀察者自己、非現場觀察而憑印象的角色、現場觀察的角色。

7. 量的觀察記錄的方式有選項、檢核、評量、符號系統。選項通常是問卷，選擇適合的項目；檢核表通常是發生與否二選一；評量通常是針對所列舉的行為判斷其發生的頻率、強弱等程度；以符號系統記錄是為了同時記錄多樣行為或多位被觀察者。

8. 觀察工具必須有信度，係指觀察者觀察結果的一致性，表示觀察誤差低。觀察工具也必須有效度，指的是觀察結果是否解釋到觀察者所要瞭解的主題上。

9. 量的觀察之應用：由量的觀察驗證質的觀察結果、由成人期望引導兒童的自省、兒童基本能力的評量、記錄班級常發生的事情，在親師溝通時提供重要訊息、在輔導兒童過程時提出行為改變的過程等等。

第一節　量的觀察特色

壹、目的

　　教師在教室中與學生互動，所面對的是一個學生的學習團體，教師的角色是要促使這個團體的每一個成員在學習的軌道上，教師像是苗圃的工作者，要照顧每一株幼苗，但是在平常必須以整塊苗圃來處理灌溉、施肥、除草等工作，雖然有時是以一株一株來特別看顧，但在引導學生的學習進度或成長發展時，大多都必須以整體來進行。

　　教師以質的觀察來深入個案的行為解釋，但是教師大多數時間卻需要以共同的指標來檢驗孩子的行為。因此，大多數時間必須以量的觀察來記錄每一個學生的行為，一方面可以作整體的瞭解，也可以一致的指標來進行個別之間的差異比較，甚至可用一致的觀察表讓學生自評，以引導學生自我修正其行為，達到基本的行為要求。

　　人類的行為之共通部分，或者文化社會中的共同期望，這才會使教育、社會、政治、經濟等行為有其著力的平台。這並不是說人人的行為都一樣，而是人類的成長行為有基礎的起始點，或者說文化社會中的倫理道德，作為人和人之間互相瞭解、互相幫助的基礎指標，來檢驗每一個個體的行為或學生的成長是在合理的軌道上。

　　量的觀察是以社會文化之行為模式或人類發展之行為模式為記錄的標準尺度，製作成觀察工具，以觀察工具來衡量個體在這些行為發生的次數、強度及彼此的相關等。觀察工具制定出來，就可以善加利用，一次觀察的機會就能將被觀察者的行為完整的記錄出來，有時也可以同時記錄多位被觀察者的行為，而不必像質的觀察只能對一個被觀察者而且需要觀察好幾次才能瞭解行為。這也就是說：把觀察衡量的尺度做出來，對複雜多變的行為就以這簡單的尺度化

繁為簡，一次的觀察分析就可以全盤瞭解，而且可以同時記錄好多位被觀察者。

　　量的行為觀察係將量的研究法應用於行為觀察上，其目的在於探討團體中之每個個體行為在社會文化標準尺度或兒童發展標準尺度下的意義，作為團體教學或輔導的依據。茲將量的觀察的目的條列如下：

1. 以社會文化或人類發展標準尺度來衡量多數個體的行為表現。
2. 比較團體中個體的個別差異，個體在團體中的名次或等級地位等。
3. 比較團體與團體的差異，例如男生與女生的差異、班級團體的差異等。
4. 瞭解團體中大多數個體的行為意義，在整個團體來說，哪一些行為出現的頻率較多，可能就是團體互動所產生的行為。
5. 量的觀察表如果用於自評，對使用者來說是自我反省或自我修正的參考。

貳、過程

　　量的觀察是以已經設定好的工具去「度量」行為，因此工具的設計及選擇最為重要。量的觀察最先要考慮的是工具，而工具是要有學理分析或個人哲理為背景，製作出觀察記錄的表格，必須考慮到行為記錄的確實與可靠，才會使工具有信度及效度，根據觀察記錄所做的量化數據才得以解釋得出來。

　　由此看來，量的觀察與質的觀察在過程上是完全相反的。量的觀察需要先制訂工具再進行行為的登錄；而質的觀察，觀察者必須親自身歷其境，不需要用其他登錄行為的工具，觀察者自己的知覺及思考就是唯一的重要工具，先由知覺接收客觀事實並敘述出來，再由事實的敘述作分析及解釋，以發現出落實的理論及觀點。因此質的觀察是由現場的客觀事實接收中整理主觀判斷，強調事實要被主觀來批判，由事實片段創出意義，最後提出行為的整體觀點，並以事實片段的判斷來支持整體觀點的判斷，整個過程就是以主觀的思考來批判客觀事實意義之過程，重視的是主觀判斷的合理與否。

　　量的觀察則完全相反，必須先對主題之下的行為意義有整體的見解，將見

解化為系統蒐集事實之工具。見解可能由主觀批判思考而得，也可能有一些經驗或間接相關資料所推理得到的道理，有的是在書本裡得到的道理，有的是個人推論所得到的道理。對觀察者來說，這道理是假設性的，觀察就是藉由觀察工具，由現場有系統的、有計畫的蒐集事實，化為數據的紀錄，以作分析或比較，來證明假設或發現新假設。

量的觀察是在觀察之前就有整體的看法，形成了在觀察之前先有假設的原則或觀點，為了驗證假設，就必須製作工具來有系統的記錄行為現象。依據行為原則或觀點製作出觀察紀錄的客觀工具，依據客觀工具來進入觀察情境，以符號記錄行為事實，記錄的結果以統計分析來比較分析，以瞭解紀錄表中的行為之次數、分類、強弱等。因此，量的觀察強調的是先有理論及觀點才去觀察記錄客觀的事實，在過程中強調遵守工具中已經規定的記錄及統計的規則，以使最後提出的解釋是客觀的。

針對觀察現象來說，質的觀察是發現其深入意義的過程，量的觀察則驗證其整體意義的過程。質的觀察事先有事實才有解釋現象的主觀，量的觀察事先有理論（看法）才去看事實資料。質的觀察是為發現新見解而去解釋事實，量的觀察則是蒐集事實來證明觀察前已有的見解。質的觀察是在發現道理，量的觀察是在證明道理。所以質的觀察在觀察之前是尚在模糊籠統的想法中，必須蒐集事實資料來深入分析以找到道理；量的觀察則是觀察之前就有明確清楚的思考脈絡，觀察是蒐集事實證據。質的觀察必須身歷其境以文字寫下由主觀所接收的現象事實，將所發現判斷以適當的文字表述之，以敘述來解釋主觀判斷，所以質的觀察是理性主觀的過程來整理瑣碎的現象，以發現深入的意義；而量的觀察則是事先有就有整體觀點，把想法化約為有系統的客觀指標之記錄工具，再依據客觀指標蒐集客觀事實，是把理論（看法）化為客觀的工具，是追尋客觀證據的過程。

一、觀察工具的設計

量的觀察過程就是觀察工具之設計、選擇、使用過程，工具是由設計者所

製作，量的觀察是否正確可靠，所用的工具關係甚大。

觀察工具應該配合教育情境之需要而設計或選擇，然而教育的情境差異頗大，因此所使用的工具應該有不同的設計。一般教師喜歡使用現成的工具，但很少有現成的工具可以正好適用於某個教育情境或教育需求。如果教師不善於自己設計觀察表，就像教師教學之後不會出考試題目一樣，不會出考題就會像盲者一樣，在教學或輔導上無法看到自己對學生之種種措施究竟具有什麼意義。同理，教師自己不能選擇或設計適合的觀察工具，對學生之行為瞭解就會像視力不良一樣，無法正確及清楚的看出團體中學生行為的意義。

因此，量的觀察之第一步就是設計或選擇適合的觀察工具。而量的觀察工具製作之先，必須要整理出理論或觀點的架構，其次要考慮到如何決定記錄工作的客觀化標準。

二、觀察工具的使用

為使行為的客觀事實被確實記錄，工具之使用必須有一定的要求，根據使用標準及說明，不同的人來使用也會有相同的結果。因此，使用者必須按照工具之使用說明來記錄被觀察者的行為，所記錄的行為是工具設計者所要記錄的重要行為，觀察者必須很清楚的辨別及記錄之。

如果所記錄的行為不易判斷出來，或者記錄的方式不易執行，使用者就需要先練習，等熟練之後再正式使用。

三、觀察結果的分析及解釋

量的觀察記錄可以記錄到不同類型行為出現的次數、強度、持久等，記錄結果必須以統計的方法來計算出其次數或分數的總和或平均等，才能以數字的變化作出比較或說明。

參、限制

量的行為觀察的過程中，每一階段都有其範圍及限制，敘述如下：

一、觀察記錄必須是多次的

量的觀察在單一受試或一次記錄是無意義的，必須多個受試，或多組受試，或單一受試多次觀察，才能看出意義。量的觀察工具已經將行為發生的複雜面簡化為幾個重要指標，使觀察者在記錄時可以將注意力集中於指標上，記錄的時候便可以比較快又比較準確。但是量的觀察必須以「比較」的方法來顯示行為次數的多寡及強度等之意義，因此必須記錄多數被觀察之行為作為比較之依據，也可以針對一個對象在其行為轉變的過程中記錄好幾次，以比較次數或強度的方法來解釋行為轉變的過程。

二、必須有其主題範圍之理論或觀點之支持

觀察的主題是觀察者想瞭解的行為層面，行為的表現同時具有許多層面的意義，例如動作靈巧、情緒、社會互動、學習、語言等等，觀察者關心的是哪一層面的行為，主題範圍是觀察之前便有的決定，這可以使行為觀察有了方向及重心。但是只有主題也並不這麼簡單可以將行為一目了然，量的觀察還要決定在這主題下到底有哪些重要的行為指標，這些指標是可以代表主題的整個意義的，這是觀察工具設計者要先考慮的理論或觀點。由某個理論或觀點來解釋主題行為的意義，有了解釋才能找到主題的行為指標，觀察表需要這些具體的觀察指標作為行為的記錄，而且不至於使觀察的行為項目雜亂無章或缺乏代表主題之重要意義。

三、觀察項目必須是具體、客觀可以即刻下判斷的行為

在進行量的觀察時，行為的記錄必須有時間限制，所以使用者的判斷必須

清楚簡潔。在觀察時不必花時間去思索,只需要針對觀察項目去感官接收並記錄行為,記錄中雖也必須有判斷,但是為使判斷準確,應該盡量減少主觀意識,最好能像機器一樣做正確客觀的記錄即可,因此觀察項目必須是具體、客觀可以即刻下判斷的。要做到具體、客觀而且可以即刻下判斷的觀察項目,必須使該項目的行為可以下操作性定義,而且不同的觀察者所下操作性定義都是一樣的,不必讓使用者作太多思考就可以覺察及判斷,這樣觀察工具的誤差才可以降到最低。

四、量的觀察難以深入解釋,只能就表面之行為特徵來解釋

量的觀察只需針對表面的行為做記錄,只能瞭解行為的表面特徵。量的觀察是事先就設定好的,所以只能針對設定好的行為來看出其因果、關係或比較等,所以在行為過程中的深層因素或連帶關係就不易看到。深層原因或連帶關係必須由依據行為事實大膽的臆測及假設後再小心求證,才能揭露出來,通常必須由質的觀察過程才能做到。

第二節　觀察主題及內容

壹、觀察的動機

教育工作者在其專業工作中常常並不是面對個別學生,而是面對團體學生,在團體中大多數時間注意到的則是團體問題,例如班級規則、團體教學、分組教學、特別的文化現象等。在團體中也可能會發現學生的個別特殊問題而進行質的觀察,然而團體的現象正告訴老師自己的角色是否扮演好,老師的工作能否順利且目標導向的進行?這是老師常常要擔心且關心的問題。有時需要全體學生行為的正確資料作為教學資源、作業安排、活動分組等的分配,因而產生了量的觀察動機,為找到答案,必須以量的觀察工具來記錄每一位學生的

行為。

因此量的觀察之動機往往是產生於教師的教學需求或班級經營的需求，有
了動機就會產生「設計一個紀錄表來記錄每個對象行為」的需求，因為透過這
樣的記錄才可以幫助教師看出集體學生行為的大致趨勢或個別學生的偏離行為，
這就是「為什麼觀察？」之理由。

觀察動機是為了解決教學或班級經營之某一個問題，由於每個教育情境的
不同，使得教育問題也有所差異，觀察動機也因教育工作者的需求及教育環境
之不同而有很大的差異。

老師可以透過平常的省思或教學記錄來構思他需要有系統的觀察的問題。
老師在職場工作中，必須反省自己的行動是否影響教育的效果，也需要觀察學
生的互動是否有一些現象需要加以進一步瞭解。有責任感的老師通常都會做軼
事記錄，而且再有閒暇或有空檔的時間就隨時翻閱，才會深入到教育現場學生的
問題。

多數教師自己的觀察動機是由軼事記錄而來，實例如下：

> 我們班上有很多孩子是屬於「喜歡幫老師做事」那一型的，在有些無
> 法分身兼顧的情況下，讓這類型的學生幫忙或擔任小老師，都可以使全班
> 的活動進行得更加順利。再比如說，學生大都喜歡被老師誇讚，成為別人
> 的模範，所以當我想減少學生的不當行為時，只要獎勵當時表現優良的一
> 位學生，並具體描述他的良好行為，其他學生的不當行為就會馬上改善。

以上的例子，老師會製作一個「主動幫忙的行為觀察表」，來瞭解到底哪
些孩子是常常主動來幫忙的、他們的幫忙具有什麼效果、老師回饋的方法如何
增進這個行為。要瞭解這些事項，就是將老師所關心的行為及老師自己的行為，
以及達到的效果都列舉出來置於一張表中，當有這個行為發生，就以符號記錄
之，記錄多了，就可以看出行為的趨勢。

貳、主題的選擇

「為什麼觀察？」之後的問題是「觀察什麼？」，也就是觀察表上要記錄的那些行為。量的觀察是先要決定記錄什麼行為，究竟觀察者所想要記錄的行為是什麼？這是要在觀察工具製作之前就要作好判斷。

然而，觀察表上要記錄的行為必須有其主題意義的理由，如果不能辨認這種理由，可能會使觀察項目散亂無章，也許觀察項目不能統整出主題意義，也可能所有的觀察項目都是與主題無甚關係、不值得記錄之不重要行為。為了所記錄的行為可以解釋出一個道理來，主題的選擇有其必要性，必須要由主題來提綱挈領的表明所記錄行為的共同意義，也由主題出發來選擇判斷哪些才是重要的行為值得做記錄。

主題的決定是資料蒐集的方向，有了主題，才能使觀察項目有目標、觀察結果有意義。

觀察主題是觀察者所想揭露之行為現象的範圍。主題的決定最好是由觀察者的動機而產生，因為觀察動機是產生於觀察者的工作中，也是教育情境之需求，為使觀察主題配合教育情境之需求，觀察主題必須由觀察動機中產生出來，才能使觀察的工作真正符合教育工作之需。

參、理論觀點與行為指標

觀察者所想要瞭解的行為就是與主題有關係的意義，主題往往是由較廣的範圍所抽離的行為概念，例如：學習興趣、待人態度、親子互動、宗教信仰等，由於主題是廣泛籠統往往無法直接觀察到的，如果沒有將之化約為具體的、可直接觀察到的行為指標來觀察並記錄，可能會使觀察者的判斷只是自己主觀的印象，而與行為之事實並不一定契合。因為人的主觀常常會將自己沒看到沒聽到的部分，自以為是的以想像或假設來補充，而形成「印象」，因此印象不一

定是真的。量的觀察所要記錄的並不是「印象」，而必須是行為事實的本身。

　　主題之下到底以哪些行為作為觀察指標比較恰當？這就不能隨便靠感覺或情緒來列舉或猜測，必須要有一套合理的道理才能夠解釋得通。合理的道理可能是「理論」，也可能是一些「原則」，或是重要變項所建立之關係系統（模式）。

　　有些觀察主題已經有現成理論來解釋，有的主題可能還不只一個理論，而由不同的學者發展出不同的理論，也有些主題之理論並不完整，大體說來可能只是一些「觀點」，不論是理論或觀點都是解釋行為的道理，有了這些道理，才能決定出應該選擇哪些行為來記錄才能代表主題的含義。

　　理論是想將事實的複雜面理出道理或頭緒，以便化繁為簡容易瞭解，因此理論並不是事實的本身，它只是用來解釋事實的道理，所以不同學者所產生的理論可以有所不同。也有的主題想要解釋的事實有些複雜，很不容易清理出頭緒，只能清理出一些「觀點」。如果解釋主題的道理不很清楚或有很多種，觀察工具之製作者就必須加以澄清或選擇。

　　在質的觀察來說，理論是要由現場之事實現象所整理出來的「落實理論」；在量的觀察來說，理論則是由先知卓見的人所構想出來具說服力、被大家所接受的道理，可以合理的解釋行為之內容層次、重要變項或分類意義等。雖然量的觀察的理論也可能有經驗的事實支持，但是卻不是直接得之於現場的，不是馬上可以看到、顯而易見的事實，也不像質的觀察之理論是由一個個案的行為事實來支持或證明。量的觀察理論之產生，是由理論闡述者根據他自己對多種事實的廣泛經驗思考而得到的，可能有一些歸納、分析、推理，或也有假設、臆測的思考成分，其主要的目的是想把複雜多變的行為用一些道理來理出頭緒，以便解釋所有的相同行為現象。質的落實理論重要的是解釋某一個個案的特殊行為特徵，量的觀察理論則是希望解釋多數個案之一般共通的行為。

肆、理論與事實之間的架構

理論是有組織、有系統的「現實的表徵」，是將現實現象的重要特徵作解釋的敘述。如果理論以敘實的方式來表達，就需用許多文字來表達，卻因顧此失彼，也使理論的敘實較難洞察全貌。如果將理論中重要的概念標示出來，並將概念與概念之間的關係說明出來，形成理論的概念架構，就可以很快的瞭解。在量的行為觀察表中，就必須要由這個概念架構來找出重要的行為事實指標。用這些行為指標的記錄來代表主題行為的意義。

理論的形成是：事實→概念→命題→理論。理論包含相關聯的概念和命題，「概念」是由事實抽離而得的重要變項，「命題」則是變項與變項間的關係，理論就是命題與命題之間聯絡而成的一個體系，具有統整性、抽象性及邏輯性的特徵。

一般人所接收及認識的事實是多變且複雜的，將變化性及複雜性歸納和簡化，綜理出概念架構，形成概念的組織架構（a theoretical scheme）。這組織架構所表現的並不是事實的本身，而只是事實的化身、縮影或意象。組織架構的價值在於將複雜的事實用系統的思考途徑來瞭解，其功能在於思考的簡化、導向、統合、預測及啟發。

在量的主題之下，以理論來形成概念架構，再由概念來找出行為事實指標，就可以將與主題有關的許多具體行為，組織成與主題有關聯的系統。有了這些具體行為觀察指標，才能將之製作成觀察記錄的工具，透過觀察工具記錄多數個體的行為具象的表現，以這個行為的記錄才可以合理的推論每一位被觀察者的主題行為之意義。

進一步說，量的觀察表需要理論來解釋所觀察記錄的行為之主題意義，其所依據的理論還必須可以化約為重要概念及行為指標，形成一個系統架構，理論形成的系統架構就是由「抽象概念」到「具體行為指標」，以具體的行為指標來推論較抽象的行為意義。

伍、實例

　　理論與事實之間的架構必須先建構出來，主題是籠統的，必須具象化，用一些具體的有代表性的關鍵指標來推測。具體指標又是根據哪些類目來選擇？由主題到指標的建構關係舉例如圖 8-1：主題可以化約為較實際的三個類目，在每一類目之下再去找可被實際觀察得到的行為，作為推測類目的指標。圖8-1，主題是由三個類目來估測，類目的意義仍很廣泛不夠具象，必須再由下一層次三個更具體的行為來估測。

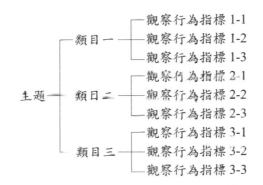

圖 8-1　由主題發展至觀察行為指標間的建構

　　實際觀察時只要針對觀察指標行為來知覺及記錄其次數或強度等，可以由指標行為之記錄結果來估測被觀察者的行為在類目的意義上之次數或強度等，在三個類目意義之解釋主題行為的傾向及意義。

　　以上的實例是以三個類目及九個指標行為來舉例，實際上類目及指標的個數是不一定的，要看解釋主題的理論、原理或觀點。圖 8-2 及圖 8-3 是具體範例。

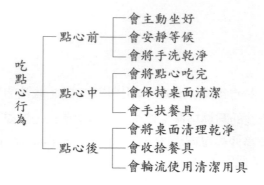

圖 8-2　進食行為主題架構

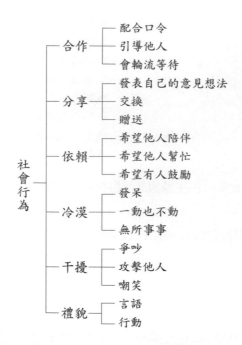

圖 8-3　社會行為觀察架構

第三節　觀察記錄

壹、觀察者的角色

　　量的觀察記錄並不用文字描述，是不需要把每一個行為詳細周密的做文字描述，只需要將觀察表上的行為做知覺的覺察並記錄下來。量的觀察以符號記錄，用打勾、選項或符號等來記錄，因此在記錄的判斷時可以做到迅速效率。有的量的觀察表之使用方式是由被觀察者自己或已經對被觀察者的行為接觸很久的人來做，所以並不需要現場記錄，可以憑他的回憶、反省等方法來記錄行為之傾向，因此量的觀察者與被觀察者之間的關係，和質的觀察角色關係有所不同。

　　量的觀察有時可以在現場觀察記錄（但以被觀察者不知、不互動為原則），量的觀察也可以不利用觀察現場的知覺接收，而憑觀察者平常的印象來寫記錄。進行質的觀察，觀察者必須進入被觀察者的行為情境才能進行觀察，有時是現場記錄，有時是事後記錄，但記錄一定是根據現場所發生的事實。有的量的觀察不在觀察現場依據發生的細節來記錄，而憑印象來記錄是可行的，也就是依據觀察者平常對被觀察者的印象對其行為已有知覺來判斷、記錄，並不是在某一特定時間中所表現出來的實際行為，而是日常生活中一般行為的表現傾向，因此這種量的觀察角色並不會影響被觀察者的行為表現，但是觀察者的印象必須公正無私沒有偏見。

　　然而，有的量的觀察者與被觀察者是陌生的，如果不以現場所看到來記錄，就無法記錄出來，可能是教育督導工作者、教育評鑑者、教育研究者等，他們的觀察者角色就有所不同了。如果沒有現場觀察的機會，就無法作行為的辨認及判斷，然而現場的記錄，觀察工作就可能影響被觀察者。

　　量的觀察除了被觀察者自己也可以做記錄之外，觀察者與被觀察者的角色

關係可分兩種來談:「非現場觀察的角色」及「現場觀察的角色」。

一、被觀察者自己

如果被觀察者已經可以反省自己,正確的判斷自己的經驗,被觀察者自評是很理想的,因為可以提供被觀察者自省的機會,在教育的功能上即讓被觀察者自己主控行為、修正行為。

二、非現場觀察的角色

這種量的行為觀察角色是被觀察者熟識的角色,例如:父母、老師或自己等,而且在事件的判斷上是能成熟思考的人,觀察表可以用評量表、檢核表或問卷等。

在記錄行為時,所憑據的是觀察者平常對被觀察者行為所認識的結果,由於觀察項目很具體,而且是一般常會發生的行為,所以只要觀察者與被觀察者的關係密切,而且觀察者沒有刻意的偏見,這種判斷通常是可靠、可信的。

三、現場觀察的角色

這種量的行為觀察就必須視現場發生的行為情況來做記錄,可能是熟悉的角色(例如老師、父母等),也可能是陌生的角色(研究工作者、督察視導者、參觀訪查者等),觀察表可以用檢核表、系統觀察表等。

在記錄行為時,所憑據的是觀察者在現場所看到、聽到的行為,由於觀察項目很具體,而且是觀察現場會發生的行為,所以不論觀察者與被觀察者的關係如何,觀察者都應該根據事實來記錄行為,使觀察紀錄可靠、可信。

貳、行為記錄的方式

量的觀察記錄的方式有選項、檢核、評量、符號系統。

1. **選項**：通常是以問卷的方式呈現觀察表，一個問題之下有幾種可能發生的行為實況，觀察者根據他對被觀察者的認識，選擇一項符合的項目，或選擇若干項符合的項目。

2. **檢核**：檢查及核對觀察表上所列舉之行為的發生情況，將已經發生的行為記錄下來，可能是發生一次就記一次，也可能是以打 ∨ 符號記錄它確實已經發生過了。

3. **評量**：針對觀察表所列舉的行為判斷其發生的頻率、強弱等程度，在觀察表上已經陳列出程度的選項，觀察者依據程度選項來針對每一行為作判斷，在適當的程度選項上畫 ∨。例如頻率的選項可能是「總是、經常、有時、極少、從未」；強弱的選項可能是「非常、相當、尚可、相當不、非常不」。

4. **符號系統**：如果在現場要觀察的行為有多樣，或者一次不只觀察一個人，雖然知覺的接收及判斷是合理可以做到的，但是如果沒有一套簡便的記錄方法，可能來不及把知覺所接收及判斷的結果記錄下來，所以在觀察表上必須有一套符號系統來代表所記錄的行為，觀察者必須先熟練這一套符號系統才能做觀察記錄。

參、量的資料蒐集的方法

一、問卷

　　觀察者沒有機會直接觀察到行為出現的情形，而以一套問題去詢問某位有自然機會觀察到的人，被詢問者通常是和被觀察者生活在一起或有比較多接觸機會的人，他平時就有機會看到被觀察者的這些行為。例如被觀察者自己、被觀察者的父母、老師、朋友等。

　　在行為詢問的問題之下，把可能發生的行為實況列舉出來，讓填答者將適合的選項 ∨ 出來。例如：

你平常放學回家第一件事情做什麼？

　　□吃東西。

　　□看電視。

　　□看報紙。

　　□做功課。

　　□聊天。

　　□洗澡。

　　□其他＿＿＿＿＿＿＿＿＿＿＿＿＿＿＿＿＿。

你每天何時開始做功課？

　　□六點以前。

　　□六點到七點之間。

　　□七點到八點之間。

　　□八點到九點之間。

　　□其他＿＿＿＿＿＿＿＿＿＿＿＿＿＿＿＿＿。

你平常做功課的時間內會被哪些事情打斷？（可複選）

　　□洗澡、吃飯等事情。

　　□聊天。

　　□吃東西。

　　□詢問。

　　□走動。

　　□看電視。

　　□其他＿＿＿＿＿＿＿＿＿＿＿＿＿＿＿＿＿。

你在家做功課時碰到困難你如何解決？

　　□問大人。

　　□查資料。

　　□隨便猜。

　　□花時間仔細想一想。

☐空下來明天問同學。

☐空下來明天問老師。

☐其他＿＿＿＿＿＿＿＿＿＿＿＿＿＿。

你在家中哪裡做功課？

☐客廳。

☐飯廳。

☐書房。

☐臥室。

☐其他＿＿＿＿＿＿＿＿＿＿＿＿＿＿。

你認為你做功課時的態度是：（可複選）

☐保證功課一定做完。

☐非常仔細把功課做得很好。

☐會用簡便的方法來做功課增加效果。

☐如果有其他事情，功課做不完也沒辦法。

☐其他＿＿＿＿＿＿＿＿＿＿＿＿＿＿。

　　問卷是十分方便好用的記錄法，同時可以蒐集大量被觀察者的資料，以統計方法看出一般行為的趨勢，在學校教師的應用上，可以作為教師班級經營或教學的參考。

二、評量表

　　觀察者平常就有許多觀察機會，只是沒有將觀察行為一一記錄下來，所以觀察者對被觀察者的行為事實已經有確實的認識，可以不需要現場的觀察記錄就能以回憶或反省的方法將行為事實記錄下來。

　　針對觀察表所列舉的行為判斷其發生的頻率、強弱等程度，在觀察表上已經陳列出程度的選項，觀察者依據程度選項來針對每一行為作判斷，在適當的程度選項上畫∨。例如：頻率的選項可能是「總是、經常、有時、極少、從

未」；強弱的選項可能是「非常、相當、尚可、相當不、非常不」。例如：

	總是	經常	有時	極少	從未
能和固定的友伴一起玩。	☐	☐	☐	☐	☐
能和不固定的友伴一起玩。	☐	☐	☐	☐	☐
能幫助別人。	☐	☐	☐	☐	☐
會請朋友幫助他。	☐	☐	☐	☐	☐
能接受別人的意見。	☐	☐	☐	☐	☐

	非常行	相當行	尚可	相當不行	非常不行
能安靜聆聽故事。	☐	☐	☐	☐	☐
能複述故事內容。	☐	☐	☐	☐	☐
能回答固定答案的問題。	☐	☐	☐	☐	☐
能回答開放答案的問題。	☐	☐	☐	☐	☐
能敘述自己的生活經驗。	☐	☐	☐	☐	☐

　　評量表雖然需要時間來思考每一位學生的行為程度，但是透過這種方法，教師比較能掌握每一位學生的情況，而不會有疏漏，而且也可以分析學生的個別差異，在個別輔導上提供寶貴的資料。

三、檢核表

　　檢核表可以用在現場觀察，也可以用在非現場觀察，記錄方法是二選的，就是「有」或「無」、「是」或「否」，這種判斷比較武斷，但在資料的處理上比評量表簡化許多。

　　下列例子可以用在檢查核對具體行為之有無發生，或基本行為是否有做到，可以不在現場來做，而是每天的反省。

	有	無
穿制服。	☐	☐
家庭作業做完。	☐	☐
考試卷訂正完。	☐	☐
班費已繳。	☐	☐

	是	否
自己早上按時起床。	☐	☐
自己穿衣。	☐	☐
自己盥洗如廁。	☐	☐
自己吃早點。	☐	☐
自己準時到校。	☐	☐
自己做完功課。	☐	☐
自己拿聯絡簿給爸媽簽名。	☐	☐
自己收拾書包。	☐	☐

檢核表是針對基本行為是否、有無做到來做記錄,可以針對全班或團體學生來做,督促每位學生達到起碼的行為標準。

現場觀察的檢核表可以在現場記錄行為發生的次數,將要記錄的行為在表格中陳述出來,當行為發生時就記一次。以「吸吮手指」為例,某位孩子習慣吸吮手指,想記錄他經過輔導之後行為逐日改進的情形,可以設計下面的表格,在每天的某一段時間來記錄,每發生一次就畫記一次。

吸吮手指動作記錄		被觀察者:		記錄者:	
日期	開始記錄時間	結束記錄時間	畫記	次數總計	備註

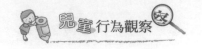

四、系統觀察表

在觀察現場同時要觀察多樣行為，或記錄多位被觀察者的行為，便要發展一套記錄的符號系統以方便快速的記下行為。例如：「中斷上課的行為記錄」，在上課中記錄為參與上課的學生，其中斷上課的行為，中斷上課行為的代碼如下：

C 代表私語。

D 代表干擾。

P 代表個人需求。

V 代表發呆。

W 代表等待。

Z 代表打瞌睡。

教師所進行之教學活動代碼如下：

I 代表教學。

O 代表組織。

R 代表閱讀。

S 代表座位活動。

Q 代表問答。

G 代表分組報告。

有了這一套代碼，便可以觀察在觀察表上針對每一位學生作判斷，如果學生沒有進行參與學習而中斷上課，就在他的記錄欄記下他正從事的行為及教師正進行的活動。在觀察每一位學生並記錄完之後，休息一分鐘，再進行第二次的觀察，如此可以觀察許多次，便可以統計出哪些學生較多中斷上課的行為，而且學生中斷上課以哪一種行為為多，並且也可以看出教師在進行哪一種教學活動時較容易產生中斷上課的行為。這種資料可以提供教師瞭解學生上課是否專心，也可以反省自己的教學。

五、長期系統性觀察

為瞭解某種行為長期受環境影響的情形，或因成熟而使行為發展的情形，將所需瞭解的行為做定期的長時間觀察來蒐集資料，並為縮減複雜資料為有用的資料，將複雜的觀察行為界定為具體明顯的觀察類目（categories），也以行為發生最多之情境或時間之抽樣方法（sampling）來縮減觀察範圍及時間，以此系統方法長時間蒐集某類行為之資料，作為提出該行為的發展之解釋或理論假設的依據。

長期系統觀察的方法如下：

1. **行為類目**：將重要行為以簡單扼要的詞彙標明出來即「行為類目」，行為類目可以下操作性定義，作為蒐集資料或分析行為的依據。
2. **符號系統**：為方便快速有效的記錄行為，以一套代碼符號系統界定行為類目來減輕記錄的負擔。
3. **系統抽樣方法**：為縮減資料記錄及分析的時間，無需記錄到行為的全部或細節，只需對行為作取樣的記錄及分析。

取樣方法有：

1. **時間取樣**（time sampling），在時間單位內記錄行為的發生。
2. **事件取樣**（event sampling）：以行為類目為記錄的單位，記錄每個類目行為。

長期系統觀察可以針對個別孩子特殊行為的瞭解——瞭解當事者行為的背景、行為形成的過程及特殊的影響因素等。也可以針對複雜的互動行為進行研究——瞭解個別學生行為之社會意義，瞭解個別學生行為對社會的影響等。長期系統觀察也可以針對班級團體之次級文化（團體共識）的瞭解。

長期系統觀察在研究上的應用有：(1)行為發展之縱貫研究；(2)嬰幼兒發展日記；(3)學習過程之研究。

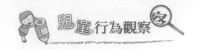

六、錄音觀察法

1920 年至 1930 年間，愈來愈多人投入實驗兒童心理學，為使大量資料減為可使用的形式，發展出兩種解決方法，一是以行為取樣來縮減，一是以代碼來處理。由 Caldwell 和 Honing 所發展出的錄音觀察法，以錄音機為資料蒐集的工具，以代碼記錄方式配合電腦的貯存及分析直接觀察的資料。

錄音觀察法的方法如下：

1. **樣本記錄描述資料**：觀察者帶著錄音機靠近目標個體，錄下當時發生的語言、動作及相關狀態等，觀察時段為一天中最多互動行為出現的時段，約二十至三十分鐘。
2. **編碼**：將記錄的行為由電腦處理以編碼系統。編碼系統有兩種：(1)發生的行為；(2)行為發生的情境狀況。行為的代碼是由阿拉伯數字來描述行為的組成，包括主格、行為（接觸、溝通、互動、負向行為、主體行為、控制技巧）、受格、補充資料等；情境狀況則由另一套編碼系統描述情境改變（setting alert）、活動鑑別（activity identification）、地點（geographic region）、參與人物（support cast）。

錄音觀察法的應用：研究者可以依研究目的發展自己的代碼系統，有一些認定標準、效度標準、實用標準可資遵循，Caldwell 提出編碼的七個要求：(1)應將所有有意義行為都包括；(2)應能掌握在任何情境的行為；(3)每一個人的行為都可以用這系統來編碼；(4)分析到行為過程的個體自身及個體之間的細節；(5)分析到人為刺激及非人為刺激的影響；(6)是可以快速閱讀、摘要、分析的；(7)能快速學習到的。

錄音觀察法的代碼系統可以依研究者需要加減代碼，由於這個系統十分複雜，需要花費許多心力學習，所以不如其他的代碼系統廣為使用。

觀察的代碼系統使觀察的記錄及分析更具信度及效度，而且可以用來擴展以符合特殊的研究目的。

七、同時記錄多數樣本的方法

　　一般量的觀察大都是一次針對一個個案來記錄，可以逐項的記錄或選項的記錄，從頭做到結束在時間上是完整的。可是有的觀察是在觀察情境中同時記錄多數樣本，在觀察記錄的時間內必須將時間分配到每一個被觀察者，使每一個被觀察者都有被看到和記錄到，在時間的安排上便需要加以設計，必須用瞬間觀察記錄方法。

　　瞬間觀察記錄可以同時記錄若干位受觀察者，輪流由一號、二號至最後一號，分別記錄其行為表現，記錄完一回合，可暫停一會兒，再做第二回合的記錄，以此類推。

　　瞬間觀察記錄是一種時間取樣的方法。將觀察記錄的時間作間隔的規劃，在間隔時間內觀察者作瞬間知覺的接收以符號記錄在觀察表中，記錄完成即等待下一個觀察時間，而瞬間之外的行為或觀察項目之外的行為則不必管它，也就是以被觀察者在被觀察瞬間所表現的行為作為所取樣的行為。

　　瞬間的時間劃定是以做完一次觀察記錄所需的時間來決定，可能是一分鐘，可能是三分鐘、五分鐘、十分鐘等，如果觀察者做完一次觀察記錄結束而下一次時間未到，則可暫時休息等到下一次的瞬間時間再做觀察記錄。

第四節　量的觀察表之製作過程

　　以上三節中已經把量的觀察之重要事項都作了說明，本節就量的觀察工具之製作過程依序說明，以方便讀者在製作量的觀察表時的掌握。

壹、觀察動機及主題

　　觀察動機即「為什麼觀察？」，當教育工作者對受教對象有了疑問想仔細瞭解，而受教者是一個團體，包含許多個體的行為，一時之間很難針對這麼複

雜的狀況掌握「重要意義」，就必須透過工具來將重要的行為做個別的記錄，再去分析個別的行為及整體的意義。

例如班級學生的學習動機不很強烈，家庭作業未做完的情形很嚴重，面對這種情形，教師想要瞭解問題的緣由，以及哪些學生是始作俑者，他就產生了記錄每位學生學習態度的動機。又如：學生上課常常吵鬧愛說話，教師想要以小組同儕互動的方式來增進學習效能，哪些人該編成一組？教師就產生了哪些人互動情形較好的觀察動機。再舉一例，學生常寫錯別字，教師就產生了觀察動機：每一位學生寫的錯別字各有哪些？針對每位學生易寫錯的字來分別要求家庭作業，可以適應個別差異，避免學生負擔太重。

教師為了要培養學生自我反省及自我糾正的習慣，也可以用學生自評的方式來記錄學生的教室常規行為、基本的生活習慣、學習結果的基本要求，可以製作成自評表，讓學生每天逐項反省自己的行為。

學生的行為許多是因為家庭或過去經驗，教師為做團體輔導、生涯輔導，也可以用問卷詢問學生在家中的生活情況或過去的經驗，例如：參與才藝班的經驗、參與校外活動的經驗、旅遊的經驗、假期的生活、看電視行為、休閒活動、與家人相處行為等，這些資料可以當作親師溝通、團體輔導的參考。

在觀察動機之下，要把觀察的範圍界定出來，也就是把觀察主題找出來。動機與主題是息息相關的，有了動機，主題自然就產生出來。

貳、內容分析

主題是觀察的方向，然而主題是籠統不夠具體的，必須要化約為具體的行為才能透過觀察者的知覺覺察並判斷出來。所以內容分析就是將「籠統的方向」分析至「具體的行為」之工作。

籠統的方向如果無法馬上化成具體的行為，可以在其間先設定一層「階梯」，也就是「類目」，觀察主題之下可以找出哪幾個重要的行為類別，再由各個行為類別分別想出具體行為。

　　內容分析必須合理，否則觀察表製作出來會失去效度。內容分析的項目之間避免重疊及雷同，以便可以減少項目，使每一個項目都有其重要性及代表性，如果項目太多且繁複重疊，使用者將感到不耐煩而影響信度。

　　每個觀察項目的敘述方法必須簡潔扼要，文法結構最好都一致才方便閱讀，也增加信度及效度。

參、記錄方法的決定

　　有了要進行觀察記錄之「具體行為」，可以針對這些具體行為來思索記錄的方法，量的觀察記錄的方式有選項、檢核、評量、符號系統。

　　選項是列出有關的行為項目，選出合適的項目，此為「問卷」。檢核是分別判斷每個行為「是否」出現，是二選一的方式，此為「檢核表」。評量是分別判斷每個行為出現的頻率程度或執行程度，在所劃分的程度上作等級的判斷，勾出適當的等級，此為「評量表」。符號系統是將具體行為以符號來代表，記錄時該行為出現了就用符號來記錄，此為「系統觀察表」。

　　以上的記錄方法最好只選一種，以免混淆不清影響信度及效度，如果要用兩種以上，就必須分別製作兩種或三種的觀察表。

　　決定好記錄方式之後，觀察表的主體便可以出現了，可以將每個項目依其類目之分類排列出來，並將記錄之表格或□的位置都排列出來，並標明記錄的位置區分。如果是問卷則將問題及選項組合成問卷；如果是檢核表則將檢核項目依照類目排列並畫出選擇符號的表格或□；如果是評量表也將每個評量項目依照類目排列，並畫出程度選擇的表格或□，並標明各程度名稱；如果是系統觀察表則將符號系統標明出來，並畫出填寫觀察資料的表格或圖。

肆、指導語

　　大多數量的觀察，觀察表的製作人及觀察者並非同一人，觀察表製作出來

就可以由不同的人來靈活應用，別的觀察者如果覺得適用也可以使用，因此使用的說明及指導是很需要的，以免誤用。

指導語通常以信件的方式來敘寫，包含下列部分：

一、稱謂。

二、觀察目的。

三、填答方式。

四、感謝辭。

五、發卷者。

六、觀察表回收方式。

親愛的家長：

　　本問卷的目的是要瞭解貴子弟在家中的休閒生活，以作為生活輔導的參考，本問卷不作貴子弟成績考察之依據，請您據實填寫。

　　請在每一個問題之後的選項中選擇適合的項目，在□中打∨，如果沒有適合的項目，請在「其他」欄中填寫您的寶貴見解，謝謝您的合作。

　　請在填寫完畢交予貴子弟帶到學校交給導師即可。

導師

黃意舒　敬上

指導語的另一個重要目的是：排除使用填寫者的「自我防衛」心態，使他放心的、誠實的作答，而不會懷疑焦慮。

伍、基本資料

觀察表的使用必須有所辨明，何人、何時，或其他的重要資料必須在使用前或使用後填明，以作為區別、比較、分析時的依據。

觀察表的設計者必須思考哪些基本資料是必需的，有必要者才留下填空的

位置，無必要者盡量省略，以簡化填答的步驟。

下列諸項目是觀察表可以考慮是否需填寫的基本資料：

觀察時間、被觀察者姓名、性別、觀察者姓名、與被觀察者的關係、觀察情境、被觀察者的班級、學校、家庭背景等等。

必須填寫的基本資料，可以在觀察表的指導語之後，以填空方式或列出選項以打∨的方式來填寫，主要的是要簡單易答，以免造成不便或錯誤訊息。

陸、編輯設計

以上的設計步驟觀察表已經全部出現了，但是為了使用者視覺及填寫的順利，必須加以編輯設計，使閱讀、填寫盡量減少障礙。下列事項應該加以考慮：

1. 字體的區分，以不同字體來區分不同的部分。
2. 位置的排列，空格及空行以便視覺的停留及思索。
3. 敘述的長短，簡明扼要易懂，減少繁複重複。
4. 翻頁或翻面需有註明。
5. 插畫以增加輕鬆，但不宜太多，結尾增加感謝合作等字眼。

第五節　量的行為觀察之信度及效度

壹、信度

「信度」是可靠程度，在量的觀察就是省察觀察者的判斷是否可靠，如果可靠那麼其所判斷的結果一致性應該很高。所謂內部一致性，就是同一份觀察表之不同部分的觀察結果的相關，相關很高表示內部一致性高；同一批觀察者，被觀察兩次，前後兩次的相關表示前後測的信度，相關高表示信度高。

信度愈高表示誤差愈低。觀察工具如果設計不良會影響到觀察者判斷之正確性，造成與事實現象之間的誤差。觀察工具雖然期望盡量減少觀察者主觀的判斷，但是在判斷時難免還是會因為一些因素而影響了觀察者的客觀公正的判斷，而歪曲了事實。例如在使用觀察評量表時，評量程度若有奇數項，觀察者會傾向於勾選中間的項目。又如果項目眾多或敘述深奧難懂，都容易使觀察者產生不耐煩的心理而胡亂選擇。

量的觀察表之設計不違背信度的原則如下：

1. 記錄方法明確，表格方便容易記錄，指導語清楚。
2. 觀察項目的敘述明確，文法結構一致，容易閱讀。
3. 觀察項目的類別之間有空行，區別清楚。
4. 觀察項目容易下操作性定義，從被觀察者表面的行為表現就可以下判斷，不必經過太多或太複雜的思考。
5. 問卷、評量表或檢核表題數合理，不致讓使用者不耐煩。
6. 系統觀察表之符號不致太多太複雜，容易學得使用，或在紀錄表中就在角落提示出來，以備忘記之時可參用。

為使量的觀察誤差減低，觀察者的訓練是必要的。訓練是使觀察者正確使用觀察表。

貳、效度

「效度」是命中目標的程度，一般在測驗工具上表示所能測定的功能及程度，即言某種測驗在使用時確能達成其測驗目的者方為有效。人格測驗所測結果確實能代表受試的人格，智力測驗所測結果確實能代表受試的智力，否則測驗就是缺乏效度。測驗的效度有三種類型：第一種是內容效度，由測驗題目的一致性及代表性而決定效度；第二種是效標效度，以另一種標準來比較，求相關程度來定效度；第三種是建構效度，指以理論為依據而決定效度。

行為觀察的效度指的是觀察結果是否解釋到觀察者所要瞭解的主題上，這和觀察者的動機很有關，觀察者不是毫無目的就來做質的觀察，觀察工具是否真正蒐集到他所想要蒐集的資料就是效度的問題。

量的觀察工具主要的目的是要有系統的釐清及整理複雜的行為，將重要的行為留下紀錄，而去除無關的資料，使觀察結果能浮現重要的線索，以瞭解或說明多數被觀察者的行為差異，或一個被觀察者的長期變化。如果觀察結果不能達到這些目的，那就可以說是無效度的。

量的觀察表中所列出要記錄的行為是否重要，並不是靠直覺，而是要靠「內容分析」，透過內容分析去找出重要的行為指標作為估測主題行為意義的指標，因此量的觀察工具之效度大體上就是看內容分析是否合理、合邏輯，如果是，內容效度就已經具備。

內容分析所得的行為指標必須有其重要性及代表性，而且指標之間不重疊或重複。主題之下產生類目及指標是經由設計者平日接觸兒童的經驗或其思維所創造出來，這需要創造的思考，雖然有時是根據已有的文獻來決定類目或指標，但是文獻資料不一定合乎現實的行為資料，所以還是要經過設計者自己的體會來產生。

不論是經過文獻或創造的歷程所產生的類目及指標，還要經過批判的思考來省察其重要性、代表性，以及指標之間是否有重疊及重複，必須修改至完全符合效度的原則。

信度是效度的必要條件，信度不佳的觀察必然效度不佳，信度有了之後，再檢視效度的條件：觀察過程及結果是否一直都有針對主題或命中主題。

量的觀察命中主題之條件如下：

1. 觀察者的動機是內發的，而非外在要求的，即他自己知道「為什麼觀察」。
2. 觀察者對主題的界定是由其觀察動機而產生的，即他自己知道「觀察什麼」。

3. 觀察主題到觀察項目之架構必須是合理的，觀察項目必須有其重要性及代表性。

4. 觀察項目必須可以下操作性定義，很容易由感官知覺就下判斷。

第六節　量的行為觀察之應用

壹、質的觀察到量的觀察

　　質的觀察目的是要瞭解個別問題深入的來龍去脈，個別問題雖然有其特殊性和獨特性，然而有時候浮現的解釋卻不一定是完全個別的，也有可能是其他個體也會發生的行為，只是尚未被重視及發現而已。為求證實其他個體也有，可以將質的觀察的結果化約為量的觀察指標，進行量的觀察記錄，以審視別的個體該行為發生的情況以茲比較。經過量的觀察蒐集大量被觀察者的資料，也許可以證明一些人類尚未發現的行為原則或行為現象。

　　其實，Piaget 的研究最初也是一種質的研究，但是當他提出深入的見解，以人類適應環境的機能去解釋智能的成長過程，許多學者的後續研究就是為了要證明他的理論，而進入量化的實驗、測量、調查等研究。這便是由質的研究發現原理原則，而進入量的驗證研究的實例。

　　也有時候，質的研究發現解釋個案行為的一些重要變項之後，而延續下去的是想瞭解這些重要變項的發展轉變的情形，由於要持續觀察的變項已經被具體的界定出來，因此就可以簡化觀察的工作，而進入量的觀察記錄。

　　由此可知，人類對事實的瞭解大多都是透過「主觀」的覺察、創造、批判而解釋之，然後再以客觀指標進行大量資料或多次資料的蒐集來驗證，如果驗證無誤，人類就會相信這是一種客觀存在的「知識」，而不是一套自以為是的說辭而已。

貳、成人期望到兒童的自省

　　教育工作者對受教者總會有一些期望，最普遍的期望是進步及成長，但是教育工作者不能揠苗助長，而是要以引導、啟發的方式來等待及盼望。在這過程中，教育工作者會去觀察受教者，如果受教者符合他的期望，他的成就感就油然而生，喜歡這種「百年樹人」的工作。然而，當受教者的表現一直和他的期望背道而馳，他會有失望、氣餒、抱怨「世風日下、人心敗壞」等心情。這種心態有不好的一面，因為這使教育工作者迷失於自己的期望中，而不能保持客觀公正，真正知覺到受教者的需求。

　　其實，教育的對象個別差異很大，每個孩子的學習模式、思考方式、個性都有不同，有效能的教育工作者必須要以觀察的方法來瞭解這現象。然而對每個對象都要進行質的觀察是會有點分身之術；雖然也能以軼事記錄來進行，但總不是一個周全的瞭解到每個孩子的方法。以量的觀察也因受限於工具，不能針對每個兒童的特殊面來記錄。

　　這裡提出量的觀察之應用方法，利用量的觀察使用方便的優點，讓兒童自評，甚至可以參與表格的設計。

　　如果以量的觀察來進行教師對兒童的瞭解，把進步及成長的指標由學生自己去負擔部分責任，則可以減輕教師的工作；更重要的好處就是學生自己去反省，將結果呈現給教師，非但促進學生獨立成長，也讓教師有了具體的資料來瞭解學生的需求，而為學生準備更適當的學習機會。

　　教師可以設計觀察表的雛型格式，包括主題、類目、指導語、基本資料及記錄方法等。至於要記錄的行為指標，則由學生自己去訂，再由教師審察，教師審察的根據有：學生行為的基本最低要求，教師對個別學生已有相當肯定的瞭解，學生過去已經達成的觀察指標，指標要盡量客觀可以下操作性定義，多鼓勵其自發的構想。

家庭生活紀要

班別：＿＿＿＿＿　　姓名：＿＿＿＿＿

親愛的小朋友：

　　「家庭生活紀要」是老師為你們設計的表格，主要的目的是要你們在家中生活充實而愉快，也有學習及成長，把重要的事情養成習慣。這個表不作為成績的根據，小朋友可以誠實來寫。

　　小朋友可以在下面表格中填寫你希望自己在這一週內學習到或做到的事情，拿給老師批閱。老師批閱過了之後，你就可以在收拾書包或一天結束的時候反省一下自己做到了沒有。如果做得很徹底，就在「非常好」的□打∨，如果有做，但是還可以做得更好，就在「還可以」的□打∨，如果根本忘記做，就在「忘記做」的□打∨，如果沒有機會做，就在「沒有做」的□打∨。

重要事項 \ 表現項目	星期一 非常好	還可以	忘記做	沒有做	星期二 非常好	還可以	忘記做	沒有做	星期三 非常好	還可以	忘記做	沒有做	星期四 非常好	還可以	忘記做	沒有做	星期五 非常好	還可以	忘記做	沒有做
表現	□	□	□	□	□	□	□	□	□	□	□	□	□	□	□	□	□	□	□	□
	□	□	□	□	□	□	□	□	□	□	□	□	□	□	□	□	□	□	□	□
功課	□	□	□	□	□	□	□	□	□	□	□	□	□	□	□	□	□	□	□	□
	□	□	□	□	□	□	□	□	□	□	□	□	□	□	□	□	□	□	□	□
家事	□	□	□	□	□	□	□	□	□	□	□	□	□	□	□	□	□	□	□	□
	□	□	□	□	□	□	□	□	□	□	□	□	□	□	□	□	□	□	□	□
服務	□	□	□	□	□	□	□	□	□	□	□	□	□	□	□	□	□	□	□	□
	□	□	□	□	□	□	□	□	□	□	□	□	□	□	□	□	□	□	□	□

　　這種方式的觀察是一種自省式的觀察，培養兒童對自己負責的態度。可以用在學習態度、教室常規、同儕互動、道德行為、日行一善等行為，這些都是比較強調個別差異的行為及進度。

　　如果碰上團體一致要求的行為，教師可以和兒童共同討論出需要做到的行為，共同列出行為指標之後，製作出全體一致的觀察表，也可以讓兒童自己去自省評量。

　　老師也可以設計家長的問卷，一方面蒐集家長的看法，一方面引導家長省思他自己對兒童的教養方法，因為家長在填問卷時候，就是一個思考反省的機會。

參、學習的基本能力評量

　　所謂「基本能力」是學習上必須表現的基本技巧、態度或知能，基本能力是學習的最低要求，如果沒有這些能力的表現，就可以說學習無效，或者說根本未進行該有的學習。

　　既然是基本要求，也就是每位學生都需要達到的，教育工作者便可以用測驗、觀察表等來檢查學生是否確實學到，如果沒有就必須補救教學，例如注音符號、九九乘法表、運筆寫字等能力可以用基本能力測驗來檢查，生活常規（生活自理、收拾、整理等）、學習態度（專注、負責、有始有終、詢問等）、上課行為（參與、做作業、遵守教師要求）等，就可以設計觀察表來記錄學生的行為表現。

　　教學上，每一個領域或科目都有它的基本要求，例如音樂課的基本要求可能是能唱歌、能打拍子、能肢體表現動作等；工作課的基本要求可能是：能取用材料、能物歸原處、能收拾、能用剪刀、能完成作品、能尊重別人的作品等；體育課的基本要求是：能跟著做動作、能跑五十公尺、能雙腳跳、能丟球、能接球等。

　　能力的評量或教學並不是孤立出來的額外工作，而是可以融入在課程的種種措施中「順便」進行的工作。原因是統整的課程提供幼兒自然學習的經驗，應該就涵蓋大多數基本能力的學習，以及八大智能表現的機會。評量是可以在課程經營的工作項目中規劃出來，透過老師、家長、行政人員的工作中，「順

便檢查」每一個幼兒是否具有基本能力及優勢智能。教學則是在能力評量之後，教師可以利用課程中的小組活動或自由時間安排活動，使基本能力不足的某些孩子得以補足該有的能力，得以進入正常的學習及發展，開拓他自己精進的或特殊的學習發展；也可以安排有挑戰的活動，以滿足優勢智能的孩子。

學校名稱：新生國小附設幼稚園　　　　班級：_____　老師：_____

活　　動：角落發展主題活動（三）　　　　　　　　觀察週：_____

基本能力 能力指標	幼兒姓名																	
傳播現象的察覺	**分辨光影的關係** 會配對影子與實體 會分辨亮度的強弱 會分辨光線及影子方向																	
	分辨聲音來源動向 會分辨聲音的來源 會分辨不同物體的聲音 會描述聲音代表的意義																	
能量現象的察覺	**觀察磁力作用** 會用磁鐵嘗試吸附物品 會分辨鐵製品 會分辨磁力的強弱																	
	分辨冷熱差別 會分辨冷熱的來源 會用觸覺比較溫度 會使用溫度計分辨冷熱																	
	察覺風與水的力量 會模擬風與水的流動 會依指示實驗風與水的力量 會感受風力與水力的強弱																	

1.請用一週內逐日評出每位幼兒的幾項能力。

2.在每天該活動時間中，注意這幾項能力，能判斷出某些幼兒的某些能力之處，就在該能力之指標幼兒能做到的項目之對應的位置打ｖ，同欄之能力指標可重複打ｖ。

3.對無法判斷幼兒之能力欄內，得留空白，不必做任何記號。

肆、記錄班級經常發生的事情

每個班級都有其文化、行事默契、互動的氣氛，教師必須去瞭解才能掌握班級經營，訂出被學生認同的班級常規，或在處理班級問題時能被學生接受。

班級經常發生的事情可以用軼事記錄的方法記下來，然而軼事記錄如果未經過分析解釋，可能只是一堆散亂無意義的資料而已，如果要做質的分析，又是十分花心思及花時間。想在短時間找出解釋班級問題的資料，也許系統的量的觀察記錄會有所幫助，因為觀察表中的資料是有系統的，可以很快從紀錄資料中看出相互間的關係。

例如班級的告狀行為，如果每次告狀就在紀錄表上記錄，以數字記錄發生時間、告狀者、被告狀者，並在觀察表所列之告狀事件、老師的處理、處理之後的結果之行為，以符號或在適當選項打∨，經過多次資料之後，就能看出這些紀錄之間的關係，例如：什麼時間比較容易有告狀行為？誰比較喜歡告狀？被告狀者大多是誰？誰會被告什麼狀？老師的處理方式會不會影響結果？甚至還可以分析到：某人愛告什麼狀？某人在老師的某種處理之後效果較好？

例如班級的清潔工作的記錄，可以記下每個學生的分配工作，是否有完成其工作？清潔的時間用多少？清潔的效果好不好？有沒有別人幫忙？清潔中的情緒行為？這些紀錄可以看出每一個學生所適合做的清潔工作。

破壞班級常規的問題，將班級常規區分為人、事、物三類，各寫出類別，例如：破壞人之間的常規有：動手、動口等；破壞事的常規有：不守時、不遵從指示、喧譁、奔跑等；破壞物的常規有：破壞公物、占用公物、偷竊等。以上這些行為的發生，同樣以觀察表來記下發生的時間、肇事者、處理情形、處理後的行為等。

透過事件取樣之量的記錄，累積多次的資料便可以看出相關聯的事件或人物等資料，在處理班級問題時可以有很大的參考價值。

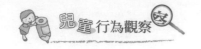

伍、協助親師溝通

親職及教師之間，語言或電話的溝通在感情的交流及思考的交流會更豐富，然而卻也增加許多不必要的訊息交流。因為這其間有一些感情上或判斷上的互相影響，溝通的重點很容易集中在教師或家長自己已經形成的先入為主之判斷上，教師或家長難免會陷入「為自己的判斷而辯護」的心態，客觀事實的資訊反而混淆不清楚。

如果溝通是在客觀的事實上，而不是在觀念上或判斷的結果上，應該更有引導性，引導資訊的接收者更願意去關心及注意，自己去作判斷，而不是根據「情緒的傳染」來處理自己子女或自己學生的事情。

教育工作針對的是人，人自己有判斷及思考的能力，如果想「教育某人」，最好的方法就是把判斷的責任交付給他，而不是代替他來作判斷，除非太複雜的事情，就用已經整理好的資料來協助他作判斷。

幫助家長瞭解自己的孩子，不是將老師已經下好的判斷告訴家長，而是提供正確客觀的資訊給家長，讓他來下判斷。因此，和家長溝通的重要事項應該是提供訊息。

孩子也是活潑生動的人，如果要提供事實給家長，將會十分瑣碎。在質的觀察應用時，曾言將質的分析所產生的行為標籤提供給家長。在量的觀察應用時，更具體的將主題行為之下的行為指標之紀錄呈現給家長，教師可以將孩子的行為與團體比較，根據紀錄可以客觀的看到比較的結果。

目前學校升學主義掛帥，教師最喜歡提供給家長的訊息是考試成績及其名次，也有教師將出缺席、缺交作業次數、上課說話次數等統計給家長，然而，這只是孩子在學校生活中微不足道的一部分。

如果教師平日讓學生做生活檢討、同儕互動的自評，或教師平日也做學習態度、學習基本能力等的記錄，這些資料更生動的描繪學生在校的行為，將提供家長更寶貴的資料來瞭解自己的孩子。

有了客觀的資料再溝通，就較能有事實根據來商量、檢討，而不致陷入「自我防衛」的心態中。

陸、協助輔導行為的記錄

學生行為的改變是逐漸的，輔導學生也是長期的，在這過程中，行為是否有轉變，必須留下一些基本資料來證明。質的記錄可以針對個案的深層感情、意識之轉變來瞭解，但是行為的轉變在表面上就可以覺察，用量的記錄就可以簡化許多不必要的冗長過程。

例如發言的多寡、微笑的次數、禮貌語的次數，這些記錄在輔導學生表達能力上可能是極重要的資料；打人的次數、合作的時間長短，在輔導學生社會行為上是重要的資料；中斷上課行為的次數，如私語、發呆、做其他事情的次數，可能是輔導學生上課專心的重要資料。

在行為輔導之前，就先做觀察記錄，記下行為發生的次數，這是行為的「起始點」。輔導策略進行之中，如果不妨礙學生，不會被學生知道的情形下，也可以繼續記錄。如果過程中的觀察記錄會影響輔導策略的進行，則等待輔導策略進行到一個段落時，暫停輔導，再觀察沒有輔導策略，行為是否有較起始點進步？如果有，表示輔導有效；如果沒有，可能要反省為什麼輔導無效，要修改輔導策略，或換另一種輔導方法。

行為的記錄是輔導效果的回饋，可以修正輔導策略，也可以決定輔導可否結束。如果學生的行為已經可以自動自發的產生或自我克制，輔導工作就可以暫停，但觀察還是得持續，以瞭解學生的行為會不會故態復萌。

觀察的行為出現的次數為縱座標，輔導過程的時間為橫座標，畫出曲線圖，就可以明顯的看出輔導的效果（圖8-4）。

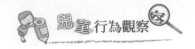

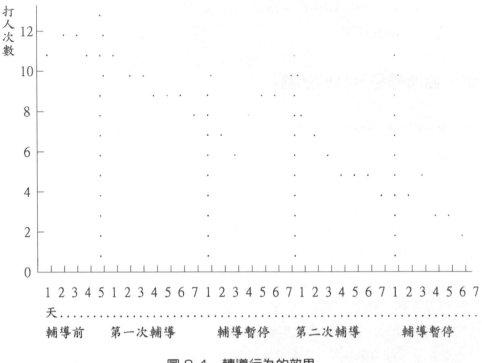

圖 8-4　轉導行為的效果

討論問題

1. 量的觀察動機如何產生？如何在動機中找出主題？

2. 觀察主題如何分析成為觀察指標？

3. 量的觀察表格式有哪幾種，分別說明之。

4. 設計量的觀察表有哪些重要的步驟？

5. 在設計量的觀察表時，如何掌握信度與效度？

6. 量的觀察如何有效的運用在學生自省上？

7. 量的觀察如何有效的運用在親師溝通上？

附錄一　軼事記錄實例

軼事記錄一　幼兒語言能力發展觀察記錄

1. 主題：四歲至四歲六個月幼兒語言表達、語言理解。

2. 對象：林小好（四歲一個月）。

3. 情境：自然。

4. 取樣：自由活動時間。

5. 觀察者角色：參與者觀察。

6. 幼兒基本資料：小好的父母皆大學畢業，從事法律性工作，小好自小先後由奶奶、保母帶至兩歲半左右，即開始至園裡上幼幼班。在她一歲多時，觀賞影片「雪人」感人處亦隨著落淚，在父母眼中，小好是個感情細膩的小女孩，小時候會主動要聽兒歌、唐詩、三字經等錄音帶且常常朗朗上口，唸上一大段。上了學的小好亦是個大方、活潑的小孩，常常發問，對於老師所提的問題，也能表達自己的想法。

7. 記錄方法：評量（☆表示可以做到，△表示尚需指導）／軼事記錄。

語言表達的發展	評量	軼事紀錄
• 會適時地說「再見」、「謝謝」、「請」。 時間：1996/3/11（上午）	☆	上午入園會主動和老師說早，請老師協助或同伴間分享時會說「謝謝」。
• 看到一元、五元、十元硬幣時，能正確說出。 時間：1996/3/12（上午）	☆	對於錢幣顯得相當有概念，看到一元、五元、十元的硬幣會不加思索地說出其正確名稱。
• 知道自己的性別。 時間：1996/3/12（上午）	☆	小好：我是女生，媽媽也是女生，爸爸是男生。
• 至少唱完一首兒歌。 時間：1996/3/13（下午）	☆	小好：我會唱好多歌！ 老師：那可不可以唱一首給我聽呢？ 小好：好啊！我唱小烏龜。

（續上表）

語言表達的發展	評量	軼事紀錄
• 會用「××和××」，在「××旁邊」。 時間：1996/3/14（下午）	☆	教室裡有一些擺設。 老師：時鐘下面有什麼東西？ 小妤：有櫃子，櫃子上面有地球儀，還有…… 老師：蠟筆在哪裡？ 小妤：蠟筆在櫃子的下面。

語言理解的發展	評量	軼事紀錄
• 能瞭解「多遠」。 時間：1996/3/15（上午）	☆	老師：小妤，從教室到廚房比較遠，還是到籃球場？ 小妤：到籃球場。到廚房，一下下就到了；到籃球場，要一點點久的時間。
• 會區分相同和不同的形狀。 時間：1996/3/15（上午）	☆	和小妤一起玩萬花拼圖板。 老師：這是什麼形？（手指□） 　　　這是什麼形？（手指△） 小妤：這是正方形。 　　　這是三角形。 老師：正方形和三角形哪一個大？ 小妤：正方形比較大，三角形是正方形的 1/2。
• 能說出一至兩種男生和女生的不同。 時間：1996/3/15（上午）	☆	老師：男生和女生有什麼不同呢？ 小妤：有很多不同啊！女生比較喜歡美少女戰士，男生比較喜歡金剛戰士。女生可以夾髮夾，男生不可以。

結論：小妤在語言表達及理解方面的發展非常好，反應問題亦能舉一反三。小妤從小在充滿愛與尊重的環境中成長，父母也為她提供了豐富的學習環境，在生活中，也常傾聽孩子的童言童語，相信這在小妤語言的發展上占了相當重要的因素。身為小妤的老師，甚為小妤的發展良好而欣慰，當然也提醒自己，提供給孩子更富創造、表達的機會。

軼事記錄二　社會行為觀察記錄

1. 時間：1996 年 3 月 11 日星期一。

2. 情境：自由活動。

3. C：小豪（小班）。

時間	觀察紀錄	評論
8：15 8：53	C坐在椅子上看書，C把書放在桌子上，當成飛機，繼續看書再把書當飛機玩，眼睛看書架，繼續看書，在桌子上把書放在桌上，把書放在小朋友的頭上，C走到書架上換書，走回位子上搶別人正在看的書，小涵請C還她書，C把書給小涵，C跑去書架，看了一下，走到小涵那，C說我看到一隻大螞蟻，小涵不理C，C站著玩椅子，唱起歌來，C告訴小鋒小祕密，小鋒大笑，C在桌上拿了一本書，看書，C拿起書，跪在椅子上唱歌，誰要看書呀！沒人理會，（小群來了），C說小群早，C告訴老師小得拿了別人的車子，老師請小得把車子放回原位，老師說小朋友請把手上的東西放回原來的位子，排隊了。	C看書翻來翻去，看了五分鐘不想看了，所以把書當飛機玩。 C拿了別人還沒看完的書，因為那本書有C想看的恐龍。故搶別人的書。 C看到小朋友來園都會很有禮貌的問好。

結論：小豪在社會發展中，是個會找朋友的孩子，小朋友也會自動來找他。小朋友當中他是個有禮貌的小孩，看到小朋友來園，他會和他們打招呼，在班上人緣算中等，因為小豪不會帶領小朋友遊戲，故人緣中等。

軼事記錄三　幼兒上課情形

一、觀察對象：

　　1. 姓名：簡小廷（代號甲）。

　　2. 性別：男。

　　3. 年齡：五歲。

　　4. 排行：老大（只有一個剛滿月的妹妹）。

　　5. 就讀班級：小班。

　　6. 外表特徵：白白、壯壯、高高。

　　7. 行為：個性較自我、喜歡命令別人、好動、活潑。

二、觀察主題：上課情形。

三、觀察時間：5/16　10：00～11：00。

客觀	主觀
甲上午一到教室，書包未放入自己的櫃子裡，就跑出去玩玩具。等到老師提醒後，才將書包放入櫃內，然後又跑去積木區與其他小朋友玩，看到別的小朋友已完成的成品，他便用力把它打翻，哈哈大笑後跑掉。老師叫他時，他就躲得遠遠的。吃點心時，又跑回自己位子不時與鄰座小朋友講話，吃完點心後，上律動時，排到最後面，邊跳律動，邊推旁邊的小朋友，最後自己跌倒，坐在地上哭。	1. 一看到玩具，便忘記自己應把書包歸位。 2. 想引起他人的注意。 3. 好動、喜歡刺激。 4. 擔心闖禍要受罰，想逃避。 5. 好動、愛說話、愛鬧場。

結論：甲是一個活潑、好動的小朋友，針對甲應設計動態、活潑、新鮮的課程
　　　來引起他的學習意願及興趣。

附錄二　檢核表實例

檢核表一　幼兒遊戲注意力集中行為檢核表

親愛的家長：您好！

　　這份檢核表主要的目的在探究幼兒在遊戲時的注意力，以作為教養參考。

　　您所做的記錄僅作為輔導幼兒專注行為之參考。您的寶貴資料將使我們的孩子更為成長、進步。

○○國小附設幼稚園敬上
年　　月　　日

填答注意事項：

1. 請您依據幼兒在家中的遊戲行為做記錄。大約以一小時作為觀察時間，觀察幼兒的活動停止（放棄）之行為。

2. 觀察之前先填寫基本資料。

3. 在觀察時間內，當幼兒之活動停止時，即做一次記錄。

4. 每次記錄只需勾選四項，每項有六至八個選項。勾選前先填上記錄時間（即活動停止時間）。

5. 諸選項若有必要可以複選。

6. 若勾選其他，請於格內註明其從事活動與行為。

記錄者：＿＿＿＿＿＿＿＿＿＿＿　　觀察時間：＿＿時＿＿分至＿＿時＿＿分

觀察地點：＿＿＿＿＿＿＿＿＿＿＿　　記錄日期：＿＿＿年＿＿月＿＿日

勾選項目 ＼ 活動停止時間								備註
從事何項活動	1. 假扮遊戲							
	2. 積木建構							
	3. 閱讀							
	4. 美勞							
	5. 看電視							
	6. 拼圖、迷宮等							
	7. 玩電動							
	8. 其他							

（續上表）

勾選項目 ＼ 活動停止時間							備註
活動停止原因	1. 活動完成了						
	2. 別人干擾						
	3. 看到更有趣的事						
	4. 玩伴影響						
	5. 身體不適						
	6. 沒興趣						
	7. 玩膩了						
	8. 其他						
您如何處理	1. 不理會						
	2. 詢問原因						
	3. 要求他完成						
	4. 要求他收拾						
	5. 陪他玩						
	6. 其他						
停止活動後的情形	1. 收拾						
	2. 發呆或休息						
	3. 四處看看						
	4. 從事另一項相關活動						
	5. 從事另一項無關活動						
	6. 經輔導繼續活動						
	7. 其他						

檢核表二　下課後活動記錄

說明：1. 請於每天第二節上課時（9：35）填寫本表。

　　　2. 填表時請依照你下課時活動場所及項目填寫，可複選。

　　　3. 請在選填項目打「✓」，並在旁註明確實內容。

　　　　例：張三下課時在操場打球後，回教室喝水，然後和同學聊天。

場地 項目 姓名	教室內					走廊				操場				禮堂 （活動中心）			
	聊天	遊戲	睡覺	散步	其他	聊天	遊戲	散步	其他	聊天	遊戲	散步	其他	聊天	遊戲	散步	其他
張三	✓										✓ 打球						

日期：_____　　時間：_____　　大氣：_____

場地 項目 姓名	教室內					走廊				操場				禮堂 （活動中心）			
	聊天	遊戲	睡覺	散步	其他	聊天	遊戲	散步	其他	聊天	遊戲	散步	其他	聊天	遊戲	散步	其他
合計																	

檢核表三　行為表達檢核表

評量內容 ＼ 姓名	1.翁小涵	2.薛小全	3.王小軒	4.韓小祖	5.楊小舜	6.馮小文	7.萬小慈	8.蔡小霖	9.王小儒	10.周小萱	11.陳小佑	12.柯小榆
1. 會主動和人打招呼	☆	☆	☆	☆	○	☆	☆	☆	☆	○	○	○
2. 會簡單的自我介紹	☆	☆	☆	☆	☆	☆	○	☆	☆	☆	☆	☆
3. 能口齒清晰地背誦兒歌	☆	☆	☆	☆	○	☆	☆	○	☆	☆	☆	☆
4. 會進行簡單的數數（1～30）	☆	☆	☆	☆	☆	☆	☆	☆	☆	☆	☆	☆
5. 能完整的講述一個簡單的故事	◎	☆	◎	◎	☆	☆	☆	☆	◎	◎	◎	☆
6. 能獨立唱完一首歌	☆	☆	☆	☆	☆	☆	☆	☆	☆	☆	☆	☆
7. 能表達身體的感受	☆	☆	☆	☆	○	○	☆	△	☆	△	△	☆
8. 能踴躍、愉快地發表意見	☆	☆	☆	☆	☆	☆	☆	☆	☆	☆	☆	☆
9. 能講述自己的經驗	☆	☆	☆	☆	◎	◎	☆	◎	☆	☆	☆	☆
10. 能說出周圍常見物品的名稱	☆	☆	☆	☆	☆	☆	☆	☆	☆	☆	☆	☆

☆表現優異；◎表現良好；○表現尚可；△尚需加油

第 1 項→小萱、小佑、小榆是新生。小舜內向。

第 2 項→小慈害羞。

第 3 項→小舜、小霖口齒不清但也能背完。

第 5 項→小軒的「糖果屋」、小全的「賣帽子的人」、小祖的「小美人魚」最
　　　　　為連貫、精采。

第 7 項→孩子口齒的清晰度可直接影響孩子的表達能力。

結語：1. 早期的刺激，對孩子而言還是滿重要的；他們無論在語言、情緒、社
　　　　　會的學習常常是自我中心的，不過可藉由引導來拓展孩子的視野。

　　　　2. 同年齡的孩子雖有個別差異，但「同質性」其實仍高。

　　　　3.5 號和 8 號的孩子較需人從旁誘導，比較不會主動出擊。

檢核表四　上課行為觀察自省

老師：

學生：

說明：請小朋友自己反省，若有該項行為出現，則打「✔」。

◎聽課中的我

觀察項目＼日期	吵鬧不堪	不願聽課	發呆	左右觀望	玩自己的	沒有興趣	專心聆聽	和人討論	舉手發問	很有興趣
一月六日										
一月七日										
一月八日										
一月九日										
一月十日										
一月十一日										

◎團體討論中的我

觀察項目＼日期	不喜歡參與	靜靜的不說話	常走動	不喜歡聽別人發言	積極參與	搶著發表意見	專心聽別人發言	經老師鼓勵才敢說話	易於害羞	口齒不清	表達不夠清楚	清楚表達自己的想法
一月六日												
一月七日												
一月八日												
一月九日												
一月十日												
一月十一日												

檢核表五　上課時情況檢核

班級：二忠　　記錄者：江老師　　記錄時間：上午 9 時至 9 時 20 分

行為＼次數＼姓名	劉小君	沈小銘	張小明	陳小林	宋小敏	林小中	曾小凡	張小英	劉小香	龐小明	謝小玲	郭小明	吳小心	陳小安
舉手	·		////	///	/	卌	卌		/	//	////			/
離座	//	卌					///	/		///	//	卌	/	/
私語			/	///	///	/	///	//	///					///
發言	/	//			卌	/	///	卌		/				
干擾他人	//	卌	//	///			卌			//		///		
姿勢不端正	卌	////		//			//	/		////		////		
發出聲響	///	卌		//			//			/		///		
發呆	////							//		/			//	

上課：班會討論。

記錄說明：1.五分鐘觀察一次。

　　　　　2.輪流每位學生看一眼，以其現行為之行為在檢核表之適當欄位上畫記。

附錄三　評量表實例

評量表一　作業自評表

姓名：_____　年級：_____　性別：_____

　　小朋友你好！這不是考試，是想瞭解你平時做家庭作業的狀況。請你依平時的情形，在適當的□中打「✔」。

　　寫完之後，請交給老師。謝謝合作！

內容	常常	有時	從不
1. 你在做作業時旁邊很吵。			
2. 正在做作業時有人找你玩，你會去玩。			
3. 你一邊做作業一邊看電視。			
4. 你一邊做作業一邊吃東西。			
5. 你一邊做作業一邊玩東西。			
1. 作業完成後你會不會自己檢查一次？			
2. 作業完成後家人會不會幫你檢查？			
3. 做完作業後你會不會整理書桌？			
4. 睡前你會不會整理第二天的用品？			
1. 遇到不會做的你會想辦法尋找協助？			
2. 遇到不會的你會問家人？			
3. 字不會寫時你會查字典？			
4. 算數學時你會用計算機？			

評量表二　學生行為評定量表

學生姓名：＿＿＿＿＿＿　性別：＿＿＿＿＿＿　年齡：＿＿＿＿＿

班級：＿＿＿＿＿＿＿＿＿　評定者：＿＿＿＿＿＿＿＿＿

填答說明：請就下列行為描述，找出最合適該生的程度，並在後面的等級選項中打「✔」。

計分說明：「常常」代表 2 分，「偶爾」代表 1 分，「從不」代表 0 分。將全部的得分加起來，即得一總分。分數愈高，表示該生的行為優良。

類別	行為陳述	常常	偶爾	從不	評語
學習態度	1. 上課能專心聽講。				
	2. 作業按時繳交。				
	3. 考試能誠實作答。				
	4. 能預習功課。				
	5. 能主動向老師請教疑難問題。				
	6. 能積極發表具建設性的意見。				
	7. 能計畫自己的事，自動去做。				
生活習慣	1. 準時上、下學。				
	2. 書包、抽屜等用具能整理整齊。				
	3. 服裝整齊。				
	4. 說話有禮貌。				
	5. 不吃零食。				
	6. 身體清潔。				
人際關係	1. 樂於幫助別人。				
	2. 和同學一起遊戲。				
	3. 臉上帶有笑容。				
	4. 待人和氣。				
	5. 能領導團體。				
小計					
總計					

評量表三　國小四年級學童獨立自評表

小朋友，你好：

這是一份有關你在學校生活及家庭生活的情形，請你就每一個項目想一想是不是常常發生還是從來都不曾發生，請你依程度來填寫。老師只是想多瞭解你在家及在校的生活而已，請你詳實的作答。謝謝你！

基本資料：

_____小學_____班_____號　姓名：_____　□男　□女

家中排行：_____還有_____個兄弟姊妹

類目	評量行為	總是	常常	偶爾	很少	從不
家庭生活部分	每天早上不需要別人叫我，我自己會起床。					
	我會自己準備好今天要穿的制服（衣服）。					
	我會自己收拾房間（書桌、書包）。					
	不用媽媽叫我，我自己會主動去洗澡。					
	玩具玩完了，我會把它們放回原來的地方。					
	爸媽交代我的事情，爸媽會放心讓我獨自完成。					
	父母不在家時，爸媽會放心的讓我獨自在家裡。					
	我會主動去寫功課。					
學校生活部分	上課鐘響了，我會自動回座位。					
	老師問問題時，我會把握機會回答。					
	做事遇到困難時，我會再來一次。					
	老師交代的事情，我會自動自發去做。					
	我喜歡一個人獨自完成一件工作，不喜歡別人幫我。					
	我會主動去幫助別人。					
	我常常希望自己是班級幹部。					
	自己可以決定什麼事，並且去做。					

評量表四　節奏樂團員行為表現評量表

姓名：_____　性別：_____　_____年_____班　_____年_____月_____日填

說明：此問卷共有二十題，閱讀每一題時，根據句子依照你的情況從右邊四項
　　　中圈選最適合你的一項，沒有對、錯之分，最好根據最先出現在你腦中
　　　的反應作答。如果你「總是」按時間到達規定的練習場地，就在「總
　　　是」格裡打「✓」，如此類推，謝謝你的合作！

項目	總是	常常	偶爾	從不
1. 我按時間到達規定的練習場地。				
2. 我練習時專心不講話。				
3. 老師說我演奏錯了，立即改進。				
4. 我一面練習演奏一面把譜背下來。				
5. 練習時不懂的地方，我請教老師。				
6. 練習時不懂的地方，我請教其他團員。				
7. 有團員演奏錯誤，立即告訴他。				
8. 我接受其他團員對我的指正。				
9. 練習時我注意強弱大小聲的變化。				
10. 分部練習時，跟其他團員培養默契。				
11. 先到練習場地，把椅子排好。				
12. 老師還沒來，先做練習。				
13. 合奏過的譜，回家再做複習。				
14. 練習後，把自己使用的樂器歸位。				
15. 練習後，把自己坐的椅子歸位。				
16. 幫忙收較大的樂器（如鐵琴、定音鼓）。				
17. 比賽或表演時穿規定的服裝。				
18. 比賽或表演時不緊張害怕。				
19. 到達比賽或表演場地不隨便說話。				
20. 到達比賽或表演場地，聽從老師指揮。				

備註：填完後，請立即交給指導老師。謝謝你的合作！

評量表五　唐氏兒生活適應能力觀察紀錄表

評量標準：

日期：＿＿＿＿＿＿＿＿＿　　5──做得非常好

時間：＿＿＿＿＿＿＿＿＿　　4──做得很好

情境：＿＿＿＿＿＿＿＿＿　　3──大部分做到

兒童年齡：＿＿＿＿＿＿＿　　2──很少做到

觀察員：＿＿＿＿＿＿＿＿　　1──無法做到

類別	生活行為表現	適應程度					其他特殊表現紀錄
		5	4	3	2	1	
生活自理能力	能自己用餐。						
	上廁所時，可以自己穿脫褲子。						
	會自己洗澡、刷牙、洗臉，並收拾用具。						
	會收拾自己的書籍、玩具。						
	會按紅綠燈指示通過馬路。						
知動能力	會握筆寫字或畫圖。						
	會跳躍，且平穩著地。						
	會滾翻。						
	會仿做簡易體操。						
	會騎單車。						
注意力	老師點名或父母召喚能馬上應答。						
	能注視與他說話的人。						
	能對自己喜歡及選擇的事物維持十五分鐘以上的注意。						
	能對老師引導的活動維持十分鐘以上的注意。						
記憶力	能正確稱呼家中的親人。						
	能指認身體各部位名稱。						
	記得自己的物品。						
	能自動說出已學過的物品、動物名稱。						
	能說出自己家的住址和電話號碼。						
語言表達	能說出自己的生理基本要求。						
	能完整的說出一句話。						
	能清楚的說出自己的情緒。						
	能有效回答別人的問題。						
	會看圖說話。						

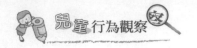

附錄四　系統觀察表實例

系統觀察表一

何老師

1	2	3	4	5	6
淑娟	美英	昭治 ⁴/U ⁸/U	明安 ⁷/W	勝安	義勇 ⁴/U ⁶/U ⁹/P
光輝 ¹/U ³/U ⁴/D ⁷/P ⁹/U	大仁	安琪	小薇 ⁴/U ⁷/W	芳芳 ³/U	萍翠 ⁷/P
秀惠	雅芬 ⁹/C	永平	大年 ⁷/P ⁹/U	偉明 ⁹/C	偉凡
建國	蓓蓓 ⁸/U ⁹/C	勤美	子芳 ⁷/P	小玉	海文 ⁵/C
美玲	士強	至善 ⁹/U	誠明 ⁷/W	家俊 ⁸/U	亞明 ⁵/C ⁹/U
正治	國雄	忠孝 ³/U ⁵/U ⁷/U ⁸/U	玉萍 ⁷/W ⁸/U	英鳳 ⁹/C	麗珠
小威 ⁸/U	小美 ⁸/U	倩萍 ⁵/U		志華 ²/U ⁵/U ⁷/P ⁹/P	子浩 ⁷/P ⁸/U

觀察者

觀察次數	觀察時間	活動	中斷上課人數
①	9：02	A	
②	9：06	I	
③	9：10	A	
④	9：14	I	
⑤	9：18	I	
⑥	9：22	S	
⑦	9：26	S	
⑧	9：30	G	
⑨	9：34	G	
⑩	9：38	R	

史坦林（Stallings）中斷上課（off task）觀察表

科目：國語　　　　時間：9：00　　　　　　教師：＿＿＿＿＿＿

年級：五下　　　　日期：＿＿年＿＿月＿＿日　　觀察者：＿＿＿＿＿

單元·改造天氣

符號系統：

中斷上課行為：　　　　　　教學活動：

C → 私語　　　　　　　　I → 教學

D → 干擾　　　　　　　　Ö → 組織

P → 個人需求　　　　　　R → 閱讀

U → 未參與　　　　　　　S → 座位活動

W → 等待　　　　　　　　A → 詢問／回答

Z → 睡覺　　　　　　　　G → 分組報告

系統觀察表二　教學方法與種類

一、用途：用於班級進行與課業相關的活動時。

二、目的：檢視教師是否運用多種方法教學。每當教師改換活動時，記下其時間及活動的類型。

三、行為類目：

A 目標──教師在做什麼？

1. 介紹新教材

2. 複習舊教材

3. 實施或檢討測驗

4. 預習或指引下一單元

5. 核對作業

6. 其他（請說明）

B 方法──採用哪些方法完成目標？

1. 在黑板上示範或圖解

2. 講述

3. 運用準備好的分發資料（圖表或講義）

4. 媒體（影片、幻燈片、錄音帶、CD 等）

5. 詢問學生以檢核其理解情形

6. 引導學生發問或回答其問題

7. 集中討論（準備好的連串問題）

8. 非集中討論（零散的、無特定目標）

9. 學生輪流朗讀或背誦

10. 訓練（閃示卡、九九乘法表、齊聲回答問題）

11. 實際練習或實驗

12. 指定課堂作業或家庭作業

13. 實地旅遊、拜訪

14. 遊戲、比賽

15. 其他（請說明）

	開始時間	A B	所用時數		開始時間	A B	所用時數
			記錄表				
1.	8：30	2 5	10	11.	10：02	4 1、3	8
2.	8：40	1 1	10	12.	10：10	（休息）	5
3.	8：50	4 1、3	5	13.	10：15	（課間活動）	15
4.	8：55	（休息）	5	14.	10：30	（休息）	3
5.	9：00	2 5	8	15.	10：33	1 7	27
6.	9：08	1 1	11	16.	11：00	2 10、14	25
7.	9：19	4 1、3	5	17.	11：25	（休息）	5
8.	9：24	（休息）	6	18.	11：30	（午餐）	
9.	9：30	2 5	10	19.			
10	9：50	1 1	12	20.			

註：1.～11. 為閱讀課；15. 為社會課；16. 為拼字課（老師在教室巡了兩圈，然
後再玩拼字遊戲）。

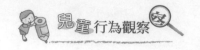

系統觀察表三　個人讚許

一、用途：用於教師讚許個別學生時。

二、目的：檢視教師以讚許加強哪些行為，並檢視這些讚許在學生間的分配情形。

三、當教師讚許某個學生時，請記下學生的號碼，以及教師所讚許的行為之類目。

四、行為類目：

　　1. 持久工作或努力工作。

　　2. 成績進步（與過去比較）。

　　3. 成功、成就（回答正確，獲得高分）。

　　4. 不錯的想法、建議、猜測或嘗試。

　　5. 想像力、創造力、獨創力。

　　6. 整潔、謹慎地工作。

　　7. 遵守規定、專心注意。

　　8. 體貼、善意、提供分享；顧慮團體的行為。

　　9. 其他（請說明）。

學生座號	記錄	
	次數	行為項目
14	1.	3
23	2.	3、4
6	3.	3
18	4.	3
8	5.	1
8	6.	1
8	7.	1
	8.	
	9.	
	10.	

註：所有回答都是在社會課討論中出現，老師特別注意8號——一個低成就的學生。

系統觀察表四　精細肌肉及握筆姿勢評量表

一、符號系統

　　㈠拿鉛筆姿勢

　　　A 著力主要是前三指。

　　　B 著力主要是五指，五指的力量平均。

　　　C 著力是在手掌。

　　㈡拿削鉛筆機姿勢

　　　1. 著力主要是前三指。

　　　2. 著力主要是五指，五指的力量平均。

　　　3. 著力是在手掌。

二、握筆姿勢評量代碼

　　㈠手指的位置

　　　1. 食指、拇指、中指支撐筆桿。

　　　2. 以手指來支撐筆桿，但手指的位置不同於1，無名指或小指接觸筆桿，
　　　　或只用兩個手指夾住筆桿等，

　　　3. 用手掌握住。

　　㈡與筆尖距離

　　　a 適當（2〜3公分，鉛筆削線正好露出）。

　　　b 太遠（超過筆尖2〜3公分，削線之上2公分以上）。

　　　c 太近（有一根以上的手指在鉛筆削線之下，削線被手指遮住）。

　　㈢筆運轉的鬆緊

　　　m 適當（食指、拇指、中指扣住筆桿形成每個手指可靈活移動關節以支
　　　　配線條的轉動，形成「活動三角架」）。

　　　s 太鬆（手指關節彎曲度小，使手指鬆鬆的夾住筆桿，無法運轉手指及
　　　　手腕，只得使用手臂之轉動來控制線條的轉動）。

　　　t 太緊（手掌內無空隙，或手指交纏著，或手指關節僵硬緊緊扣著筆
　　　　桿，以致手指無法靈活轉動，只能以手腕的轉動來控制線條轉動）。

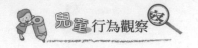

㈣筆桿的方向

　　x　筆桿的方向自然的往運筆的方向外斜。

　　y　筆桿的方向往受試的身體內傾斜。

　　z　筆桿的方向與紙面垂直。

　　w　筆桿的方向不穩，筆桿未放在虎口。

㈤畫圈

　　α　圖畫得很大。

　　β　圖畫得適中。

　　γ　圖畫得很小，像寫字一樣。

年齡組	性別	姓名	戳入削鉛筆機 能自己戳入時之拿鉛筆及拿削鉛筆機姿勢	轉動削鉛筆機		握筆姿勢		
				第一次 自己削鉛筆手指姿勢	第二次 自己削筆心手指姿勢	第一次 依評量的五套代碼分別將符號填入下列格子裡	第二次 依評量的五套代碼分別將符號填入下列格子裡	第三次 依評量的五套代碼分別將符號填入下列格子裡
五歲半組	男							
	男							
	女							
	女							
五歲組	男							
	男							
	女							
	女							
四歲半組	男							
	男							
	女							
	女							
四歲組	男							
	男							
	女							
	女							
三歲半組	男							
	男							
	女							
	女							
三歲組	男							
	男							
	女							
	女							

園別：＿＿＿＿＿＿　　評量者：＿＿＿＿＿＿　　日期：＿＿＿＿

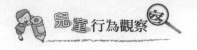

◇ 第一章

宋文里（譯）（2001）。**教育的文化：文化心理學的觀點**。台北：遠流。

林貽光（1977）。**現代美國行為及社會科學論文及分訂本——心理學**。台北：
　　台灣學生書局。

張春興（2001）。**教育心理學：三化取向的理論與實踐**。台北：東華書局。

許靜茹（2004）。兒童文化中的成人行為模式。**兒童發展與教育，2**，59-70。

黃堅厚（1975）。教師對行為應有的瞭解。**測驗與輔導，3**（3）。

黃意舒（1996）。**兒童行為觀察法與應用**。台北：心理。

Clandinin, J., & Huber, M. (2004). *Shifting stories to live by: Interweaving the personal and professional in teachers' lives.* 論文發表於國立台北師範學院舉辦之「敘說研究——不同取向的分析與詮釋」學術研討會，台北。

Cosmides, L., & Tooby, J. (1998). *Evolutionary psychology: A primer.* Santa Barbara, CA: University of California, Center for Evelutionary Psychology. http://cogweb.ncla.edu/ep/EP-primer.htm1# References.

Davies, B. (1980). An analysis of primary school children's accounts of classroom interaction. *British Journal of Sociology of Education, 1*(3), 257-278.

Gaskins, S. (1999). Children's daily lives in a Mayan Village: A case study of culturally constructed roles and activities. In A. Goncu (Ed.), *Children's engagement in the world: Sociocultural perspectives* (pp. 25-61). MA: Cambridge University Press.

Goncu, A., Tuermer, U., Jain, J., & Johnson, D. (1999). Children's play as culture activity. In A. Goncu (Ed.), *Children's engagement in the world: Sociocultural*

perspectives (pp. 148-175). MA: Cambridge University Press.

James, A., Jenks, C., & Prout, A. (1998). *Theorizing childhood*. New York: Teachers College Columbia University.

McCabe, A. (2004). *Developing narrative at school: Why, where, and how?* 論文發表於國立台北師範學院舉辦之「敘說研究——不同取向的分析與詮釋」學術研討會，台北。

Postman, N. (1982). *The disappearance of childhood*. New York: Delacorte Press.

◈ 第二章

田育芬（1987）。幼稚園活動室的空間安排與幼兒社會互動關係的研究。國立台灣師範大學家政教育研究所碩士論文，未出版，台北。

李錫津（1993）。班級常規輔導。載於吳清山（主編），班級經營。台北：心理。

孫敏芝（1985）。教師期望與師生交互作用：一個國小教室的觀察。國立台灣師範大學教育研究所碩士論文，未出版，台北。

許靜茹（2004）。幼稚園班級經營與幼兒認知。兒童發展與教育，創刊號，69-87。

章淑婷（1989）。幼兒人際問題解決能力與其同儕關係的研究。國立台灣師範大學家政教育研究所碩士論文，未出版，台北。

張笑虹（1995）。班級團體的常規輔導。論文發表於教育部中教司舉辦之「班級經營理論與實務」研討會，台北。

張建成（1988）。學生疏離及其在班級團體中的關聯因素。國立台灣師範大學教育研究所博士論文，未出版，台北。

莊貞銀（1990）。國小一年級班級經營理論與實際。台北：嘉洲。

Anang, A., & Lanier, P. (1982). *Where is the subject matter? How the socail organization of the classroom affects teaching*. Washington, D.C.: National Inst. of Education.

Barker, L. L. (1982). An introduction to classroom communication. In L. L. Barker (Ed.), *Communication in the classroom* (pp. 1-15). New Jersey: Prentice-Hall.

Bronfenbrenner, U. (1979). *The ecology of human development*. Cambridge, MA: Harvard University Press.

Cartwright, D., & Zander, A. (1968). Origins of group dynamics. In D. Cartwright & A. Zander (Eds.), *Group dynamics: Research and theory* (pp. 3-21). New York: Harper & Row.

Cooper, P. J., & Galvin, K. M. (1983). *Improving classroom communication*. Washington, D.C.: Dingle Associates, Inc.

Deering, P. D. (1989). *An ethnographic approach for examining participant's of a cooperative learning classroom culture*. (ERIC Document Reproduction Service No. ED 319083).

Elgas, P. M., & Others (1988). Play and peer culture: Play styles and object use. *Journal of Research Childhood Education, 3*(2), 142-153.

Forsyth, D. R. (1990). *Group dynamics*. CA: Brooks/Cole.

Hallinan, M. T., & Tuma, N. B. (1978). Classroom effects on change in children's friendships. *Sociology of Education, 51*(4), 270-282.

Hatch, J. A. (1985). *Negotiating status in a kindergarten peer culture*. Chicago: Annual Meeting of the American Educational Research Association.

Huston, S. A., Friedrich, C. L., & Susman, E. J. (1977). The relation of classroom structure to social behavior, imaginative play, and self-regulation of economically disadvantaged children. *Child Development, 46*(3), 908-916.

King, N. R. (1982). Children's play as a form of resistance in the classroom. *Journal of Education, 164*(4), 320-329.

McLean, V. (1989). *Early childhood teacher decision-making: Children's peer interactions*. Hong Kong: Childhood in the 21th Century International Conference on Early Education and Development.

Medway, F. J., & Cafferty, T. P. (1990). Contributions of social psychology to school psychology. In T. B. Gutkin & C. R. Reynolds (Eds.), *The handbook of school psychology* (pp. 175-197). New York: John Wiley & Sons.

Prawat, R. S., & Nickerson, J. R. (1985). The relationship between teacher thought and action and student affective outcomes. *Elementary School Journal, 85*(4), 529-540.

Ruane, S. F. (1989). *Social organization of classes and schools*. East Lansing, MI: Michigan State University, The National Center for Reserch on Teacher Education.

Sagar, H. A., Schofield, J. W., & Snyder, H. N. (1983). Race and gender barriers: Pre-adolescent peer behavior in academic classroom. *Child Development, 54*(4), 1032-1040.

Todd-Mancillas, W. R. (1982). Classroom environments and nonverbal behavior. In L. L. Barker (Ed.), *Communication in the classroom* (pp. 77-97). New Jersey: Prentice-Hall.

Von Raffler-Engel, W., & Others (1978). *Verbal and nonverbal student interaction in the college classroom as a function of group cohesion*. (ERIC Document Reproducton Service No. ED 159919)

◈ 第四章

孫志麟（1991）。**國民小學教師自我效能及其相關因素之研究**。國立政治大學教育研究所碩士論文，未出版，台北。

高敬文（1988）。**質的研究派典之理論分析與實際應用**。屏東：東益。

郭為藩（1984）。**人文主義的教育信念**。台北：五南。

陳伯璋（1988）。**教育研究方法新取向**。台北：南宏。

黃意舒（2000）。**幼兒教育師資課程實驗研究：「技術理性」對「省思與深思」的影響**。台北：五南。

Irwin, D. M., & Bushnell, M. M. (1980). *Observational strategies for child study.*

New York: Holt, Rinehart and Winston.

◇ 第五章

朱敬先（1987）。**教學心理學**。台北：五南。

李錫津（1993）。班級常規輔導。載於吳清山等（主編）。**班級經營**。台北：心理。

吳靜吉（1988）。**教學心理學研究**。台北：遠流。

高敬文（1988）。**質的研究派典之理論分析與實際應用**。屏東：東益。

陳伯璋（1988）。**教育研究法的新取向：質的研究方法**。台北：南宏。

張春興（1975）。**教育心理學**。台北：東華書局。

張鈿富（1992）。有教無類因材施教之實施與成效。**教育研究**，**24**，14-23。

黃政傑（1985）。課程評鑑的概念。**國立師範大學教育研究所集刊**，**27**，1-22。

賈馥茗（1988）。載於楊深坑（主編）。**教育研究法的探討與應用**。台北：師大書苑。

簡茂發（1989）。教學評量原理與方法。載於黃光雄（主編），**教學原理**。台北：師大書苑。

Bergan, J. R., & Feld, J. K. (1993). Developmental assessment new directions. *Young Children, 48*(5), 41-47.

Cassidy, D. J., & Lancaster, C. (1993). The grassroots curriculum: A dialogue between children and teachers. *Young Children, 48*(6), 47-51.

Hills, T. W. (1993). Assessment in context teachers and children at work. *Young Children, 48*(5), 20-28.

Katz, L. G. (1993). Child-sensitive curriculum and teaching. *Young Children, 48*(6), 2.

Leavitt, R. L., & Eheart, B. K. (1991). Assessment in early children program. *Young Children, 46*(5), 4-9.

Maanen, J. V. (1983). Reclaiming qualitative methods for organizational research: A

preface. In J. V. Maanen (Ed.), *Qualitative methodology*. CA: Sage.

McLean, V. (1989). *Early childhood teacher decision-making: Children's peer interactions*. Hong Kong: Childhood in the 21th Century International Conference on Early Education and Development.

Meisel, S. J. (1993). Remaking classroom assessment with the work sampling system. *Young Children, 48*(5), 34-40.

Pierson, C. A., & Beck, S. S. (1993). Performance assessment: The realities that will influence the reward. *Childhood Education, 70*(1), 29-32.

Prawat, R. S., & Nickerson, J. R. (1985). The relationship between teacher thought and action and student affective outcomes. *Elementary School Journal, 85*(4), 529-540.

Pring, R. (2000). *Philosophy of educational research*. New York: Ontinuum.

Ruane, S. F. (1989). *Social organization of classes and schools*. East Lansing, MI: Michigan State University, The National Center for Research on Teacher Education.

Schweinhart, L. J. (1993). Observing young children in action: The key to early childhood assessment. *Young Children, 48*(5), 29-33.

Tyler, R. W. (1949). *Basic principles of curriculum and instruction*. Chicago: University of Chicago Press.

◈ 第六章

張春興（1975）。**教育心理學**。台北：三民書局。

◈ 第七章

黃意舒（1999）。**幼兒教育課程發展：教師的省思與深思**。台北：五南。

Bens, B. (1996). *Counting fidgets: Teaching the complexity of naturalistic observation*. (ERIC Document Service No. ED 423172)

Martin, S. (1996). *Developmentally appropriate evaluation: Convincing students and teachers of the importance of the observation as appropriate evaluation of Children.* (ERIC Document Service No. ED 391601)

Roberson, T. (1998). *Classroom observation: Issues regarding validity and reliability.* (ERIC Document Service No. ED 427070)

Schon, D. (1983). *The reflective practitioner: How professionals think in action.* New York: Basic Books.

Schon, D. (1987). *Educating the reflective practitioner.* (ERIC Document Service No. ED 295518)

心得筆記欄

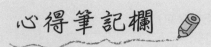

心得筆記欄

國家圖書館出版品預行編目（CIP）資料

兒童行為觀察／黃意舒著. -- 初版. -- 臺北市：
　心理，2012.08
　　面；　公分. --（幼兒教育系列；51157）
　　ISBN 978-986-191-513-5（平裝附光碟片）

　　1. 兒童心理學　2. 行為心理學

173.12　　　　　　　　　　　　　　101015898

幼兒教育系列 51157

兒童行為觀察

作　　者：黃意舒
執行編輯：林汝穎
總　編　輯：林敬堯
發　行　人：洪有義
出　版　者：心理出版社股份有限公司
地　　址：231 新北市新店區光明街 288 號 7 樓
電　　話：(02) 29150566
傳　　真：(02) 29152928
郵撥帳號：19293172 心理出版社股份有限公司
網　　址：http://www.psy.com.tw
電子信箱：psychoco@ms15.hinet.net
駐美代表：Lisa Wu（lisawu99@optonline.net）
排　版　者：龍虎電腦排版股份有限公司
印　刷　者：正恒實業有限公司
初版一刷：2012 年 8 月
初版二刷：2015 年 8 月
I S B N：978-986-191-513-5
定　　價：新台幣 380 元（含光碟）